KB107822

완벽한 IT 인프라 구축을 위한

Docker

인프라 기초 지식 & 코드를 사용한 환경 구축의 자동화

2판

Asa Shiho 지음
Yamada Yoshihiro 감수
이영란 옮김

정보문화사
Information Publishing Group

완벽한 IT 인프라 구축을 위한

Docker 2판

2판   1쇄 발행 | 2018년 9월 10일
2판   6쇄 발행 | 2023년 8월 10일

지 은 이 | Asa Shiho
옮 긴 이 | 이영란
발 행 인 | 이상만
발 행 처 | 정보문화사

책 임 편 집 | 노미라

주   소 | 서울시 종로구 동숭길 113 (정보빌딩)
전   화 | (02)3673-0037(편집부) / (02)3673-0114(代)
팩   스 | (02)3673-0260
등   록 | 1990년 2월 14일 제1-1013호
홈 페 이 지 | www.infopub.co.kr

I S B N | 978-89-5674-790-3

▌들어가며

Docker가 등장한 지 벌써 5년이 되었습니다. 컨테이너를 둘러싼 상황도 Kubernetes를 중심으로 강력한 에코 시스템이 생성되고 있으며, 글로벌하게 전개되는 선진적인 웹 시스템뿐만 아니라 드디어 대규모 기간 업무 시스템 영역에서도 컨테이너 기술이 크게 확대되기 시작했습니다.

기존의 시스템 개발에 종사하는 업무 애플리케이션 엔지니어는 고객의 업무 요구사항을 이해하고 거기에 맞춰 설계를 하고, 프로그래밍 언어를 사용하여 시스템을 구축한 후 사양대로 기능이 구현되었는지를 테스트 하는 것이 주요 업무였습니다. 오늘날에는 거기에 더해 네트워크나 OS의 도입, 시스템과 데이터베이스 서버와 같은 미들웨어의 설계나 운용 관리와 같은 인프라 구축의 기초 지식 및 구성 관리, 오케스트레이션 툴의 이용 방법 등이 필요하게 되었습니다.

이 책은 컨테이너 기술을 사용한 애플리케이션 실행 환경 플랫폼인 'Docker'를 사용하여 인프라를 구축하기 위한 입문서입니다. 특히 온프레미스 서버(물리 환경)에 대한 구축 경험이 적은 애플리케이션 엔지니어를 대상으로 OS나 네트워크 기술과 같은 인프라의 기초 개념을 그림으로 설명하면서 Docker/Kubernetes를 사용한 인프라 구축 및 운용의 기본적인 흐름과 절차를 설명하고 있습니다.

지금은 대부분의 엔지니어에게 Docker는 '알고 있는 것이 당연'한 기술이 되어가고 있습니다. 하지만 처음 사용하는 사람은 어떨까요? 저는 출산과 간병으로 오랫동안 IT 업계로부터 떨어져 있던 적이 있어서 '당연한 것'을 모를 때의 어려움을 몸으로 체험했었습니다. 그런 경험을 토대로 초판의 개념을 그대로 이어받아 주위 사람에게 가르쳐 달라고 하기에는 좀 창피한 기초적인 지식이나 질문을 어떻게 해야 좋을지 모르는 내용을 가능한 한 알기 쉽게 정리하려고 했습니다.

IT 기술은 너무 빨리 발전되고 배워야 할 것은 산더미 같습니다. 이 책을 손에 들고 있는 여러분이 이 책을 읽고 가능한 한 빨리 그 다음의 새로운 시스템으로 나아갈 수 있다면 필자로서 더할 나위 없이 기쁘겠습니다.

마지막으로 타이트한 스케줄 속에서도 집필 상담을 비롯하여 감수와 정리 등 많은 지원을 해주신 Shoeisha의 편집자 여러분, WINGS 프로젝트의 Yamada 씨 부부, 육아 중인 필자가 집중하여 집필할 수 있는 환경을 제공해 주신 TIS 주식회사, 특히 전략기술센터의 동료들에게 감사의 말을 전하고 싶습니다. 그리고 몸이 약한 필자를 돌보며 집안일을 나서서 도와준 아들 Ken, 무엇보다 초판을 구독해주신 수많은 독자 여러분에게 진심으로 감사의 말을 전하고 싶습니다.

Asa Shiho

이 책을 읽기 전에

대상 독자

이 책의 주요 독자는 다음과 같습니다.

- Docker를 처음 사용하는 업무 애플리케이션 개발자
- 컴퓨터의 기초 지식이 있는 분
- 온프레미스 서버(물리 환경)에서 인프라를 구축한 경험이 없는 분

이 책의 특징

오늘날은 클라우드 시스템의 도입으로 인프라 레이어 기술의 대부분이 추상화되어, 누구나 가상 머신의 생성과 관리를 쉽게 할 수 있는 시대가 되었습니다. 그로 인해 예전에는 인프라 엔지니어나 오퍼레이터의 업무였던 애플리케이션 실행 환경의 구축과 운용이 지금은 애플리케이션 엔지니어에게 요구되고 있습니다.

Docker는 대규모 웹 애플리케이션의 실행 환경뿐만 아니라 기계학습의 개발 환경 등 다양한 곳에서 편리한 툴로서 폭넓게 이용되고 있습니다.

이 책은 애플리케이션 엔지니어가 Docker를 활용하기 위해 필요한 정보와 기초 지식을 짧은 시간에 효율적으로 이해할 수 있도록 아주 초보적인 Docker의 사용법과 명령들을 설명하고 있습니다. 그리고 가능한 한 추상적이고 난해한 용어를 피하고 그림과 일러스트, 구체적인 명령의 실행 예를 사용해서 알기 쉽게 설명하고 있는 것이 이 책의 큰 특징입니다.

동작 확인 환경

이 책은 다음과 같은 클라이언트 PC 환경에서 동작을 확인했습니다.

- OS: macOS High Sierra
- CPU: 1.6GHz Intel Core i5
- RAM: 4.0GB
- 웹 브라우저: Google Chrome

이 책의 표기

지면 관계상 코드를 중간에 줄 바꿈을 한 부분이 있습니다. 한 줄의 코드를 줄 바꿈한 부분에는 줄 바꿈 마크 ➡를 끝에 붙였습니다. 또한 아래와 같이 보충 설명을 하는 부분도 있습니다.

용어 ▶ 본문 중에 나오는 용어에 대한 설명입니다.

업무 연속성 계획

용 어 재해와 같은 리스크가 발생했을 때 기간 업무를 중단하지 않거나 기간 업무가 중단된 경우라도 목표로 하는 복구 기간 안에 중요한 기능을 재개시켜, 사업 중단이 야기하는 리스크를 최소한으로 하기 위해 미리 준비해 두는 계획을 '업무 연속성 계획(BCP)'이라고 합니다. 이 BCP는 시스템뿐만 아니라 기업의 경영 전체적 관점에서 책정되는 것으로, 고객 기업에 BCP가 있다면 시스템 기반도 이에 맞추어 구축되어야 합니다.

NOTE ▶ Docker를 사용할 때 알아두면 도움이 되는 정보입니다.

오버레이 네트워크

오버레이 네트워크(overlay network)는 물리 네트워크 상에서 소프트웨어적으로 에뮬레이트한 네트워크를 말합니다. 물리 네트워크를 덮듯이 가상 네트워크가 구성된다는 점에서 가상 네트워크라고도 부릅니다. 물리 네트워크의 구조가 은폐되어 그 아래에 있는 물리 계층의 형태나 제어 방식 등을 의식하지 않고 이용할 수 있다는 것이 특징입니다. 예를 들어 여러 개의 호스트에 걸친 네트워크를 구성할 때 사용합니다. 소프트웨어로 구성된 네트워크이므로 물리 작업을 수반하지 않고 자유롭게 구성을 변경할 수 있다는 장점이 있습니다.

구문 ▶ 명령의 구문을 나타냅니다.

구문에서 [ ]로 나타낸 부분은 임의로 지정하는 항목입니다. 명령의 실행 옵션이 여러 개 있을 때는 다음과 같이 표로 정리해 두었습니다. 구문에서 하나의 단위로 취급해야 하는 부분은 〈 〉로 묶었습니다.

구문 docker search 명령

```
docker search    [옵션]  <검색 키워드>
```

지정할 수 있는 주요 옵션

옵션	설명
--no-trunc	결과를 모두 표시
--limit	n건의 검색 결과를 표시
--filter=stars=n	즐겨찾기의 수(n 이상)를 지정

이 책의 서포트 페이지

이 책과 관련된 서포트 페이지를 아래 URL에서 공개하고 있습니다. 샘플의 다운로드 서비스, 이 책과 관련된 FAQ 정보, 정오표 등과 같은 정보를 신고 있으므로 같이 이용하기 바랍니다.

WEB http://www.wings.msn.to/index.php/-/A-03/9784798153223/ (일본어)

(참고) 웹 브라우저를 익스플로러 대신 크롬(Chrome)에서 링크를 열면 자동 번역되어 해당 페이지의 내용을 볼 수 있습니다.

 샘플 애플리케이션의 다운로드

이 책에서 사용하는 샘플 애플리케이션은 모두 GitHub에 공개하고 있습니다. 샘플 애플리케이션을 다운로드할 때는 다음과 같은 git 명령을 사용합니다.

```
$ git clone https://github.com/asashiho/dockertext2
```

또한, 8장에서 사용하는 Docker 이미지는 다음 명령으로 취득할 수 있습니다.

```
$ docker pull asashiho/photoview-image
```

그리고 (이 책에서는 내용의 설명은 하고 있지 않지만) 동작 확인을 위해 이용한 Dockerfile은 아래 사이트에서 공개하고 있습니다.

● 제6장: Docker 이미지 공개

　WEB https://github.com/asashiho/dockertext-cavityflow

● 제8장: 멀티호스트 환경에서 Docker 실행 환경 구축

　WEB https://github.com/asashiho/photoview-image

▌차례

제1부 도입편

제1장　시스템과 인프라 기초 지식　　　　　　　　　1

제5장 Dockerfile을 사용한 코드에 의한 서버 구축   149

제10장 클라우드를 사용한 Docker 실행 환경의 운용 관리   317

Note **차례**

제 1 부
도입편

제 **1** 장

시스템과
인프라 기초 지식

개발한 애플리케이션을 릴리스하여 최종 사용자가 이용할 수 있도록 하려면 시스템 기반을 구축하고 그 위에 애플리케이션의 실행 환경을 마련해야 합니다. 시스템 기반이란 애플리케이션을 가동시키기 위해 필요한 하드웨어나 OS/미들웨어 등과 같은 인프라를 말합니다. 이 책의 메인 주제인 Docker는 애플리케이션 실행 환경을 작성 및 관리하기 위한 플랫폼입니다. 여기서는 Docker를 도입하기에 앞서 알아두어야 할 시스템 기반의 개요와 시스템 기반을 다루기 위해 필요한 인프라 기술의 핵심 내용에 대해 설명합니다.

1.1 시스템 기반의 기초 지식

폭포형 모델을 사용한 시스템 개발에서는 애플리케이션 실행 환경의 구축은 네트워크나 하드웨어에 능통한 인프라 엔지니어가 담당하고, 애플리케이션 개발 부분은 업무 지식 및 프로그래밍, 테스트 방법과 같은 기술을 잘 아는 애플리케이션 엔지니어가 담당하는 것이 일반적이었습니다.

그림 1.1 애플리케이션 엔지니어와 인프라 엔지니어의 역할

하지만 클라우드의 등장으로 시스템 개발의 흐름이 크게 바뀌었습니다. 자사에서 데이터센터나 기계실을 보유하여 온프레미스 환경에서 가동시키던 서버들을 클라우드 상의 가상 인스턴스로 옮기고 데이터베이스나 네트워크와 같은 클라우드 서비스를 이용함으로써 실행 환경의 구축

범위가 극도로 줄어들어 짧은 사이클로 릴리스를 반복하는 스타일로 바뀌었습니다.

클라우드를 구성하는 대부분의 기술은 한 대의 물리 호스트 상에서 움직이는 시스템과는 달리 분산 환경에서 가동시키는 것이 기본입니다.

이와 같은 분산 환경에서는 인프라 엔지니어가 수동으로 운용(operation)을 하지 않고 자동화된 툴을 사용하여 오케스트레이션(orchestration)을 합니다. 따라서 인프라 엔지니어에게는 인프라 기술에 더하여 애플리케이션 엔지니어와 똑같이 코드를 작성하는 스킬이 요구됩니다.

한편 애플리케이션 엔지니어도 지금까지 인프라 엔지니어의 업무였던 제품 환경에 대한 배포나 테스트 등도 애플리케이션 엔지니어가 직접 할 수 있게 되었기 때문에 OS(커널)나 네트워크 등과 같은 인프라 기술의 기초 지식을 알아두어야 합니다.

여기서는 애플리케이션 엔지니어가 Docker를 사용하기 위해 필요한 인프라 기술의 기초에 대해 설명하겠습니다.

 시스템 기반의 구성 요소

시스템 기반이란 애플리케이션을 가동시키기 위해 필요한 하드웨어나 OS, 미들웨어 등과 같은 인프라를 말합니다. 이러한 시스템 기반을 다루는 기술을 이 책에서는 인프라 기술이라고 부르겠습니다.

일반적으로 시스템에 요구되는 사항은 크게 다음 두 가지로 나눌 수 있습니다.

▌기능 요구사항(functional requirement)

시스템의 기능으로서 요구되는 사항을 말합니다. 시스템이나 소프트웨어에서 무엇을 할 수 있는지를 모아놓은 것입니다.

▌비기능 요구사항(non-functional requirement)

시스템의 성능이나 신뢰성, 확장성, 운용성, 보안 등과 같은 요구사항입니다. 기능 요구사항 이외의 모든 요구사항을 가리킵니다.

비기능 요구사항을 충족시키려면 프로그래밍 지식뿐만 아니라 시스템 기반에 관한 지식이 필요합니다. 이와 같이 애플리케이션 개발자에게는 익숙하지 않은 시스템 기반의 관점에서 시스템의 전체 구성을 살펴봅시다(그림 1.2).

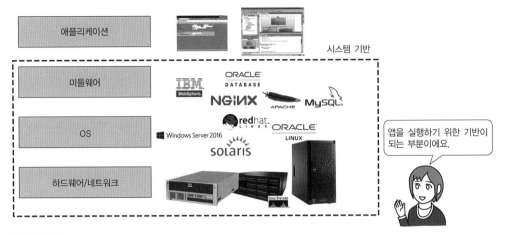

그림 1.2 시스템 기반의 구성 요소

기본이 되는 시스템 기반의 구성 요소는 다음과 같습니다.

하드웨어

시스템 기반을 구성하는 물리적인 요소로서 서버 장비 본체나 데이터를 저장하기 위한 스토리지, 전원 장치 등이 들어갑니다. 넓은 의미에서는 이러한 하드웨어들을 설치하는 데이터센터의 설비(건물, 공조, 보안 설비, 소화 설비 등)도 포함됩니다.

네트워크

시스템 이용자가 원격지에서 액세스할 수 있도록 서버들을 연결하기 위한 요구사항입니다. 라우터, 스위치, 방화벽 등과 같은 네트워크 장비나 그것들을 연결하기 위한 케이블 배선 등도 관리합니다. 사용자가 이용하는 클라이언트 단말기에서 무선 LAN으로 연결하는 경우에는 액세스 포인트 등도 필요합니다.

OS(운영체제)

하드웨어나 네트워크 장비를 제어하기 위한 기본 소프트웨어로, 하드웨어의 리소스나 프로세스를 관리합니다. 클라이언트 OS는 Windows/macOS 등이 있습니다. 클라이언트 OS에는 이용자가 사용하기 쉽도록 GUI 기능이나 멀티미디어 기능이 마련되어 있습니다.

서버 OS로는 Windows Server, Unix, Linux 등이 있습니다. 서버 OS는 시스템을 고속 및 안정적으로 가동시키기 위해 필요한 기능으로 특화되어 있습니다. 그래서 하드웨어의 성능을 최대한 끌어낼 수 있도록 만들어져 있거나 장시간 가동해도 안정적으로 작동할 수 있도록 만들어져 있습니다. 또한 대량의 데이터를 효율적으로 수행하는 장치도 갖추고 있습니다.

미들웨어

서버 OS 상에서 서버가 특정 역할을 다하기 위한 기능을 갖고 있는 소프트웨어를 말합니다. 미들웨어는 상용인 것과 오픈소스로 된 것, 오랜 역사가 있어서 안정적인 것, 현재 활발히 개발되고 있는 것 등 다양합니다. 오픈소스 미들웨어는 누구든지 개발에 참가할 수 있습니다. 시스템 기반을 설계할 때는 어떤 미들웨어를 어떻게 사용할지를 선택하는 것이 중요합니다.

🦊 클라우드와 온프레미스

시스템 기반의 전체상을 이해했다면 그 다음 알아야 할 것은 시스템의 이용 형태입니다. 이는 크게 다음 세 가지로 나눌 수 있습니다.

온프레미스(on-premises)

기업 시스템에서 지금까지 상당히 많이 채택되어 온 것으로, 자사에서 데이터센터를 보유하고 시스템 구축부터 운용까지를 모두 수행하는 형태를 온프레미스라고 합니다(그림 1.3). 온프레미스 환경에서는 시스템 기반의 구성 요소인 서버나 네트워크 장비를 모두 자사에서 직접 조달하여 시스템 요구사항에 맞춰 인프라를 구축하고, 자사(또는 관련 시스템 자회사 등)에서 운용을 합니다. 하드웨어뿐만 아니라 OS나 미들웨어도 모두 자사에서 구입하며, 라이선스 관리나 버전 업도 자사에서 합니다.

온프레미스는 메인 프레임 시대부터 웹 시스템에 이르기까지 수많은 기업에서 채택해 온 형태입니다. 초기 시스템 투자에 드는 비용 부담이 크며, 시스템 가동 후의 운용에 드는 비용도 시스템 이용량과 상관없이 일정 금액을 부담해야 하는 것이 특징입니다.

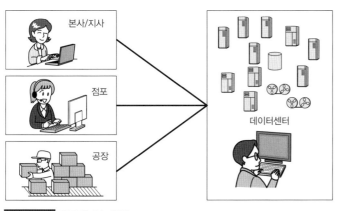

온프레미스는 시스템을 모두 자사에서 보유해요.

그림 1.3 온프레미스 환경

퍼블릭 클라우드(public cloud)

인터넷을 경유하여 불특정 다수에게 제공되는 클라우드 서비스입니다(그림 1.4). 자사에서 데이터센터를 보유하지 않으므로 서버나 네트워크 등 인프라와 관련된 초기 투자가 필요 없습니다. 제공할 서비스에 따라 IaaS/PaaS/SaaS 등이 있습니다. 시스템 기반 부분을 이용하는 서비스는 IaaS라고 합니다. IaaS에서는 이용하고 싶은 사양으로 된 가상 머신이나 스토리지를 선택하고 이용한 시간이나 데이터 양에 따라 요금을 지불하는 형태를 취합니다.

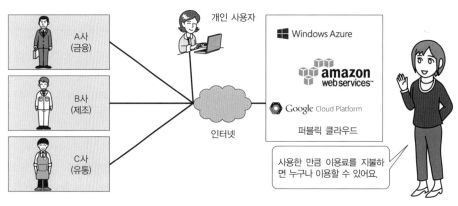

그림 1.4 퍼블릭 클라우드

프라이빗 클라우드(private cloud)

특정 기업 그룹에게만 제공되는 클라우드 서비스입니다(그림 1.5).

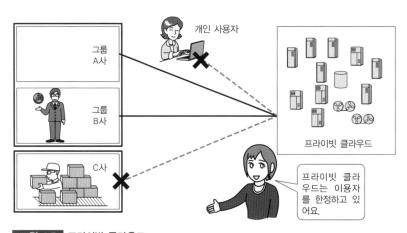

그림 1.5 프라이빗 클라우드

예를 들면 그룹 기업 내에서 데이터센터를 공동으로 보유하는 듯한 이미지입니다. 퍼블릭 클라우드가 불특정 다수에 대해 제공되는 데 반해 프라이빗 클라우드는 이용자를 한정할 수 있으므로 보안을 확보하기 쉬우며 독자적인 기능이나 서비스를 추가하기 쉽습니다.

'어떤 형태를 선택해야 할지'는 해당 시스템의 요구사항에 따라 결정됩니다. 클라우드를 이용하면 클라우드 업체가 제공하는 서비스를 시스템 요구사항에 맞춰 조합하여 단기간에 인프라를 구축할 수 있습니다. 또한 서비스를 이용한 만큼만 요금이 부과되므로 초기 투자도 필요 없습니다. 퍼블릭 클라우드를 이용하면 시스템 이용량이 증가했을 때 인프라 기반을 쉽게 증설(오토스케일)시킬 수 있습니다.

클라우드가 적합한 케이스

일반적으로 클라우드가 적합한 시스템으로는 다음과 같은 것들이 있습니다.

▌트래픽의 변동이 많은 시스템

시스템에는 직원용 시스템(근태 관리 시스템, 회계 시스템, 인사 시스템 등)과 고객용 시스템(예약 시스템, 온라인 쇼핑, 온라인 게임의 백엔드, 동영상 배포 등)이 있습니다.

직원용 시스템은 이용자가 한정되어 있기 때문에 트래픽을 예상하기 쉬우며 미리 마련해 두어야 할 시스템 기반의 규모나 구성을 검토하기 쉽지만, 고객용 시스템의 경우는 정확한 트래픽을 예측하는 것이 극도로 어렵습니다. 트래픽 양에 따라 시스템 기반의 서버 사양이나 네트워크 대역을 가늠하는 설계를 사이징(sizing)이라고 하는데, 사이징이 어려운 시스템은 트래픽 양에 따라 시스템을 단기간에 쉽게 증설시킬 수 있는 클라우드 시스템으로 구성하는 것이 좋습니다(그림 1.6).

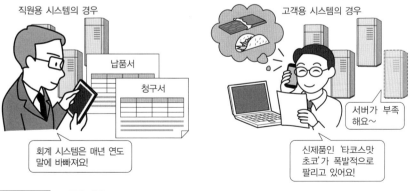

그림 1.6 트래픽 예측

NOTE 클라우드의 오토스케일 기능

클라우드 서비스의 오토스케일 기능은 인프라 설계에서 강력한 위력을 발휘합니다. 인프라 설계에서 가장 난이도가 높은 공정 중 하나로 사이징을 들 수 있습니다. 이 공정을 올바르게 수행하기 위해서는 '시스템의 이용이 늘어났을 때 어느 정도의 기반을 마련해 두어야 업무에 지장을 초래하지 않는지'를 고려해야 합니다.

따라서 인프라에 대해 깊은 기술적 지식과 경험은 물론, 고객 업무에 관한 깊은 지식(고객 시스템을 언제, 어디서, 어떻게 이용하고 있는지)과 업무 애플리케이션의 구축에 관한 기술적인 이해(병목현상 지점이 어디인지)가 필수적입니다. 이러한 시스템 부하를 잘못 계산하면 느려서 사용할 수 없는 시스템 또는 과도하게 쓸데없는 투자가 발생하는 시스템이 되어 버립니다.

오토스케일 기능을 사용하면 시스템 부하에 맞춰 동적으로 서버 사양이나 스토리지 용량을 쉽게 증설시킬 수 있습니다. 또한 시스템 사용량이 적을 때는 사양을 낮춤으로써 쓸데없는 시스템 투자를 줄일 수 있습니다. 그리고 해외에도 데이터센터를 전개하는 퍼블릭 클라우드를 이용하면 물리적인 서버나 네트워크를 의식하지 않고 스케일러블한 기반을 구축할 수 있습니다.

재해 대책으로 해외에 백업을 구축하고 싶은 시스템

대규모 재해나 지진 등으로 인해 데이터센터 시스템이 다운되면 기간 업무 관련 시스템의 경우 업무를 계속할 수 없게 됩니다. 따라서 해외에서 백업 시스템을 가동시켜 업무를 계속시킬 필요가 있는 시스템을 구축하는 경우는 온프레미스 환경보다 클라우드가 더 적합합니다.

주요 클라우드 서비스는 국내뿐만 아니라 해외에도 데이터센터를 갖고 있기 때문에 만일 국내에 재해가 발생한 경우는 해외의 데이터센터로부터 서비스를 가동시킬 수 있습니다.

업무 연속성 계획

용어

재해와 같은 리스크가 발생했을 때 기간 업무를 중단하지 않거나 기간 업무가 중단된 경우라도 목표로 하는 복구 기간 안에 중요한 기능을 재개시켜, 사업 중단이 야기하는 리스크를 최소한으로 하기 위해 미리 준비해 두는 계획을 '업무 연속성 계획(BCP)'이라고 합니다. 이 BCP는 시스템뿐만 아니라 기업의 경영 전체적 관점에서 책정되는 것으로, 고객 기업에 BCP가 있다면 시스템 기반도 이에 맞추어 구축되어야 합니다.

서비스를 빨리 제공하고 싶은 시스템

신규 서비스를 보다 빨리 제공하고 싶다, 새로운 회사를 설립했다 등 비즈니스 계획부터 시스템 릴리스까지의 시간을 가능한 한 단축시키고 싶은 서비스는 장비의 조달에 시간이 걸리는 온프레미스가 아니라 클라우드로 구축하는 것이 좋습니다. 또한 첨단 기술을 사용한 시스템이나 PoC(개념 증명: Proof of Concept) 등도 초기 투자가 필요한 온프레미스가 아니라 시스템 이용에 따라 요금이 부과되는 클라우드가 자금 조달면에서 더 적합합니다.

 ## 온프레미스가 적합한 케이스

한편 온프레미스 환경이 적합한 시스템으로는 다음과 같은 것들이 있습니다.

높은 가용성이 요구되는 시스템

클라우드의 경우 시스템 가용성은 클라우드 업체가 보장하고 있습니다. 예를 들어 네트워크가 잠시라도 끊어져서는 안 되는 경우 등과 같이 클라우드 업체가 보장하는 것 이상의 가용성이 필요한 미션 크리티컬 시스템에서는 클라우드를 실제 환경에 적용할 수 없습니다.

기밀성이 높은 데이터를 다루는 시스템

데이터 저장 장소는 클라우드 서비스 측이 정합니다. 물리적인 저장 장소를 명확히 할 필요가 있는 업무 데이터는 퍼블릭 클라우드에 저장할 수 없습니다.

특수한 요구사항이 있는 시스템

범용적이지 않은 디바이스나 특수한 플랫폼에서만 움직이는 시스템을 구축하거나 이전할 필요가 있는 경우, 그러한 환경을 클라우드 측이 처리해 주지 못하면 이용할 수 없습니다. 의료 시스템과 같이 전용 장비와의 연결이 필요한 경우가 해당됩니다.

기존의 시스템에서 다른 시스템으로 이전을 고려할 때는 어떤 시스템을 온프레미스로 남기고, 어떤 시스템을 클라우드로 옮길지 또는 새로운 시스템 도입을 생각할 때는 온프레미스와 클라우드 중 어떤 것이 적합한지를 판단할 수 있는 안목이 중요합니다(그림 1.7).

더욱이 온프레미스와 클라우드가 혼재하는 하이브리드 클라우드를 이용하고 싶은 경우도 있는데, 하이브리드 클라우드에서는 서로 다른 환경에서 애플리케이션을 작동시킬 필요가 있습니다. 또한 기간 시스템의 경우는 AWS나 Azure, 기계학습의 경우는 GCP와 같이 적재적소에서 여러 개의 클라우드를 사용하여 시스템을 구축하는 멀티 클라우드에 대한 요구도 커지고 있습니다. 어떤 경우든 시스템 전체를 조망하고 중장기적인 시점을 가지고 애플리케이션의 이식성이나 인프라를 포함한 시스템 구성 관리가 쉬운지 아닌지를 고려하는 것이 중요합니다.

chap 1
chap 2
chap 3
chap 4
chap 5
chap 6
chap 7
chap 8
chap 9
chap 10
부록

그림 1.7 클라우드와 온프레미스

🦅 시스템 기반의 구축/운용 흐름

기존의 폭포형 개발의 경우는 다음과 같은 공정을 위에서부터 순서대로 진행해 가지만, 애자일 개발의 경우는 각 단계를 작은 단위로 나눠 반복하면서 개발을 진행해 갑니다(**그림 1.8**).

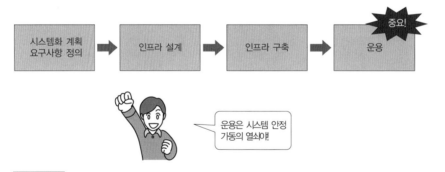

그림 1.8 구축/운용 흐름

시스템 구축 계획 및 요구사항 정의 단계

- ●시스템 구축 범위 선정   ●인프라 요구사항 정의   ●예산 책정
- ●프로젝트 체계화   ●기존 시스템과의 연계   ●시스템 마이그레이션 계획

---

chap
1
chap
2
chap
3
chap
4
chap
5
chap
6
chap
7
chap
8
chap
9
chap
10
부록

인프라 설계 단계

- 인프라 아키텍처 설계
- 네트워크 토폴로지 설계
- 장비 선택, 조달(클라우드인 경우 서비스 선택)
- OS, 미들웨어 선택, 조달(클라우드인 경우 서비스 선택)
- 시스템 운용 설계
- 시스템 마이그레이션 설계

인프라 구축 단계

- 네트워크 부설[※]
- 서버 설치[※]
- OS 셋업[※]
- 미들웨어 셋업[※]
- 애플리케이션 및 라이브러리 설치
- 테스트(네트워크 확인, 부하 테스트, 운용 테스트)
- 시스템 릴리스 및 마이그레이션
- [※]퍼블릭 클라우드에서는 필요 없는 경우가 많다.

운용 단계

- 서버 프로세스, 네트워크, 리소스, 배치 Job 모니터링
- 데이터 백업 및 정기 유지보수
- OS, 미들웨어 버전 업그레이드
- 애플리케이션 버전 업그레이드
- 시스템 장애 시 대응
- 사용자 서포트(헬프 데스크)

이 흐름은 애플리케이션 개발 공정과 매우 비슷하지만 크게 다른 점은 운용 단계입니다. 애플리케이션 개발의 경우 제품 환경에 대한 시스템 릴리스 후에는 버그의 수정이나 추가 기능의 개발이 메인이 되어서 개발 인원도 줄어들지만, 인프라의 경우는 릴리스 감시나 보안 대책을 위한 버전 업그레이드, 시스템에 장애가 발생한 경우의 복구 작업 등 많은 업무가 남습니다.

이 시스템 운용에 걸리는 유지보수 기간을 가능한 한 줄이고 시스템을 안정적으로 가동시키기 위해서는 운용 설계가 중요합니다.

유지보수 수고를 줄이기 위해서는 시스템 운용에서 자동화할 수 있는 부분을 가능한 한 자동화하도록 설계합니다. 자동화함으로써 운용 실수가 원인으로 발생하는 시스템 장애를 줄이거나 사람의 손에 의지하기 쉬운 인프라 운용 업무를 가시화할 수 있게 된다는 장점이 있습니다.

이 책에서 다루는 Docker는 시스템 구축이나 시스템 운용에 있어서 지금까지 사람의 손으로 해 왔던 많은 작업을 자동화하고, 테스트가 끝난 안전한 애플리케이션을 지속적으로 제공할 수 있는 플랫폼입니다.

1.2  하드웨어와 네트워크 기초 지식

시스템 기반에서 가장 하위 레이어 부분을 구성하는 요소는 하드웨어와 네트워크입니다. 여기서는 Docker를 사용하여 인프라를 구축하기 위해 알아두어야 할 네트워크와 하드웨어 기술 중 중요한 키워드를 설명합니다.

서버 장비

일반적인 온프레미스 시스템 기반은 여러 대의 서버 장비로 구성됩니다. 또한 클라우드 서비스의 경우는 온프레미스에서 서버 장비의 사양에 해당하는 인터페이스의 종류를 요건에 따라 선정할 필요가 있습니다. 여기서는 Docker를 사용하는 데 있어서 알아두어야 할 서버 장비 하드웨어 중 중요한 구성 요소에 대해 설명합니다.

CPU

CPU란 프로그램의 설계나 처리 등을 수행하는 전자회로 부품을 말합니다. CPU의 작동 주파수가 클수록 연산 능력이 높아집니다. CPU의 연산회로를 '코어'라고 하는데, 코어 수가 많으면 많을수록 연산을 동시에 처리할 수 있는 수가 늘어납니다. 서버에서 이용하는 CPU의 대부분은 코어를 여러 개 갖고 있는 '멀티코어'를 사용합니다. 또한 CPU는 고속으로 움직이므로 메모리와의 처리 속도 차이를 완화할 목적으로 캐시가 사용됩니다. 이 캐시의 크기도 성능과 관련이 있습니다. 그래서 GPU(Graphics Processing Unit)라고 하는 화상처리를 여러 개의 코어로 동시 및 병렬로 처리할 수 있는 프로세서가 주목을 받고 있습니다. 이것은 딥러닝이나 수치해석으로 대표되는 과학기술계산 분야 등 대량 및 고속으로 연산이 필요한 경우에 이용합니다.

온프레미스든 클라우드든 CPU나 GPU가 고성능일수록 비용이 올라갑니다. 또한 OS나 미들웨어 중에는 코어 수나 소켓 수에 따라 라이선스 비용이 정해지는 것도 있습니다.

메모리

CPU가 직접 액세스할 수 있는 기억장치를 메모리(주기억장치)라고 합니다. 메모리는 기억 영역이므로 데이터 용량이 크거나 데이터의 전송 속도가 고속일수록 고성능이지만, 서버용으로는 전력 소모가 적고 오류 처리가 탑재되어 있는 것을 선정합니다.

CPU와 마찬가지로 온프레미스든 클라우드든 고성능 메모리일수록 비용이 올라갑니다.

스토리지

스토리지란 데이터베이스에 기록하는 데이터 등과 같은 영구적인 데이터를 저장하는 디바이스로, 보조기억장치라고도 합니다. 스토리지의 용량이나 읽기, 쓰기 속도가 시스템 전체의 응답 시간에 영향을 주는 경우가 많습니다.

스토리지에는 하드디스크나 SSD 등을 이용합니다. 또한 SAN 스토리지와 같이 기업 용도로 이용되는 Fiber Channel(FC) 하드디스크도 있습니다.

하드디스크의 고장은 시스템에서 취급하는 중요한 데이터의 손실로 이어지므로 대부분 다중화 구성을 취합니다.

그 외 온프레미스 환경의 경우는 전원 트러블에 의한 순간적 차단을 막기 위한 UPS(무정전 전원장치)나 여러 대의 서버를 관리하기 위한 KVM 스위치 등도 도입합니다.

또한 서버 장비의 설치에 사용하는 서버 랙은 메인터넌스를 하기 쉬운 것으로 선택합니다. 서버 격납에는 '19인치 랙'이라 부르는 것을 많이 사용하고 있습니다. 그리고 데이터센터나 기계실에 설치할 때는 바닥이 하중을 얼마나 견디는지, 랙 안에 격납할 장비의 소비 전력을 계산하여 설치 시공 및 전기 공사를 합니다. 또한 데이터센터는 공조 설비도 갖출 필요가 있습니다.

서버 장비는 시스템의 이용 용도에 따라 하드웨어 제조업체가 다양한 제품을 릴리스하고 있으므로 이것들을 기능이나 예산 등으로 비교하여 도입합니다.

시스템의 규모나 중요도에 따라 엔트리 모델 서버부터 하이엔드 서버까지 라인업이 있습니다. 또한 용도에 따라 CPU나 메모리와 같은 부품을 커스터마이징하거나 스토리지의 용량을 증감시킬 수 있습니다.

클라우드를 이용하는 경우는 하드웨어의 선정=가상 머신의 사양 선정과 같습니다. 클라우드는 시험 삼아 가볍게 사용할 수 있는 반면, 제공되는 서비스가 너무 많아서 어떤 것을 선택해야 좋을지 고민하는 경우도 있습니다. 안정적이고 효율적인 인프라 기반을 구축하려면 클라우드 서비스를 어떻게 조합할지가 관건입니다. 자사에 클라우드에 관한 깊은 지식이 없는 경우는 클라우드 업체의 아키텍트에게 상담을 받는 것이 좋을 것입니다.

또한 컨설팅부터 운용까지를 모두 상담할 수 있는 클라우드 시스템 인티그레이터도 있습니다. 클라우드 시스템 인티그레이터의 경우 수많은 시스템에 대한 이전 및 도입을 직접 해 주므로 클라우드 네이티브한 아키텍처 등의 노하우를 제공받을 수 있다는 장점이 있습니다.

chap
1
chap
2
chap
3
chap
4
chap
5
chap
6
chap
7
chap
8
chap
9
chap
10
부록

네트워크 주소

인프라를 구성하는 요소 중에서도 네트워크에 관한 지식은 특히 중요합니다. 네트워크 세계에서는 서버나 클라이언트, 각종 네트워크 장비 등을 식별하기 위해 네트워크 주소를 사용합니다. 네트워크 주소에서 알아두어야 할 것은 다음 두 가지입니다.

MAC 주소(물리 주소/이더넷 주소)

MAC 주소는 네트워크 인터페이스 카드나 무선 LAN 칩과 같은 네트워크 부품에 물리적으로 할당되는 48비트 주소입니다. 앞 24비트는 네트워크 부품의 제조업체를 식별하는 번호이며, 뒤 24비트는 각 제조업체가 중복되지 않도록 할당하고 있습니다. MAC 주소는 16진수로 표기하며, 앞에서 2바이트씩 구분하여 표시합니다. OSI 참조 모델의 2계층인 데이터 링크 계층에서 사용합니다.

IP 주소

인터넷이나 인트라넷과 같은 네트워크에 연결된 컴퓨터나 네트워크 장비에 할당되는 식별 번호입니다. 현재 폭넓게 보급되어 있는 'IPv4'는 8비트씩 4개로 구분된 32비트 주소로, '192.168.1.1'과 같이 0부터 255까지의 10진수를 4개 나열하여 나타냅니다.

IPv4의 경우 하나의 네트워크에 2^{32}(약 42억 대)까지밖에 연결할 수 없기 때문에 인터넷에서 이용할 수 있는 IP 주소의 고갈이 우려되고 있습니다. 따라서 업무 시스템에서 사용하는 사내 네트워크에서는 임의의 주소를 할당할 수 있는 프라이빗 주소를 사용하고, 인터넷과의 경계에 글로벌 주소와 프라이빗 주소를 변환(NAT)하는 장비를 설치하여 운용하고 있습니다. 또한 IPv6에서는 128비트의 IP 주소를 사용하고 있습니다.

인터넷상의 글로벌 주소의 할당은 전 세계에서 중복되지 않도록 각 나라의 NIC(네트워크 정보 센터)가 수행하고 있습니다.

 ## OSI 참조 모델과 통신 프로토콜

통신을 할 때는 반드시 상대가 필요하며, 자신과 상대가 서로 이해할 수 있도록 말하려면 '어떤 말을 사용할지' 등과 같은 약속이 필요합니다. 통신 프로토콜이란 '서로 어떤 약속으로 통신을 할지'를 정한 규약을 말합니다. 시스템에서 주로 사용하는 통신으로는 웹이나 메일 송수신, 파일 전송이나 Secure Shell과 같은 통신이 있는데, 이들에는 각각 프로토콜이 정해져 있습니다.

OSI 참조 모델이란 국제표준화기구(ISO)가 책정한, 컴퓨터의 통신 기능을 계층 구조로 나눈 개념 모델입니다(그림 1.9).

OSI 참조 모델에서는 통신 프로토콜을 7개의 계층으로 나눠서 정의하고 있는 것이 특징입니다. 1계층~4계층을 하위 계층, 5계층~7계층을 상위 계층이라고 합니다.

계층화함으로써 다양한 기술들의 상호연결성을 확보하고 있어요. 이것이 네트워크 기술의 기본이에요.

OSI 참조 모델		대표 프로토콜	대표 통신 기기
7계층(L7)	응용 계층	HTTP, DNS, SMTP, SSH	방화벽, 로드밸런서
6계층(L6)	표현 계층		
5계층(L5)	세션 계층		
4계층(L4)	전송 계층	TCP, UDP	
3계층(L3)	네트워크 계층	IP, ICMP	라우터, L3 스위치
2계층(L2)	데이터 링크 계층	Ethernet	L2 스위치, 브리지
1계층(L1)	물리 계층		리피터 허브

그림 1.9 OSI 참조 모델

응용 계층(레이어 7)

응용 계층은 웹의 HTTP나 메일 전송을 하는 SMTP 등과 같은 애플리케이션에 특화된 프로토콜을 규정합니다.

표현 계층(레이어 6)

표현 계층은 데이터의 저장 형식이나 압축, 문자 인코딩과 같은 데이터의 표현 형식을 규정합니다.

세션 계층(레이어 5)

세션 계층은 커넥션 확립 타이밍이나 데이터 전송 타이밍을 규정합니다. 세션은 애플리케이션 간에 일어나는 요청(request)과 응답(response)으로 구성됩니다.

전송 계층(레이어 4)

전송 계층은 데이터 전송을 제어하는 계층입니다. 전송 오류의 검출이나 재전송을 규정합니다. 대표적인 프로토콜로는 TCP와 UDP가 있습니다. 데이터를 통신 상대의 노드로 확실히 보내는 역할을 하는 것이 전송 계층입니다.

네트워크 계층(레이어 3)

네트워크 계층은 서로 다른 네트워크 간에 통신을 하기 위한 규정입니다. 서로 다른 네트워크에 데이터 패킷을 전송하는 것을 라우팅이라고 합니다. IP 주소를 바탕으로 네트워크 계층에서 작동하는 대표적인 통신 장비로는 라우터나 레이어 3 스위치가 있습니다. 이러한 장비는 '패킷을 어디에서 어디로 전송할지'에 대한 정보(라우팅 테이블이라고 함)를 관리하고 있습니다.

데이터 링크 계층(레이어 2)

데이터 링크 계층은 동일한 네트워크 안(동일 세그먼트)에 있는 노드 간의 통신을 규정합니다. 데이터 링크 계층에서는 MAC 주소로 데이터를 전송합니다. 데이터 링크 계층에서 작동하는 대표적인 네트워크 장비로는 레이어 2 스위치가 있습니다. 레이어 2 스위치는 통신하고 싶은 노드가 어떤 포트와 연결되어 있는지를 MAC 주소를 사용하여 판단하고 패킷을 전송합니다.

물리 계층(레이어 1)

물리 계층은 통신 장비의 물리적 및 전기적 특성을 규정합니다. 데이터를 어떻게 전압과 전류의 값으로 할당할지나 케이블이나 커넥터의 모양(RJ) 등을 규정합니다. 예를 들어 LAN 케이블로 사용되는 트위스트 페어 케이블(STP/UTP)이나 Ethernet 규격인 100BASE-T 등이 그렇습니다. 또한 유선에 의한 통신뿐만 아니라 IEEE802.11 시리즈의 무선 통신 등도 있습니다.

방화벽

시스템을 가동시킬 때 가장 주의해야 할 것이 바로 보안입니다. 보안을 확보하기 위해서 가장 효과적인 방법 중 하나는 불필요한 통신을 차단하는 것입니다. 방화벽은 내부 네트워크와 외부와의 통신을 제어하고, 내부 네트워크의 안전을 유지하기 위한 기술입니다. 방화벽에는 몇 가지 종류가 있습니다.

패킷 필터형

통과하는 패킷을 포트 번호나 IP 주소를 바탕으로 필터링하는 방법입니다. 예를 들어 '포트 번호 80(http)과 443(https)만 통과해도 좋다', '안전한 세그먼트로부터 온 패킷 외에는 모두 파기한다' 등과 같은 룰을 정하고, 그 룰에 기초하여 패킷을 필터링합니다.

패킷 필터링의 룰을 'ACL(액세스 제어 리스트)'이라고 합니다.

애플리케이션 게이트웨이형

패킷이 아니라 애플리케이션 프로토콜 레벨에서 외부와의 통신을 대체 제어하는 것입니다. 일반적으로 프록시 서버라고 부릅니다. 프록시란 우리말로 '대리'라는 뜻입니다.

라우터/레이어 3 스위치

라우터는 2개 이상의 서로 다른 네트워크 간을 중계하기 위한 통신 장비입니다. OSI 참조 모델의 3계층인 네트워크 계층에서 작동하며, 어떤 루트를 통해 데이터를 전송할지를 판단하기 위한 경로 선택 기능을 가지고 있습니다. 어떤 루트를 경유할지는 라우터에 설정된 라우팅 테이블을 바탕으로 정해지는 정적 경로(Static Route)와 라우팅 프로토콜에서 설정된 동적 경로(Dynamic Route)가 있습니다.

라우터와 거의 똑같은 기능을 갖고 있는 레이어 3 스위치는 라우팅을 하드웨어로 처리하고 있으므로 고속으로 작동한다는 것이 특징이며, 연결할 수 있는 이더넷 포트의 수가 많기 때문에 널리 이용되고 있습니다.

 1.3 OS(Linux) 기초 지식

하드웨어나 네트워크를 제어하는 것이 OS의 역할입니다. 업무 시스템에서는 Unix, Linux, Windows Server와 같은 서버 OS를 사용합니다.

Docker는 Linux의 기능을 사용한 기술이기 때문에 Docker를 사용하는 데 있어서 빼놓을 수 없는 것이 바로 Linux에 관한 기초 지식입니다.

Linux

Linux는 1991년에 핀란드의 Linus Torvalds가 개발한 Unix 호환 서버 OS입니다. Linux는 보안에 뛰어나며 안정적으로 작동된다는 특징을 갖고 있기 때문에 각종 서버에서 널리 이용되고 있습니다. Intel의 x86 계열 마이크로프로세서를 탑재한 컴퓨터뿐만 아니라 Alpha, SPARC와 같은 플랫폼에서도 작동합니다. 또한 Linux는 스마트폰이나 임베디드 장비의 OS로서도 작동하는 것이 특징적입니다.

Linux는 오픈소스이므로 누구나 자유롭게 수정 및 재배포할 수 있습니다. Linux의 개발은 자원봉사자나 기업의 엔지니어로 구성된 '커뮤니티'가 큰 역할을 하고 있습니다.

일반적으로 Linux라는 말에는 다음 두 가지 뜻이 있습니다.

Linux 커널

Linux 커널(kernel)이란 OS의 코어가 되는 부분을 말합니다. 메모리 관리, 파일 시스템, 프로세스 관리, 디바이스 제어 등 OS로서 하드웨어나 애플리케이션 소프트웨어를 제어하기 위한 기본적 기능을 갖고 있는 소프트웨어입니다. 스마트폰이나 태블릿 단말기용 OS인 Android는 Linux 커널 상에 구축되어 있습니다.

Linux 배포판

보통 Linux는 Linux 배포판이라는 형태로 패키지화되어 배포됩니다(**그림 1.10**). Linux 배포판에는 Linux 커널과 함께 각종 커맨드, 라이브러리, 애플리케이션이 포함되어 있습니다. 또한 Linux 커널 이외의 부분을 사용자 공간(userland)이라고 합니다. 사용자 공간에서는 디바이스에 직접 액세스할 수 없기 때문에 Linux 커널을 통해 처리가 이루어집니다.

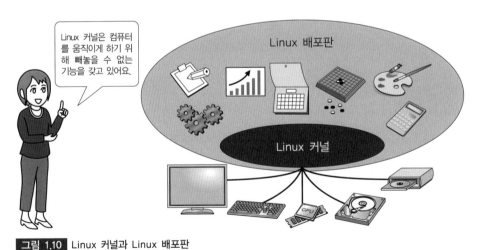

Linux 커널은 컴퓨터를 움직이게 하기 위해 빼놓을 수 없는 기능을 갖고 있어요.

그림 1.10 Linux 커널과 Linux 배포판

주요 Linux 배포판은 **표 1.1** 과 같습니다.

표 1.1 주요 Linux 배포판

	배포판	설명
Debian 계열 배포판	Debian	GNU/Linux: 커뮤니티에서 개발된 Linux
	KNOPPIX	CD 부팅으로 이용할 수 있는 Linux
	Ubuntu	풍부한 데스크톱 환경을 제공하고 있는 것이 특징
Red Hat 계열 배포판	Fedora	Red Hat이 지원하는 커뮤니티 'Fedora Project'의 Linux
	Red Hat Enterprise Linux	Red Hat이 제공하는 상용 Linux. RHEL로도 불림
	CentOS	RHEL과의 완전한 호환을 지향하는 Linux
	Vine Linux	일본에서 개발된 Linux
Slackware 계열 배포판	openSUSE	Novell이 지원하는 커뮤니티에서 개발된 Linux
	SUSE Linux Enterprise	openSUSE를 기반으로 한 안정화된 상용 Linux
기타 배포판	Arch Linux	패키지 관리 시스템에 Pacman을 사용
	Gentoo Linux	Portage라는 패키지 관리 시스템을 채택한 Linux

chap 1

chap 2

chap 3

chap 4

chap 5

chap 6

chap 7

chap 8

chap 9

chap 10

부록

 Linux 커널

Linux 커널은 하드웨어 제어에 관한 OS의 핵심이 되는 기능을 말하는 것으로, C 언어나 어셈블리 언어로 쓰여 있습니다. Linux 커널의 주요 기능은 다음과 같습니다.

디바이스 관리

Linux 커널은 하드웨어(CPU/메모리/디스크/입출력 장치 등)를 디바이스 드라이버라는 소프트웨어를 이용하여 제어합니다.

프로세스 관리

Linux에서 명령을 실행할 때는 해당 프로그램 파일에 쓰여 있는 내용을 읽어 들여 메모리상에 전개한 후 메모리상의 프로그램을 실행합니다. 이와 같이 실행된 프로그램을 프로세스라고 합니다.

OS를 작동시키거나 미들웨어나 각종 애플리케이션을 실행하면 이 프로세스가 동시에 여러 개 실행된 상태가 됩니다. Linux 커널은 이러한 프로세스에 PID(프로세스 ID)라는 식별자를 붙여 관리합니다. 그리고 프로세스의 실행을 위해 필요한 CPU를 효율적으로 할당하는 역할을 하고 있습니다.

메모리 관리

프로세스가 실행되면 메모리상에 프로그램이 전개됨과 동시에 프로그램 안에서 이용하는 데이터도 메모리상에 전개됩니다. Linux 커널은 프로그램/데이터를 물리 메모리에 효율적으로 할당하는 역할을 갖고 있습니다. 또한 실행이 끝난 프로세스가 사용하던 메모리 영역을 해제하는 것도 커널의 역할입니다.

다만 메모리에는 용량의 제한이 있으므로 메모리의 물리적인 용량을 초과하는 프로그램/데이터를 전개할 때는 하드디스크와 같은 보조기억장치에 가상 메모리 영역을 만듭니다. 이러한 가상 메모리 영역을 스왑(swap)이라고 합니다. Linux 커널은 메모리상에 전개된 이용 빈도가 낮은 데이터를 스왑으로 보내고(스왑아웃), 스왑상의 데이터를 메모리로 되돌리는(스왑인) 일을 합니다.

이러한 Linux 커널을 조작하기 위해서는 셸(Shell)을 사용합니다(**그림 1.11**). 셸은 사용자가 내린 명령을 커맨드로 받아, 그것을 Linux 커널에 전달합니다. 셸은 다음과 같은 일을 실행할 수 있습니다.

- 애플리케이션 실행/정지/재실행
- 환경변수 관리
- 명령 이력 관리(명령 히스토리)
- 명령 실행 결과 표시 및 파일 출력

또한 셸에서 실행하고자 하는 명령을 모아서 텍스트 파일에 기술한 것을 '셸 스크립트'라고 합니다. 셸 스크립트는 제어 구문을 사용할 수 있기 때문에 조건 분기나 반복 처리를 할 수도 있습니다.

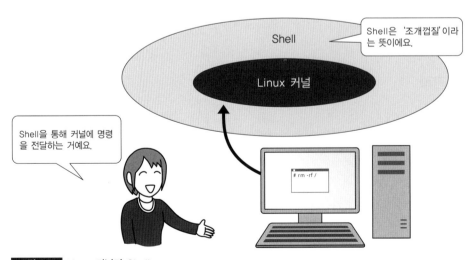

그림 1.11 Linux 커널과 Shell

chap
1
chap
2
chap
3
chap
4
chap
5
chap
6
chap
7
chap
8
chap
9
chap
10
부록

Note 쉘의 종류

Linux에서 이용할 수 있는 쉘에는 몇 가지 종류가 있습니다. 자주 이용하는 쉘의 특징을 간단히 설명하겠습니다. 또한 디폴트로 이용할 수 있는 쉘은 /bin/sh에 심볼릭 링크로 설정된 것입니다.

표 A 쉘의 종류

이름	특징
bash	명령 이력, 디렉토리 스택, 명령 변환 기능, 명령이나 파일명의 자동보완 기능 등을 지원하는 고기능 쉘. 대부분의 Linux 시스템이나 macOS(OS X)에 표준으로 탑재되어 있다.
csh	C 언어와 매우 비슷한 쉘로, BSD 계열 OS에서 주로 이용한다.
tcsh	csh를 개선한 버전으로 명령이나 파일명 등의 자동보완 기능을 갖고 있다.
zsh	bash와 호환성이 있는 쉘로, 고속으로 작동하는 것이 특징이다.

쉘의 종류가 다르면 쉘 스크립트의 작성 방법도 달라집니다. 시스템 구축 현장에서는 인프라 프로비저닝 툴로 자동화하고 있는 경우도 있지만, 쉘 스크립트로 시스템을 관리하는 경우도 많습니다.

Linux 파일 시스템

Linux 커널이 갖고 있는 중요한 기능으로 파일 시스템이 있습니다. 파일 시스템은 Linux에서 하드디스크나 USB 메모리, CD, DVD 등과 같은 데이터에 액세스하기 위한 장치입니다.

보통 컴퓨터가 데이터를 읽어 들일 때는 데이터가 어떤 디스크에 어떻게 저장되어 있는지를 의식할 필요가 있습니다. 하지만 데이터를 이용하는 애플리케이션의 입장에서 보면 데이터가 하드디스크에 저장되어 있든지, 플래시 메모리에 저장되어 있든지, 네트워크 너머의 스토리지 서버에 저장되어 있든지 상관없이 투과적으로 액세스할 수 있는 방법이 있다면 편리할 것입니다. Linux 커널은 VFS(Virtual File System: 가상 파일 시스템)라는 장치를 사용하여 데이터에 대한 투과 액세스를 가능하게 하고 있습니다(그림 1.12). VFS에서는 각 디바이스를 '파일'로 취급하는 것이 특징입니다(그림 1.13).

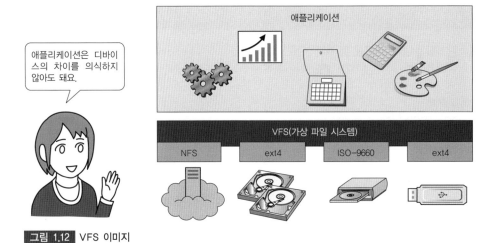

그림 1.12 VFS 이미지

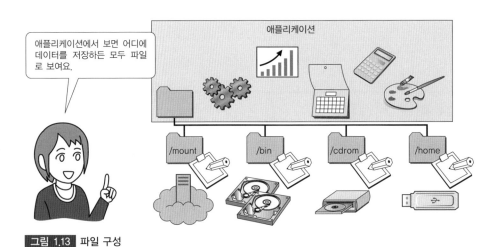

그림 1.13 파일 구성

Linux에서 다루는 주요 파일 시스템은 표 1.2 와 같습니다.

표 1.2 Linux의 주요 파일 시스템

이름	설명
ext2	Linux 운영체제에서 널리 이용되던 파일 시스템. 초기 ext 파일 시스템을 확장했기 때문에 ext2라고 이름이 붙여졌다.
ext3	Linux에서 주로 사용되는 파일 시스템. Linux 커널 2.4.16부터 사용할 수 있다.
ext4	ext3의 후속 저널링 파일 시스템. 확장 기능을 사용하지 않는 경우에 한해 ext3으로 마운트할 수 있다. 스토리지는 1EiB까지 지원하며, 파일의 단편화를 방지하는 extent file writing이라는 시스템이 도입되어 있다.

tmpfs	Unix 계열 OS에서 임시 파일을 위한 장치를 말한다. tmpfs는 파일 시스템으로 마운트되지만, 하드디스크와 같은 영구성을 갖고 있는 기억장치 대신에 메모리상에 저장할 수 있다. /tmp로 마운트되는 경우가 많으며, /tmp에 저장한 파일의 실체는 메모리상에 저장되어 있기 때문에 서버를 재시작하면 파일은 모두 사라진다.
UnionFS	여러 개의 디렉토리를 겹쳐서 하나의 디렉토리로 취급할 수 있는 파일 시스템. 쓰기 가능한 디렉토리와 읽기 전용 디렉토리를 겹침으로써, 읽기 전용 디렉토리의 내용을 가상적으로 변경할 수 있다. 변경된 내용은 쓰기 가능한 디렉토리에 저장된다. 신뢰성과 퍼포먼스를 개선한 AUFS(AnotherUnionFS)도 있다.
ISO-9660	1988년에 ISO에서 표준화된 CD-ROM의 파일 시스템. Linux뿐만 아니라 다양한 운영체제에서 똑같은 CD-ROM을 읽어 들일 수 있다.
NFS	RFC 1094, RFC 1813, RFC 3530 등으로 정의되어 Unix에서 이용하는 분산 파일 시스템 및 그 프로토콜

Linux 디렉토리 구성

Linux는 설치된 Linux 커널을 비롯하여 각종 커맨드나 설정 파일이 디렉토리에 배치됩니다. 이러한 Linux 디렉토리 목록은 FHS(Filesystem Hierarchy Standard)라는 규격에 의해 표준화되어 있습니다. 현재 대부분의 주요 배포판은 이 FHS를 바탕으로 디렉토리를 구성하고 있습니다. 하지만 이 규격에 완전히 준거하여 구성하는 것은 아니므로 Linux 배포판에 따라 차이가 있습니다.

Linux 전체 디렉토리 구성은 **그림 1.14** 와 같습니다.

루트 디렉터리

/bin	기본 커맨드
/boot	OS 시작에 필요한 파일
/dev	디바이스 파일
/etc	설정 파일
/home	사용자 홈 디렉토리
/lib	공유 라이브러리
/mnt	파일 시스템의 마운트 포인트용 디렉토리
/media	CD/DVD-ROM의 마운트 포인트
/opt	애플리케이션 소프트웨어 패키지
/proc	커널이나 프로세스에 관한 정보
/root	특권 사용자(root)용 홈 디렉토리
/sbin	시스템 관리용 마운트
/srv	시스템 고유의 데이터
/tmp	임시 디렉토리
/usr	각종 프로그램이나 커널 소스를 놓아두는 디렉토리
/var	로그나 메일 등 가변적인 파일을 놓아두는 디렉토리

그림 1.14 Linux 전체 디렉토리 구성

표 1.3 은 주요 디렉토리에 대한 개요입니다.

표 1.3 Linux 주요 디렉토리

이름	설명
/bin	ls 커맨드나 cp 커맨드와 같은 기본 커맨드를 저장하는 디렉토리. 특권 사용자, 일반 사용자 모두 이용하는 명령들이 배치되어 있다.
/boot	Linux 커널 등 OS의 시작에 필요한 파일을 배치하는 디렉토리. Linux 커널의 정체는 vmlinuz라는 이름의 파일이다.
/dev	하드디스크, 키보드, 디바이스 파일을 저장하는 디렉토리. 예를 들어 /dev/had는 하드디스크, /dev/hda는 IDE 타입 하드디스크, /dev/sda는 SCSI 타입 하드디스크를 나타낸다. /dev/tty는 표준입출력이 되는 단말 디바이스. 또한 '아무 것도 아니다'를 나타내는 /dev/null이라는 특수한 디바이스도 마련되어 있다. /dev/null은 필요가 없어진 출력을 버릴 때 사용하거나 빈 파일로 사용한다.
/etc	OS나 애플리케이션이 작동하는 데 필요한 설정 파일이 저장되어 있는 디렉토리. 예를 들어 /etc/hosts는 IP 주소와 도메인명을 연결하는 파일이며, /etc/passwd는 사용자의 비밀번호가 저장되어 있다. 웹 서버를 시작할 때의 http 데몬 설정 파일도 이 디렉토리 아래에 배치된다.
/home	일반 사용자의 홈 디렉토리. 시스템 이용자가 자유롭게 사용할 수 있는 디렉토리. 독자적인 쉘 설정 파일 등도 여기에 배치할 수 있다. 또한 특권 사용자(root)는 /root를 홈 디렉토리로 사용한다.
/proc	커널이나 프로세스에 관한 정보가 저장되어 있는 디렉토리. /proc 아래에 있는 숫자 폴더는 프로세스 ID를 의미한다. 또한 /proc/cpuinfo는 CPU 정보, /proc/partitions는 디스크의 파티션 정보, /proc/version은 Linux 커널의 버전 정보가 저장되어 있다.
/sbin	시스템 관리용 마운트가 저장되어 있는 디렉토리. 예를 들어 mount 커맨드나 reboot 커맨드 등. 관리 커맨드는 /usr/sbin이나 /usr/local/sbin 등에 배치되는 경우도 있다.
/tmp	일시적으로 사용하는 파일 등을 저장하는 임시 디렉토리. 하드디스크에 저장되어 있는 보통의 파일처럼 보이지만 /tmp는 보통 tmpfs 파일 시스템을 사용하여 메모리상에 전개되기 때문에 서버를 재시작하면 사라져 버린다.
/usr	각종 프로그램이나 커널 소스가 저장되는 디렉토리. /usr/local은 시스템 관리자가 애플리케이션을 설치하는 장소로 이용한다.
/var	시스템의 가동과 함께 변화하는 파일을 놓아두는 디렉토리. 예를 들어 /var/log에는 가동 로그, /var/spool에는 애플리케이션이 임시 파일로 사용하는 스풀이 저장된다. 또한 메일 등의 큐나 프로세스의 다중 기동을 막기 위한 로그 파일 등도 배치된다.

Linux 보안 기능

일반적으로 보안 기술에 관해서는 퍼실리티(facility)/하드웨어와 같은 하위 레이어부터 애플리케이션 구축 기술에 이르기까지 지원 범위가 상당히 넓어서 시스템 전체를 파악하고 보안 대책을 세울 필요가 있습니다. 여기서는 Linux가 갖고 있는 보안 기능 중 대표적인 것만 설명하겠습니다.

chap
1
chap
2
chap
3
chap
4
chap
5
chap
6
chap
7
chap
8
chap
9
chap
10
부록

계정에 대한 권한 설정

Linux에서는 시스템을 이용할 수 있는 사용자 계정에 권한을 설정할 수 있습니다. 권한은 시스템 전체를 관리할 수 있는 특권 사용자인 'root'와 그 외의 일반 사용자가 있습니다. root는 시스템의 종료나 파일 시스템의 마운트/언마운트, 애플리케이션의 설치와 같은 실행 권한을 가지며, 시스템 전체를 관리할 수 있습니다.

또한 미들웨어와 같은 데몬을 기동시키기 위한 시스템 계정도 작성할 수 있습니다. 시스템 계정은 특정 프로세스를 작동시키기 위한 계정입니다. 사용자가 시스템 계정을 직접 이용하는 경우는 없기 때문에 로그인할 수 없도록 해 둘 필요가 있습니다.

계정에는 그룹을 설정할 수도 있습니다. Linux의 파일이나 디렉토리에 대한 액세스 권한을 계정 및 그룹별로 세세하게 설정할 수 있습니다. 이러한 액세스 권한을 퍼미션(permission)이라고 합니다.

네트워크 필터링을 사용한 보안 기능

Linux는 원래 네트워크를 경유하여 멀티유저가 이용하는 것을 전제로 한 OS이기 때문에 네트워크에 관한 기능이 풍부합니다. iptables는 Linux에 내장된 패킷 필터링 및 네트워크 주소 변환(NAT) 기능을 설정하는 기능입니다.

패킷 필터링이란 패킷이 헤더 부분(송신원 IP 주소와 수신처 IP 주소, 포트 번호 등)을 보고 조건과 일치하면 설정한 액션(전송, 파기, 주소 수정 등)을 수행하는 것입니다. 방화벽과 같은 역할을 하므로 부정한 패킷을 파기할 수가 있습니다.

SELinux(Security-Enhanced Linux)

SELinux는 미국 국가안전보장국이 제공하는 Linux 커널에 강제 액세스 제어 기능을 추가한 기능입니다. Linux 시스템에서 디렉토리나 파일에 대한 액세스는 퍼미션에 기초하여 허가하고 있습니다.

퍼미션에서는 '오너', '그룹', '기타'에 대해 각각 '읽기(read)', '쓰기(write)', '실행(execute)' 허가를 설정할 수 있습니다. 하지만 root 사용자는 이러한 퍼미션과 상관없이 모든 액세스가 가능하기 때문에 만일 root 사용자의 비밀번호가 도난당하면 시스템에 치명적인 영향을 끼친다는 결점이 있습니다.

SELinux는 보안 대상에 따라 HTTP/FTP와 같은 프로세스마다 액세스 제한을 거는 Type Enforcement(TE)와 root도 포함한 모든 사용자에 관해 제어를 거는 롤베이스 액세스 제어(RBAC) 등으로 Linux를 제어합니다. 이로써 root 사용자에게 권한이 집중되는 것을 막음으로써 보안성이 높은 시스템을 구축할 수 있습니다.

1.4 미들웨어 기초 지식

개발된 애플리케이션을 작동시키기 위해서는 하드웨어/네트워크/OS에 관한 기초 지식 외에 미들웨어에 대한 지식이 필요합니다.

미들웨어란 OS와 업무 처리를 수행하는 애플리케이션 사이에 들어가는 소프트웨어를 말합니다.

미들웨어는 OS가 갖고 있는 기능을 확장한 것, 애플리케이션에서 사용하는 공통 기능을 제공하는 것, 각종 서버 기능을 제공하는 것 등 목적과 용도에 따라 폭넓은 종류가 이용되고 있습니다. 또한 OSS로 개발되어 있는 것과 상용으로 제공되는 것 등 지원하는 제품이 다양합니다.

여기서는 Docker를 사용할 때 알아두어야 할 미들웨어의 개요 및 대표적인 제품에 대해 설명하겠습니다.

웹 서버/웹 애플리케이션 서버

웹 서버란 클라이언트의 브라우저가 보내온 HTTP 요청을 받아, 웹 콘텐츠(HTML, CSS 등)를 응답으로 반환하거나 다른 서버사이드 프로그램을 호출하는 기능을 갖고 있는 서버입니다. 대표적인 웹 서버로는 **표 1.4**와 같은 것이 있습니다.

표 1.4 대표적인 웹 서버

이름	설명	WEB 공식 사이트
Apache HTTP Server	오픈소스 웹 서버. 소규모 웹 사이트부터 대규모 업무 시스템까지 폭넓게 이용되고 있다. Apache HTTP Server는 초기 버전이 1995년에 나온 역사가 오래된 웹 서버로, 현재 버전은 2.4이다.	https://httpd.apache.org/
Internet Information Services	Microsoft가 제공하는 웹 서버. Windows Server 시리즈와 같은 OS 제품에 들어 있다. 업무 시스템 등에서 주로 이용되고 있으며, GUI 관리 툴로 설정이나 관리를 할 수 있다.	https://technet.microsoft.com/ko-kr/kr-ko/library/hh831725
Nginx (엔진엑스)	오픈소스 웹 서버. 소비 메모리가 적으며 리버스 프록시 기능과 로드밸런서 기능도 갖고 있는 것이 특징. 최신 버전은 1.15로, 컨슈머용 대규모 사이트를 중심으로 사용을 확대시켜 가고 있다.	http://nginx.org/

데이터베이스 서버

데이터베이스 서버는 시스템이 생성하는 다양한 데이터를 관리하기 위한 미들웨어입니다. 데이터의 검색, 등록, 변경, 삭제와 같은 기본 기능 외에, 트랜잭션 처리 등도 포함한다는 점에서 데이터베이스 관리 시스템 DBMS(Database Management System)라고 부르는 경우도 있습니다. 대표적인 데이터베이스 서버로는 **표 1.5** 와 같은 것이 있습니다.

표 1.5 대표적인 데이터베이스 서버

이름	설명	**WEB** 공식 사이트
MySQL	Oracle이 제공하는 오픈소스 관계형 데이터베이스 관리 시스템(Relational Database Management System). 세상에서 가장 많이 보급되어 있는 오픈소스 RDBMS로, 최신 버전은 8.0까지 릴리스되었다.	https://www.mysql.com/
PostgreSQL	오픈소스 RDBMS. MySQL과 나란히 업무 시스템에서 많이 사용되는 데이터베이스 중 하나로, 최신 버전은 11 Beta 2까지 릴리스되었다.	http://www.postgresql.org/
Oracle Database	Oracle이 개발한 상용 RDBMS. 업무 시스템에서 가장 많이 사용되는 RDBMS이며, Unix나 Linux/Windows Server와 같은 서버 OS뿐만 아니라, 메인 프레임부터 클라이언트 PC까지 폭넓은 플랫폼을 지원하고 있는 것이 특징이다.	https://www.oracle.com/database/index.html

 용 어

관계형 데이터베이스(Relational Database)

데이터를 2차원 표 형식으로 관리하는 데이터베이스로, 여러 개의 표를 결합(Relation)하여 이용할 수 있습니다. 데이터에 대한 조회 언어로 SQL을 채택하고 있는 것이 특징입니다.

NoSQL

NoSQL은 RDBMS와는 다른 새로운 방식을 통틀어 일컫는 말입니다. 병렬분산처리나 유연한 스키마 설정 등이 특징으로, 주요 방식으로는 KVS(Key-Value 스토어)나 도큐먼트 지향 데이터베이스(도큐먼트 데이터베이스), XML 데이터베이스 등이 있습니다. 대량의 데이터 축적이나 병렬처리에 뛰어나기 때문에 다수의 사용자 액세스를 처리할 필요가 있는 온라인 시스템 등에서 널리 이용하고 있습니다. 대표적인 NoSQL로는 **표 1.6** 과 같은 것이 있습니다.

표 1.6 대표적인 NoSQL

이름	설명	**WEB** 공식 사이트
Redis	메모리상에 KVS를 구축할 수 있는 OSS의 NoSQL. 메인 메모리상에 KVS를 구축하여 애플리케이션에서 데이터의 저장과 읽기를 할 수 있다. 메모리상의 데이터는 정기적으로 백업되지만 데이터가 갱신될 때마다 기록되는 것은 아니기 때문에 예상치 못한 전원 차단이 있으면 데이터가 손실되는 경우도 있다.	http://redis.io/
MongoDB	도큐먼트라는 구조적 데이터를 콜렉션으로 관리하는 OSS의 NoSQL. 도큐먼트에는 복잡한 계층 구조를 가지게 할 수 있어서 그러한 구조에 포함되는 필드를 지정한 쿼리나 인덱스의 생성이 가능. 온라인 게임이나 로그 분석 등에 이용된다.	https://www.mongodb.org/
Apache Cassandra	하나의 Key에 대해 여러 개의 칼럼을 가지고, 관계형 테이블에 가까운 데이터 구조를 갖고 있는 OSS의 NoSQL. 본래는 Facebook이 대규모 데이터의 저장을 위해 개발한 것이다.	http://cassandra.apache.org/

시스템 감시 툴

시스템이 릴리스되면 인프라 운용 관리 업무가 시작됩니다. 시스템을 안정적으로 가동시키기 위해 시스템 관리자는 시스템이 어떤 상태로 가동되고 있는지를 감시할 필요가 있습니다.

일반적인 시스템에서 이러한 감시는 시스템 감시 툴로 수행합니다. 시스템 감시 툴이란 시스템의 감시 대상인 서버나 장비의 상태를 감시하여 미리 설정한 경계 값을 초과한 경우에 정해진 액션을 실행하는 것입니다. 대표적인 시스템 감시 툴로는 **표 1.7** 과 같은 것이 있습니다.

표 1.7 대표적인 시스템 감시 툴

이름	설명	WEB 공식 웹 사이트
Zabbix (자빅스)	Zabbix SIA가 개발한 통합운용 관리 툴. 다양한 서버의 상태를 감시 및 추적하기 위한 오픈소스 소프트웨어. 수집한 데이터를 저장하기 위해 MySQL, PostgreSQL, Oracle Database, DB2 등을 이용한다.	http://www.zabbix.com/
Datadog	Datadog가 개발한 서버 통합감시용 SaaS. Mackerel과 마찬가지로 통합감시 서버를 도입할 필요 없이 웹 브라우저에서 통합감시를 할 수 있는 서비스. 클라우드 및 온프레미스가 혼재한 환경도 손쉽게 감시할 수 있는 것이 특징이다.	https://www.datadoghq.com
Mackerel (매커럴)	Hatena가 개발한 서버 통합감시용 SaaS. 통합감시 서버를 도입할 필요 없이 웹 브라우저에서 통합감시할 수 있는 서비스. 클라우드 상의 서버 감시와 친화성이 높으며, 감시 대상인 서버에 에이전트를 설치하기만 하면 간편히 감시할 수 있다.	https://mackerel.io/

미들웨어는 이 외에도 HTTP에 의한 통신 트랜잭션과 업무처리 요청인 처리 트랜잭션을 관리하는 '트랜잭션 모니터' 등이 있습니다. 인프라 기반을 구축하려면 이러한 미들웨어의 특징이나 기능을 조사하여 요구사항에 맞게 조합하여 이용하기 위한 스킬이 필요합니다.

1.5 인프라 구성 관리 기초 지식

인프라 운용 관리는 최종사용자를 지원하는 헬프 데스크 업무부터 시스템 장애 대응에 이르기까지 수비 범위가 상당히 넓어 이 책에서 모든 것을 설명하기는 불가능합니다. 하지만 운용 관리 중에서도 안정 가동이나 보안 대책의 관점에서 필요한 업무인 인프라 구성 관리는 부하가 큰 작업 중 하나입니다.

여기서는 Docker를 이해하는 데 있어서 알아두어야 할 인프라 구성 관리의 개요에 대해 설명하겠습니다.

인프라 구성 관리

인프라 구성 관리는 인프라를 구성하는 하드웨어, 네트워크, OS, 미들웨어, 애플리케이션의 구성 정보를 관리하고 적절한 상태로 유지하는 작업을 말합니다.

온프레미스 환경의 경우는 자사에서 조달한 장비를 제공한 업체의 유지보수 기간이 3년, 5년,

10년 등과 같이 끝날 때까지 사용하기 위해 일단 구축한 것을 유지보수하면서 오래 사용하는 것이 일반적입니다. 장비뿐만 아니라 OS나 미들웨어 제조업체의 유지보수 기간도 있어서 OS나 미들웨어의 버전업뿐만 아니라 실제 운용 시의 트래픽에 맞춰 퍼포먼스 튜닝을 하고 다양한 인프라 구성 요소를 변경하면서 운용 관리를 합니다. 따라서 인프라 구성 관리의 부하는 인프라 환경의 규모가 크면 클수록 커집니다.

하지만 클라우드 시스템의 등장과 다양한 분산 기술 덕분에 인프라 구축의 방법이 크게 바뀌었습니다. 클라우드는 가상 환경을 기반으로 하고 있기 때문에 인프라 구축에서 물리적인 제약이 없어집니다. 그래서 지금까지 온프레미스에서는 어려웠던 서버나 네트워크를 구축하거나 일단 구축한 것을 바로 파기할 수 있습니다(그림 1.15).

온프레미스 환경(물리 환경)에서 인프라 구축   클라우드 환경(가상 환경)에서 인프라 구축

변경이력

2003/8/10 A 입력
2003/9/12 B 입력
2004/7/03 B 삭제
2005/4/10 C 입력

구성 관리를 하면서 오래 계속 사용한다.

필요하면 구축하고 불필요하면 폐기할 수 있다.

휴지통

그림 1.15 인프라 구축 방법의 변화

따라서 한 번 구축한 인프라는 변경을 하지 않고 파기한 후 새로운 것을 구축하면 되므로 지금까지 부하가 컸던 인프라의 변경 이력을 관리할 필요가 없어졌습니다. 그리고 인프라의 변경 이력을 관리하는 것이 아니라 지금 현재 작동하고 있는 인프라의 상태를 관리하면 되도록 바뀌었습니다. 이러한 인프라를 Immutable Infrastructure라고 합니다.

코드를 사용한 구성 관리

좀 더 구체적으로 살펴봅시다. 온프레미스로 된 대부분의 시스템 기반은 물리 서버나 네트워크 장비를 데이터센터나 기계실 등에 설치합니다. 이러한 장비는 셋업을 해야 사용할 수 있습니다(그림 1.16). 클라우드의 경우는 키팅과 같은 공정이 필요 없지만 인스턴스의 셋업 공정은 필요합니다.

그림 1.16 수동 셋업

　하지만 여러 대의 서버를 한 대씩 수작업으로 설정하여 관리하는 것은 비효율적입니다. 셋업 작업의 대부분은 시간이 걸리는 단순 작업입니다. 수작업으로 하게 되면 아무리 작업 체크나 테스트를 신경 써서 하더라도 환경 설정의 작업 실수를 완전히 막기는 어렵습니다.

　더욱이 초기의 인프라 구축 공정뿐만 아니라 시스템을 실제로 가동한 후에 OS나 미들웨어의 버전업이나 보안 패치 적용을 할 때는 구성 관리를 얼마나 효율적으로 하느냐가 중요합니다.

　일반적인 인프라 구축에서는 인프라 방식 설계서를 토대로 서버나 네트워크 장비의 파라미터 시트를 작성하고, 그것을 바탕으로 인프라 장비를 셋업했었습니다.

파라미터 시트

용 어

　　버전 정보와 설정 항목의 설정 값이 쓰여 있는 것으로, 애플리케이션 개발의 '상세설계서'와 '프로그램 설계서'에 해당합니다.

　하지만 인프라 구성 관리가 불충분한 경우, 제품 환경에서 가동 중인 인프라의 설계서나 서버의 파라미터 시트가 실제 설정 값과 달라서 막상 환경 구성을 변경하려고 할 때 잘 작동하지 않는 경우가 있었습니다. 만일 이러한 일이 일어난다면 최악의 경우 중대한 시스템 장애나 정보 유출 등과 같은 보안 인시던트를 초래할 우려도 있습니다.

　그래서 최근에는 프로그램 코드에 적혀 있는 내용대로 자동으로 설정을 해주는 장치를 도입하여, 그 프로그램을 누가 실행해도 똑같은 상태의 인프라 환경을 구축할 수 있는 환경을 도입하는 것이 일반적입니다(**그림 1.17**).

그림 1.17 인프라 구축 이미지

또한 실제 운용 중에 구성 변경이 있을 때 서버의 상태를 적절히 관리해두지 않으면 인프라 전체가 블랙박스화되어 버립니다.

인프라의 구성 정보를 코드로 관리하면 애플리케이션 개발에서의 소스코드 관리와 똑같이 Git과 같은 버전 관리 소프트웨어로 변경 이력을 일원화하여 관리할 수 있습니다. 또한 구성에 변경이 발생한 경우는 커밋 메시지를 붙임으로써 어떤 목적으로 어떤 구성을 변경했는지를 팀 멤버끼리 공유할 수 있습니다.

그리고 소스코드로 구성을 가시화할 수 있으므로 인적 실수를 배제할 수 있습니다(**그림 1.18**).

그림 1.18 인프라 구성 요소의 이미지

이와 같이 인프라의 구성을 코드로 관리해 가는 것을 Infrastructure as Code라고 합니다.

Docker에서는 Dockerfile이라는 파일에 인프라의 구성 정보를 기술할 수 있습니다. Dockerfile

을 작성하면 컨테이너의 바탕이 되는 Docker 이미지를 생성할 수 있습니다. Dockerfile에 대한 자세한 내용에 대해서는 4장에서 설명합니다.

대표적인 인프라 구성 관리 툴

인프라 구성 관리를 자동으로 관리하는 툴은 네트워크나 OS를 포함하는 서버의 구성을 자동으로 구축 및 관리하는 것부터 OS나 미들웨어의 정의 파일을 자동으로 작성하는 것, 여러 서버에 대해 애플리케이션의 일괄 배포나 통합 관리를 하는 툴까지 다양합니다(그림 1.19).

각각의 특징을 파악한 후에 사용하는 것이 중요해요.

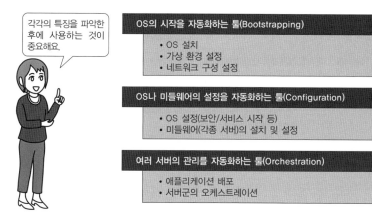

OS의 시작을 자동화하는 툴(Bootstrapping)
- OS 설치
- 가상 환경 설정
- 네트워크 구성 설정

OS나 미들웨어의 설정을 자동화하는 툴(Configuration)
- OS 설정(보안/서비스 시작 등)
- 미들웨어(각종 서버)의 설치 및 설정

여러 서버의 관리를 자동화하는 툴(Orchestration)
- 애플리케이션 배포
- 서버군의 오케스트레이션

그림 1.19 구성 관리 툴 개요

툴이 갖고 있는 기능을 역할에 따라 크게 나누면 다음과 같습니다.

OS의 시작을 자동화하는 툴

서버 OS를 설치하거나 가상화 툴을 설치 및 설정하는 작업을 자동화하기 위한 툴입니다.
Red Hat 계열 Linux 배포판에서 이용할 수 있는 'KickStart'나 로컬 PC에 가상 환경을 만들기 위한 'Vagrant' 등이 있습니다.

OS나 미들웨어의 설정을 자동화하는 툴

데이터베이스 서버, 웹 서버, 감시 에이전트 등과 같은 미들웨어의 설치나 버전 관리, Unix 계열 OS의 /etc 아래에 있는 OS나 미들웨어의 설정 파일이나 OS의 방화벽 기능의 설정 등 보안과 관련된 설정을 자동화하기 위한 툴입니다.

주요 툴로는 Chef사가 제공하는 오픈소스 Ruby에 의한 인프라 구성 관리 툴인 'Chef'나 Python으로 구축된 'Ansible'이 있습니다. 또한 'Puppet'은 2005년에 릴리스된 오픈소스 구성 관리 툴로 오랜 역사를 갖고 있습니다. 그리고 오픈소스 'Itamae'는 Ruby DSL로 기술할 수 있는 심플한 구성 관리 툴입니다.

- ● **Chef** `WEB` https://www.chef.io/chef
- ● **Ansible** `WEB` http://www.ansible.com/home
- ● **Puppet** `WEB` https://puppetlabs.com/
- ● **Itamae** `WEB` http://itamae.kitchen/

여러 서버의 관리를 자동화하는 툴

대규모 시스템은 여러 대의 서버로 구축됩니다. 이러한 분산 환경의 서버들을 관리하기 위한 툴이 있습니다. 그중에서도 컨테이너 오케스트레이션의 사실상 표준(de facto standard: 데 팩토 스탠더드)인 'Kubernetes'는 컨테이너 가상 환경에 있어서 여러 컨테이너를 통합 관리하는 툴입니다. Kubernetes는 그리스어로 배의 키잡이(조타수)라는 뜻으로, Docker의 이미지 캐릭터인 컨테이너를 실은 고래의 키를 잡듯이 여러 컨테이너를 효율적으로 관리할 수 있습니다.

- ● **Kubernetes** `WEB` https://kubernetes.io/

인프라의 구성 관리를 할 때는 이러한 툴을 요구사항에 맞게 조합하여 사용하는 경우가 많습니다. 단, 각 툴이 갖고 있는 기능 및 플러그인이나 그 사용법에 따라서는 이 분류에 딱 들어맞지 않는 것도 있으므로 위의 분류는 대강의 분류로 생각하기 바랍니다.

또한, 개발이 활발히 이루어지는 툴의 경우 버전업에 의한 기능 추가로 보다 폭넓은 구성 관리 기능을 지원하는 경우도 있습니다.

 # 지속적 인티그레이션/지속적 딜리버리

코드를 사용한 인프라의 구성 관리가 가능해짐으로써 애플리케이션 개발의 전체 흐름이 어떻게 바뀌었을까요? 여기서는 테스트가 끝난 안전한 애플리케이션을 제품 환경으로 제공하기 위한 기초 지식에 대해 설명하겠습니다.

지속적 인티그레이션

애플리케이션의 코드를 추가 및 수정할 때마다 테스트를 실행하고 확실하게 작동하는 코드를 유지하는 방법을 지속적 인티그레이션(Continuous Integration)이라고 합니다. 지속적 인티그레이션은 소프트웨어의 품질 향상을 목적으로 고안된 개발 프로세스입니다.

소프트웨어의 특정 부품에 대해 사양서에 정해진 대로 작동하는지를 확인하는 테스트를 단위 테스트라고 합니다. 소프트웨어의 개발이 진행됨에 따라 단위 테스트의 수가 늘어나므로 이러한 테스트를 자동화하기 위해 Jenkins와 같은 인티그레이션 툴을 사용합니다.

하지만 단위 레벨에서 테스트가 끝난 모듈이 다른 환경에서도 똑같이 작동한다는 보장은 없습니다. 애플리케이션을 실행하려면 OS의 설정이나 네트워크 주소, 영구 데이터의 저장 장소, 애플리케이션을 실행할 계정의 권한 등 인프라 환경에 의존하는 부분이 많습니다.

이러한 인프라 구성에 관한 부분을 코드로 관리할 수 있다면 개발 멤버가 항상 동일한 환경에서 개발할 수 있으므로 지속적인 인티그레이션에서 필요로 하는 환경의 구성 관리가 더욱 쉬워질 것입니다(그림 1.20).

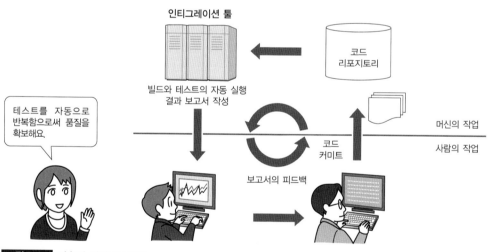

그림 1.20 지속적 인티그레이션

지속적 딜리버리

폭포형 애플리케이션 개발에서는 요건 정의 → 설계 → 코딩 → 테스트라는 프로세스를 거쳐 애플리케이션의 개발을 끝낸 후에 제품 환경에 애플리케이션을 배포(deploy)하여 서비스를 릴리스합니다(그림 1.21). 하지만 요건 정의부터 서비스 릴리스까지 오랜 시간이 소요되기 때문에 막상 릴리스한 시점에서는 애플리케이션이 이용자가 원하는 니즈(요구)를 만족시키지 못하는 경우도 있습니다.

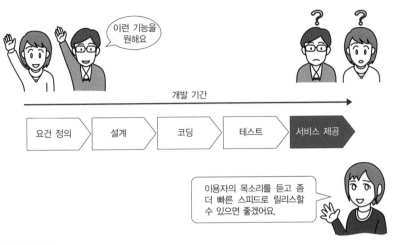

그림 1.21 폭포형 개발

그래서 모든 기능을 한 번에 다 만드는 것이 아니라 기능을 추가할 때마다 애플리케이션을 제품 환경에 배포하고, 시스템 이용자의 피드백에 기초하여 그 다음에 개발할 기능을 결정한다는 애자일형 개발 스타일이 태어났습니다(**그림 1.22**). 짧은 사이클의 개발과 릴리스를 반복함으로써 이용자가 원하는 애플리케이션을 적시에 제공할 수 있습니다.

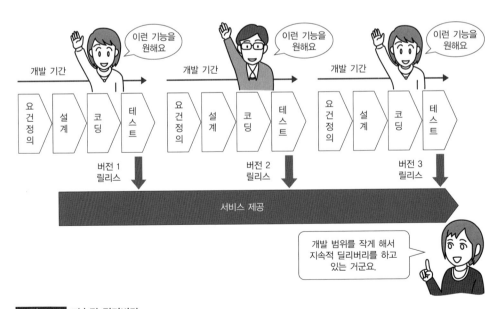

그림 1.22 지속적 딜리버리

chap
1
chap
2
chap
3
chap
4
chap
5
chap
6
chap
7
chap
8
chap
9
chap
10
부록

그런데 제품 환경에서 애플리케이션의 버전업 작업은 엔지니어에게 있어서 가장 큰 이벤트입니다. 사전에 버전업 절차를 책정하고 검증하여, 애플리케이션 개발팀과 인프라 구축팀, 시스템 운용팀 등 여러 분야에 걸친 관계자들이 사전 리뷰를 하고 신경 써서 준비를 합니다. 게다가 휴일 야간과 같이 만일 시스템 장애가 발생해도 시스템 이용자에게 미치는 영향이 적은 타이밍에 버전업을 수행하게 되는데 다음과 같은 사태가 발생하는 경우도 있습니다.

- 버전업한 애플리케이션이 잘 작동하지 않아 개발팀에게 대응책을 문의한다.
- 버전업 절차가 잘못되었다고 판명되어 그 자리에서 새로운 절차를 시도한다.
- 애플리케이션의 실행에 필요한 라이브러리의 버전이 오래되어 업데이트를 시작한다.
- 필요한 버전의 라이브러리를 설치할 수 없어 그 자리에서 애플리케이션을 수정한다.
- 서비스 제공 시간이 되어도 버전업이 완료되지 않는다.

이러한 문제가 발생하는 원인 중 하나는 애플리케이션을 테스트 환경에 도입하는 절차와 제품 환경에 도입하는 절차가 동떨어져 있기 때문입니다. 이러한 절차를 코드로 관리하여 인프라 환경도 포함한 테스트가 끝난 애플리케이션 실행 환경을 그대로 제품 환경에 전개할 수 있다면 보다 안전하게 애플리케이션의 버전업을 실시할 수 있습니다.

또한 클라우드 환경에 대한 배포는 블루 그린 디플로이먼트라는 방법을 사용하는 경우도 있습니다. 이것은 현재 작동하고 있는 시스템(블루)과 버전업 후의 시스템(그린)을 동시에 작동시킨 상태에서 시스템을 전환하여, 만일 버전업 후 시스템의 애플리케이션에 문제가 있으면 바로 현행 시스템으로 되돌린다는 방법입니다.

Note Cloud Native Computing Foundation

Cloud Native Computing Foundation(CNCF)은 클라우드 네이티브 컴퓨팅을 추진하는 조직입니다. CNCF는 2016년에 Linux Foundation으로부터 정식 발족하여, 이 책의 집필 시점에서는 컨테이너 오케스트레이션 툴인 Kubernetes, 모니터링을 하는 Prometheus, 로그 수집을 하는 Fluetnd, 컨테이너 런타임인 container 및 rkt, 서비스 디스커버리인 CoreDNS, RPC 프레임워크인 gRPC 등 16개의 프로젝트를 관리하고 있습니다.

CNCF는 프로젝트를 'Inception', 'Incubating', 'Graduated', 이 세 개의 성숙도 단계로 분류하고 있습니다. 프로젝트 중 Inception이 2개, Incubating이 13개 있으며 CNCF의 핵심 프로젝트인 Kubernetes는 Graduated입니다.

이 CNCF에는 Docker는 물론 Google, Microsoft, Amazon Web Services 등과 같은 주요 퍼블릭 클라우드 업체를 플래티넘 멤버로 하여, Red Hat, VMWare, IBM, 인텔이나 Cloud Foundation 등 많은 기업과 조직이 참가하고 있습니다.

클라우드 네이티브 컴퓨팅의 에코시스템 동향은 흐름이 상당히 빠르기 때문에 앞으로 잠시도 눈을 뗄 수가 없습니다.

WEB https://www.cncf.io/

제 1 부
도입편

제 **2** 장

컨테이너 기술과
Docker의 개요

Docker는 컨테이너 기술을 사용하여 애플리케이션의 실행 환경을 구축 및 운용하기 위한 플랫폼입니다. 애플리케이션의 실행에 필요한 것을 하나로 모아, Docker 이미지를 관리함으로써 애플리케이션의 이식성을 높일 수 있습니다. 이 장에서는 애플리케이션 개발자가 알아두어야 할 컨테이너 기술과 Docker의 개요, Docker가 작동하는 구조에 대해 설명합니다.

2.1 컨테이너 기술의 개요

Docker를 이해하는 데 있어서는 그 배경에 있는 컨테이너 기술이 어떤 것인지를 알아야 합니다. 여기서는 컨테이너 기술의 개요와 역사에 대해 살펴봅시다.

 ### 컨테이너

컨테이너란 호스트 OS상에 논리적인 구획(컨테이너)을 만들고, 애플리케이션을 작동시키기 위해 필요한 라이브러리나 애플리케이션 등을 하나로 모아, 마치 별도의 서버인 것처럼 사용할 수 있게 만든 것입니다(그림 2.1). 호스트 OS의 리소스를 논리적으로 분리시키고, 여러 개의 컨테이너가 공유하여 사용합니다. 컨테이너는 오버헤드가 적기 때문에 가볍고 고속으로 작동한다는 것이 특징입니다.

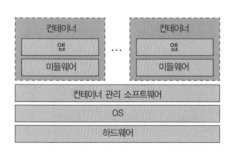

그림 2.1 컨테이너

보통 물리 서버 상에 설치한 호스트 OS의 경우 하나의 OS 상에서 움직이는 여러 애플리케이션은 똑같은 시스템 리소스를 사용합니다. 이때 작동하는 여러 애플리케이션은 데이터를 저장하는 디렉토리를 공유하고, 서버에 설정된 동일한 IP 주소로 통신을 합니다. 그래서 여러 애플리케이션에서 사용하고 있는 미들웨어나 라이브러리의 버전이 다른 경우에는 각 애플리케이션이 서로 영향을 받지 않도록 주의해야 합니다.

이에 반해 컨테이너 기술을 사용하면 OS나 디렉토리, IP 주소 등과 같은 시스템 자원을 마치 각 애플리케이션이 점유하고 있는 것처럼 보이게 할 수 있습니다.

컨테이너는 애플리케이션의 실행에 필요한 모듈을 컨테이너로 모을 수 있기 때문에 여러 개의 컨테이너를 조합하여 하나의 애플리케이션을 구축하는 마이크로 서비스형 애플리케이션과 친화성이 높은 것이 특징입니다.

Note 서버 가상화 기술의 이모저모

클라이언트 PC에서 개발 환경 구축이나 클라우드의 가상 머신 서비스 등에서 널리 사용되는 서버 가상화 기술에는 몇 가지 방식이 있습니다.

호스트형 서버 가상화

호스트형 서버 가상화는 하드웨어 상에 베이스가 되는 호스트 OS를 설치하고, 호스트 OS에 가상화 소프트웨어를 설치한 후, 이 가상화 소프트웨어 상에서 게스트 OS를 작동시키는 기술을 말합니다.

가상화 소프트웨어를 설치하여 간편하게 가상 환경을 구축할 수 있기 때문에 개발 환경 구축 등에 주로 사용합니다. Oracle이 제공하는 'Oracle VM VirtualBox'나 VMware의 'VMware Workstation Player' 등이 있습니다.

하지만 이 방식은 컨테이너와는 다르게 호스트 OS 상에서 다른 게스트 OS를 움직이고 있기 때문에 오버헤드가 커집니다(그림 2.A). 오버헤드란 가상화를 수행하기 위해 필요한 CPU 자원, 디스크 용량, 메모리 사용량 등을 말합니다.

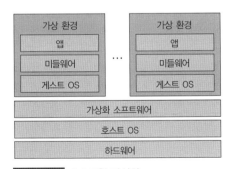

간편하게 도입할 수 있지만 사양이 낮은 컴퓨터의 경우 속도가 느려져요.

그림 2.A 호스트형 가상화

하이퍼바이저형 서버 가상화

하드웨어 상에 가상화를 전문으로 수행하는 소프트웨어인 '하이퍼바이저'를 배치하고, 하드웨어와 가상 환경을 제어합니다(그림 2.B). 대표적인 것으로는 Microsoft Windows Server의 'Hyper-V'나 Citrix사의 'XenServer' 등이 있습니다. 호스트 OS 없이 하드웨어를 직접 제어하기 때문에 자원을 효율적으로 사용할 수 있습니다. 단, 가상 환경마다 별도의 OS가 작동하므로 가상 환경의 시작에 걸리는 오버헤드가 커집니다. 하이퍼바이저형은 펌웨어로서 구축하는 경우가 많으며, 제품이나 기술에 따라 다양한 방법이 있습니다.

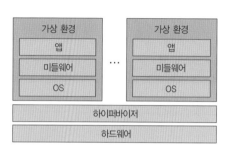

그림 2.B 하이퍼바이저형 가상화

컨테이너 기술과 서버 가상화 기술은 매우 비슷하지만 목적이 다릅니다. 컨테이너 기술은 애플리케이션의 실행 환경을 모음으로써 이식성을 높이고 확장성이 좋은 환경에서 작동하는 것을 지향하고 있는 반면, 가상화 기술의 대부분은 서로 다른 환경을 어떻게 효율적으로 에뮬레이트할지라는 점을 지향하고 있습니다.

 컨테이너 역사

컨테이너 기술의 역사는 오래 되었는데, FreeBSD라는 오픈소스 Unix의 'FreeBSD Jail'이나 썬마이크로시스템즈(현재의 Oracle)의 상용 Unix인 Solaris의 'Solaris Containers' 등이 있습니다. 이들의 특징을 알아두면 Docker의 기능을 더 쉽게 이해할 수 있으므로 핵심 포인트만 살펴봅시다.

FreeBSD Jail

'FreeBSD Jail'은 오픈소스 Unix인 FreeBSD의 기술입니다. FreeBSD Jail은 2000년에 릴리스된 FreeBSD 4.0에서 도입되었습니다. Jail은 영어로 '(감옥 등에) 투옥하다'라는 뜻으로, FreeBSD 시스템을 Jail이라고 부르는 독립된 작은 구획에 가둬넣어 시스템을 분할할 수 있습니다.

FreeBSD Jail의 주요 특징은 다음 세 가지입니다.

(1) 프로세스의 구획화

똑같은 Jail에서 작동하는 프로세스만 액세스할 수 있도록 프로세스를 분리합니다. Jail에서 실행중인 프로세스는 Jail 밖의 프로세스에 대해 영향을 줄 수 없다는 것이 특징입니다.

(2) 네트워크의 구획화

Jail은 하나하나에 IP 주소가 할당되어 있습니다. 여러 개의 주소를 할당할 수도 있습니다. Jail의 외부에는 네트워크를 경유해야 액세스할 수 있습니다. 이것들은 FreeBSD 8.0에서 도입된 VIMAGE라는 네트워크 스택을 가상화하는 기술을 사용하여 구현하고 있습니다.

(3) 파일 시스템의 구획화

Jail에서 사용하는 파일 시스템을 구획화함으로써 조작할 수 있는 명령이나 파일 등을 제한합니다.

Jail의 특징은 관리자 권한의 범위가 Jail 안으로 제한되기 때문에 시스템 관리자는 종료와 같은 시스템 전체를 조작하는 권한을 부여하지 않고도 일반 사용자에게 관리자 권한을 부여할 수 있다는 점입니다.

● **FreeBSD** **WEB** https://www.freebsd.org/ (그림 2.2)

그림 2.2 FreeBSD 공식 사이트

Solaris Containers

'Solaris Containers'는 Oracle의 상용 Unix인 Solaris에서 사용하는 컨테이너 기술입니다. Solaris는 상용 Unix의 대표적인 제품으로, 1992년에 처음 릴리스된 이후로 Intel, AMD를 사용하는 x86 계열 마이크로프로세서뿐만 아니라, 썬마이크로시스템즈가 개발 및 제조한 SPARC (스파크)라는 RISC 기반 마이크로프로세서에서 작동하는 것이 특징입니다. Solaris Containers는 2005년에 릴리스된 Solaris 10에서 추가된 기능입니다. Solaris Containers는 다음 두 가지 기능으로 구성되어 있습니다.

(1) Solaris 존 기능

하나의 OS 공간을 가상적으로 분할하여 여러 OS가 작동하고 있는 것처럼 보여주는 소프트웨어 파티셔닝 기능입니다(그림 2.3). Solaris 환경을 독립적인 여러 개의 존으로 구획화하고, 한 대의 물리 서버 안에 최대 8192개의 가상 Solaris 환경을 구축할 수 있습니다. 베이스가 되는 OS의 영역을 '글로벌 존(global zone)', 구획화된 가상 존을 '비 글로벌 존(non-global zone)'이라고 합니다. 이 비 글로벌 존에서 업무 애플리케이션의 서버 기능을 작동시킵니다.

비 글로벌 존끼리는 완전히 격리되어 있어서 한 비 글로벌 존에서 작동하고 있는 프로세스에는 다른 비 글로벌 존에서 액세스할 수 없습니다.

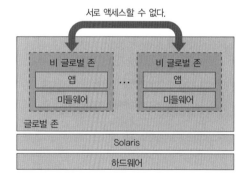

그림 2.3 Solaris 존

(2) Solaris 리소스 매니저 기능

비 글로벌 존에서 CPU나 메모리와 같은 하드웨어 리소스를 배분하는 리소스 관리 기능입니다 (그림 2.4). 중요도가 높은 업무 시스템에 대해 우선적으로 리소스를 할당할 수 있습니다.

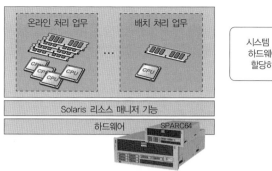

그림 2.4 Solaris 리소스 매니저

Solaris Containers는 Docker가 나오기 약 10년 전에 등장한 오래된 기술이지만 Docker와 구조가 매우 비슷합니다. Solaris Containers는 애플리케이션의 실행 환경을 존으로 구획화하여 구획들을 제어합니다.

Linux Containers(LXC)

Linux 상에서 사용하는 컨테이너 환경을 Linux Containers(LXC)라고 합니다. LXC는 Linux 커널의 컨테이너 기능을 이용하기 위한 툴이나 API를 제공합니다. 컨테이너는 namespace와 cgroups라는 리소스 관리 장치를 사용하여 분리된 환경을 만듭니다. 또한 데이터 영역에 대해서는 특정 디렉토리를 루트 디렉토리로 변경하는 chroot를 사용하여 분리 환경을 만듭니다.

Docker는 이전 버전에서는 내부에서 LXC를 사용했었지만 현재 버전에서는 사용하고 있지 않습니다.

2.2 Docker의 개요

Docker(도커)는 애플리케이션의 실행에 필요한 환경을 하나의 이미지로 모아두고, 그 이미지를 사용하여 다양한 환경에서 애플리케이션 실행 환경을 구축 및 운용하기 위한 오픈소스 플랫폼입니다. Docker는 내부에서 컨테이너 기술을 사용하고 있는 것이 특징입니다.

● **Docker** **WEB** https://www.docker.com/ (**그림 2.5**)

그림 2.5 Docker 공식 사이트

여기서는 프로그래머의 관점에서 본 Docker의 개요에 대해 설명하겠습니다.

 ## 프로그래머에게 Docker란?

웹 시스템 개발 시 애플리케이션을 제품 환경에서 가동시키기 위해서는 다음과 같은 요소가 필요합니다.

- 애플리케이션의 실행 모듈(프로그램 본체)
- 미들웨어나 라이브러리군
- OS/네트워크 등과 같은 인프라 환경 설정

폭포형 개발로 애플리케이션을 개발할 때는 **그림 2.6** 과 같은 흐름으로 개발을 진행합니다. 개발 환경이나 테스트 환경에서는 올바르게 작동해도 스테이징 환경에서나 제품 환경으로 전개하면 정상적으로 작동하지 않는 경우도 있습니다. 스테이징 환경이란 지속적 딜리버리가 일어나는 시스템 개발에서 개발한 애플리케이션을 제품 환경에 전개하기 직전에 확인하는 테스트 환경을 말합니다.

Docker에서는 이러한 인프라 환경을 컨테이너로 관리합니다. 애플리케이션의 실행에 필요한 모든 파일 및 디렉토리들을 컨테이너로서 모아버리는 것입니다. 이러한 컨테이너의 바탕이 되는 Docker 이미지를 Docker Hub와 같은 리포지토리(repository)에서 공유합니다.

2.2 Docker의 개요

chap
1

chap
2

chap
3

chap
4

chap
5

chap
6

chap
7

chap
8

chap
9

chap
10

부록

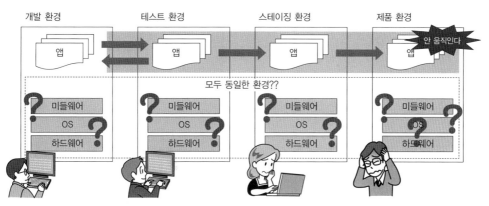

그림 2.6 일반적인 시스템 개발 흐름

Docker를 사용하면 **그림 2.7** 과 같은 흐름으로 애플리케이션을 개발할 수 있습니다.

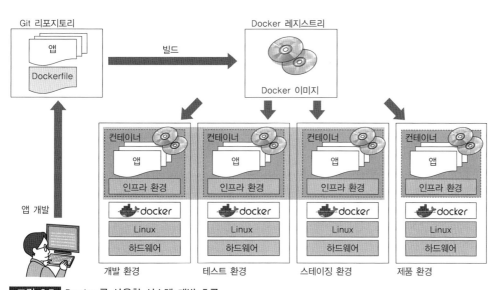

그림 2.7 Docker를 사용한 시스템 개발 흐름

프로그래머는 Docker를 사용하여 개발한 애플리케이션의 실행에 필요한 모든 것이 포함되어 있는 Docker 이미지를 작성합니다[1].

이 이미지는 컨테이너의 바탕이 됩니다. 그리고 이렇게 작성한 이미지를 바탕으로 컨테이너를 가동시킵니다(**그림 2.8**). 이 이미지는 Docker가 설치되어 있는 환경이라면 기본적으로 어디서든지 작동되므로 '개발/테스트 환경에서는 움직이지만 제품 환경에서는 움직이지 않는다'는 리

---

1 단, 개발 환경에서는 필요한 라이브러리가 제품 환경에는 불필요한 경우도 있습니다.

스크를 줄일 수 있습니다.

그리고 애플리케이션 개발부터 테스트~제품 환경에 대한 전개를 모두 애플리케이션 엔지니어가 수행하는 것이 가능해집니다. 이로써 지속적 딜리버리를 가능하게 하고, 변화에 강한 시스템을 구축할 수 있습니다.

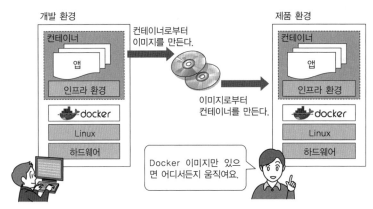

그림 2.8 Docker 이미지와 Docker 컨테이너

또한 과학기술계산과 같은 분야에서는 단시간에 대량의 컴퓨터 리소스를 사용하고, 다양한 라이브러리를 사용합니다. 이러한 실행 환경의 구축이나 라이브러리의 버전 관리에 힘이 들면 본래 주력해야 할 솔버(solver: 해 찾기) 개발 등에 집중할 수 없습니다. 이런 경우 해석에 필요한 모든 환경을 Docker 이미지로 모아두면 로컬 PC나 클라이언트와 같이 다른 환경에서도 작동하는 실행 환경을 만들 수 있습니다.

NOTE 애플리케이션의 이식성(portability)

한 번 만들면 어디서든지 움직이는 소프트웨어의 특성을 이식성(portability)이라고 합니다. Docker는 이식성이 높기 때문에 클라우드 시스템과의 친화력도 높은 것이 특징입니다. Docker 컨테이너의 바탕이 되는 Docker 이미지만 있으면 애플리케이션을 동일한 환경에서 가동시킬 수 있습니다(**그림 2.C**). 즉, 개발한 업무 애플리케이션을 온프레미스 환경에 대한 이전뿐만 아니라 온프레미스 환경 → 클라우드나 클라우드 → 온프레미스 간에도 시스템 요건이나 예산에 따라 손쉽게 실행 환경을 선택할 수 있습니다.

클라우드의 IaaS 서비스는 시스템이 이용한 리소스(CPU·GPU/메모리/디스크 용량)에 따라 요금이 정해집니다. 클라우드 업체의 경쟁으로 이용료가 인하되는 경우도 많으며, 시스템 예산에 따라 클라우드 서비스를 바꾸는 경우도 애플리케이션의 수정을 최소한으로 하여 옮길 수 있습니다.

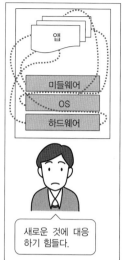

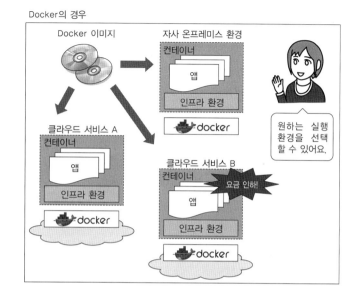

그림 2.C Docker 컨테이너의 이식성

시스템 개발에서는 애플리케이션의 실행 환경에 제약이 많으면 특정 업체에 의존하는 시스템이 되어버리거나 개발 속도가 떨어지는 경우가 있습니다. 실제로 기존의 온프레미스 환경에서 작동하는 업무 시스템 중에는 이러한 인프라에 얽매여, 필요 이상으로 복잡한 구성으로 시스템을 운용할 수밖에 없는 상황에 빠지거나, 비즈니스 속도를 따라갈 수 없는 업무 시스템이 되어버리는 경우도 많습니다.

그러한 시스템은 '고사'해버릴 가능성이 높으며, 기업은 시스템 유지보수 비용을 계속 부담하면서도 최종 사용자는 시스템 도입에 의한 혜택을 누리기 힘든 상황에 처하게 됩니다.

2.3 Docker의 기능

여기서는 Docker에 구체적으로 어떤 기능이 있는지를 설명하겠습니다. Docker에는 크게 다음 세 가지 기능이 있습니다.

- Docker 이미지를 만드는 기능(Build)
- Docker 이미지를 공유하는 기능(Ship)
- Docker 컨테이너를 작동시키는 기능(Run)

Docker의 기본이 되는 이 세 가지 기능을 차례로 살펴봅시다.

 ## Docker 이미지를 만드는 기능(Build)

Docker는 애플리케이션의 실행에 필요한 프로그램 본체, 라이브러리, 미들웨어, OS나 네트워크 설정 등을 하나로 모아서 Docker 이미지를 만듭니다(**그림 2.9**). Docker 이미지는 실행 환경에서 움직이는 컨테이너의 바탕이 됩니다. Docker에서는 하나의 이미지에는 하나의 애플리케이션만 넣어 두고, 여러 개의 컨테이너를 조합하여 서비스를 구축한다는 방법을 권장하고 있습니다.

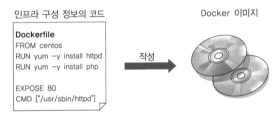

그림 2.9 Docker 이미지 작성

Docker 이미지의 정체는 애플리케이션의 실행에 필요한 파일들이 저장된 디렉토리입니다. Docker 명령을 사용하면 이미지를 tar 파일로 출력할 수 있습니다.

Docker 이미지는 Docker의 명령을 사용하여 수동으로 만들 수도 있으며, Dockerfile이라는 설정 파일을 만들어 그것을 바탕으로 자동으로 이미지를 만들 수도 있습니다. 하지만 1장에서 설명했듯이 지속적 인티그레이션과 지속적 딜리버리의 관점에서 코드에 의한 인프라의 구성 관리를 생각하면 Dockerfile을 사용하여 관리하는 것이 바람직하다고 할 수 있습니다.

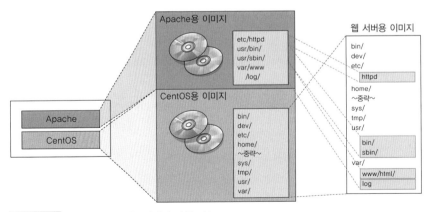

그림 2.10 Docker 이미지는 겹쳐서 사용 가능

또한 Docker 이미지는 겹쳐서 사용할 수 있습니다(그림 2.10). 예를 들어 OS용 이미지에 웹 애플리케이션용 이미지를 겹쳐서 다른 새로운 이미지를 만들 수 있습니다. Docker에서는 구성에 변경이 있었던 부분을 차분(이미지 레이어)으로 관리합니다. 또한 애플리케이션의 실행에 필요한 파일은 크기가 큰 경우도 있으므로 가능한 한 효율이 좋은 이미지를 만들 필요가 있습니다. 이에 대한 구체적인 예에 대해서는 4장에서 설명하겠습니다.

Docker 이미지를 공유하는 기능(Ship)

Docker 이미지는 Docker 레지스트리에서 공유할 수 있습니다. 예를 들어 Docker의 공식 레지스트리인 Docker Hub에서는 Ubuntu나 CentOS와 같은 Linux 배포판의 기본 기능을 제공하는 베이스 이미지를 배포하고 있습니다. 이러한 베이스 이미지에 미들웨어나 라이브러리, 전개할 애플리케이션 등을 넣은 이미지를 겹쳐서 독자적인 Docker 이미지를 만들어 가는 것입니다.

● **Docker Hub**　　 WEB https://hub.docker.com/

또한 공식 이미지 외에도 개인이 작성한 이미지를 Docker Hub에서 자유롭게 공개하여 공유할 수가 있습니다(그림 2.11). 이미 많은 Docker가 공개되어 있으므로 요건에 맞는 것이 있으면 그것을 다운로드하여 사용할 수 있습니다.

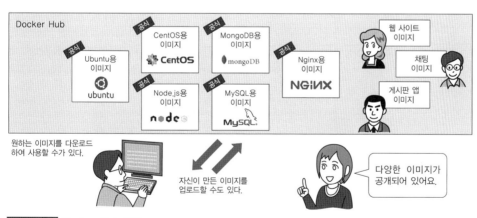

그림 2.11 Docker Hub 개요

Docker 명령을 사용하면 Docker Hub에 로그인하여 레지스트리에 있는 이미지를 검색이나 업로드, 다운로드할 수 있습니다.

또한 Docker Hub는 GitHub나 Bitbucket와 연계할 수도 있습니다. 예를 들어 GitHub 상에서 Dockerfile을 관리하고, 거기서 Docker 이미지를 자동으로 생성하여 Docker Hub에서 공개하는 것도 가능합니다(**그림 2.12**). 이러한 자동 생성 기능을 Automated Build라고 합니다.

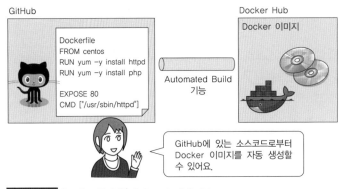

그림 2.12 Docker Hub의 Automated Build

> ### NOTE ▸ Docker 이미지의 변조 방지 및 취약성 검사 기능
>
> Docker Container Trust는 Docker 이미지의 제공자를 검증할 수 있는 기능입니다. 이미지의 제공자는 Docker 레지스트리에 이미지를 송신하기 전에 로컬 환경에서 비밀키를 사용하여 이미지에 서명을 합니다. 그 후 그 이미지를 이용할 때는 이미지 제공자의 공개키를 사용하여 실행하려고 하는 이미지가 정말 제공자가 작성한 것인지를 확인합니다. 만일 이미지가 변조된 경우는 이미지를 무효로 만듭니다. 또한 Docker Security Scanning은 Docker 이미지를 검사하여 이미 알려진 보안상의 취약성이 없다는 것을 확인하여 이미지의 안전성을 확인할 수 있는 기능입니다. 이러한 기능을 사용하여 보다 안전한 이미지를 작성하는 것이 중요합니다. 또한 비밀 정보를 이미지에 포함시키는 것은 보안 관점에서 피하기 바랍니다. 애플리케이션에서 이용하는 비밀 정보의 관리에 대해서는 9장에서 설명합니다.

Docker 컨테이너를 작동시키는 기능(Run)

Docker는 Linux 상에서 컨테이너 단위로 서버 기능을 작동시킵니다. 이 컨테이너의 바탕이 되는 것이 Docker 이미지입니다. Docker 이미지만 있으면 Docker가 설치된 환경이라면 어디서든지 컨테이너를 작동시킬 수 있습니다(**그림 2.13**). 또한 Docker 이미지를 가지고 여러 개의 컨테이너를 기동시킬 수도 있습니다. 컨테이너의 기동, 정지, 파기는 Docker의 명령을 사용합니다. 다른 가상화 기술로 서버 기능을 실행시키려면 OS의 실행부터 시작하기 때문에 시간이 걸리지만, Docker의 경우는 이미 움직이고 있는 OS 상에서 프로세스를 실행시키는 것과 거의 똑같은 속도로 빨리 실행시킬 수 있습니다.

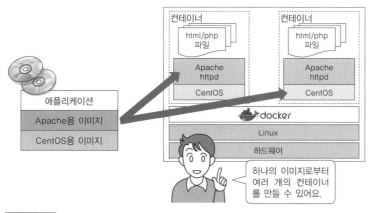

그림 2.13 컨테이너 실행

Docker는 하나의 Linux 커널을 여러 개의 컨테이너에서 공유하고 있습니다. 컨테이너 안에서 작동하는 프로세스를 하나의 그룹으로 관리하고, 그룹마다 각각 파일 시스템이나 호스트명, 네트워크 등을 할당하고 있습니다. 그룹이 다르면 프로세스나 파일에 대한 액세스를 할 수 없습니다.

이러한 구조를 사용하여 컨테이너를 독립된 공간으로서 관리하고 있습니다. 이를 실행하기 위해 Linux 커널 기능(namespace, cgroups 등) 기술이 사용됩니다. **참조** 2.4 Docker의 작동 구조 ➡ p.59

제품 환경에서는 모든 Docker 컨테이너를 한 대의 호스트 머신(물리 머신)에서 작동시키는 일은 드물며, 시스템의 트래픽 증감이나 가용성 요건, 신뢰도 요건 등을 고려한 후에 여러 대의 호스트 머신으로 된 분산 환경을 구축합니다. 그리고 보통 컨테이너 관리에 대해서는 오케스트레이션 툴을 이용하는 것이 일반적입니다. 컨테이너 오케스트레이션 툴은 분산 환경에서 컨테이너를 가동시키기 위해 필요한 기능을 제공하고 있습니다.

또한 인프라 요건뿐만 아니라 개발한 애플리케이션이 얼마나 안전하고 효율적이며 지속적으로 전개해 갈지와 같은 개발 및 운용의 방법론 전체를 생각할 필요가 있습니다. 이에 대한 자세한 내용은 9장을 참조하기 바랍니다.

NOTE 시스템 운용 설계의 어려움

필자는 인프라 설계에서 가장 어려운 것은 '시스템 운용 설계'라고 생각합니다. 시스템 운용은 해당 시스템의 요건이나 시스템의 기술 요소뿐만 아니라 사회적 책무, 유지보수에 드는 비용, 운용 멤버의 체제와 기업 풍토 등에 많이 의존합니다. 그래서 기술적인 측면에서만 보고 'ㅇㅇ와 같은 설계, 아키텍처, 처리 방식이 뛰어나다'와 같이 한마디로 말하기는 어려우므로 해당 시스템에 적합한 오더메이드에 가까운 설계가 필요합니다. 또한 충분히 숙고하지 않은 운용 방식으로 실제 가동을 해 버리면 현장 사용자나 시스템 오퍼레이터, 애플리케이션 개발 엔지니어가 혼란스러울 뿐만 아니라 생각하지 못한 시스템 장애나 보안 사고를 일으킬 우려도 있습니다. 그래서 사람에 의한 수작업을 통하지 않고 가능한 한 자동화하는 것은 현재의 시스템 운용의 트렌드입니다.

또한 업무 시스템에서는 대규모에다가 미션 크리티컬한 것도 많습니다. 대규모 시스템의 인프라 구축의 어려움은 누가 뭐라고 해도 여러 시스템 간의 연계입니다. 복잡하게 얽혀 있는 시스템을 안정적으로 가동시키기 위해서는 높은 기술력뿐만 아니라 시스템 운용 방법을 숙고할 필요가 있으며 많은 노력을 필요로 합니다. Docker는 기업의 제품 환경에서의 운용이라는 면에서는 검토해야 할 부분도 아직 남아 있습니다. DevOps 실시의 일환으로 Docker의 도입을 검토할 때는 툴만 있으면 된다는 생각이 아니라 사람이나 조직 등을 고려한 운용 설계가 필요합니다.

Docker 에디션

Docker는 무료로 이용할 수 있는 에디션과 상용 이용에 적합한 에디션을 제공하고 있습니다. 시스템에 요구되는 요건이나 이용 용도에 따라 나눠서 사용합니다.

(1) Docker Community Edition(CE)

Docker Community Edition(이후 Docker CE)은 Docker사가 제공하는 무료 Docker 에디션입니다. 로컬 환경에서 사용하는 경우 및 상용 지원이 불필요한 환경에서 애플리케이션 실행 환경을 이용할 때 적합합니다. CE에는 Docker 컨테이너에서 작동하는 애플리케이션을 구축 및 테스트, 실행하기 위한 툴을 중심으로 멀티호스트 환경에서 환경 구축을 하는 툴들이 제공됩니다. 이 책에서는 Docker CE의 기능을 설명합니다.

(2) Docker Enterprise Edition(EE)

Docker Enterprise Edition(이후 Docker EE)은 Docker사가 지원하고 상용 이용에 적합한 에디션입니다. Docker EE는 'Basic', 'Standard', 'Advanced', 이 3종류가 있습니다. Basic은 Docker사의 지원 및 Docker Store에서 인증이 끝난 컨테이너, 인증이 완료된 플러그인을 제공합니다. Standard는 Basic의 내용에 더해, LDAP나 Active Directory와 통합 가능한 Docker Datacenter를 이용할 수 있습니다. Advanced에서는 보안 기능을 제공합니다.

지원 플래폼

Docker가 지원하는 플랫폼은 에디션에 따라 다릅니다. 이 책에서 다루는 Docker CE는 제품 환경에서 사용하는 서버 OS용 및 퍼블릭 클라우드용과 개발 환경에서 사용하는 클라이언트 OS 용이 있습니다.

Docker 설치 절차나 조작 방법에 대해서는 3장 이후에서 설명합니다.

표 2.1 Docker CE의 지원 플랫폼

	플랫폼
서버 OS용	Ubuntu
	Debian
	CentOS
	Fedora
퍼블릭 클라우드용	Microsoft Azure
	Amazon Web Services
클라이언트 OS용	Microsoft Windows 10
	macOS

또한 IoT 디바이스와 같은 ARM 아키텍처에서 작동하는 디바이스의 경우는 Docker Community Edition(ARM)을 이용할 수 있습니다. 이것은 Ubuntu와 Debian을 지원하고 있습니다. 자세한 지원 상황은 다음 공식 사이트를 참조하기 바랍니다.

WEB https://docs.docker.com/install/

Docker 릴리스

Docker는 에디션에 따라 정기적으로 릴리스가 일어납니다(**그림 2.14**). 버전 번호는 '연도 2자리.월 2자리'로 표시됩니다. 예를 들어 2017년 3월에 릴리스된 버전은 '17.03'이 됩니다.

Docker CE는 매월 보안 지원과 버그 수정 지원인 Edge의 릴리스, 4분기별로 안정판인 Stable 이 릴리스됩니다. 또한 Docker EE도 Docker CE의 Stable과 똑같은 타이밍에 릴리스됩니다.

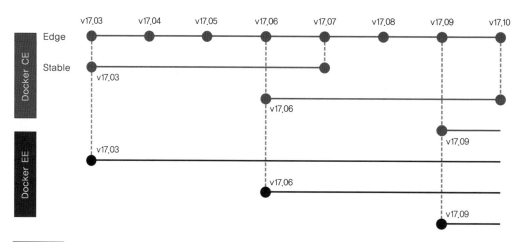

그림 2.14 Docker 릴리스

Note Moby Project

Moby Project란 컨테이너 기술을 베이스로 한 컴포넌트를 조합하여 시스템을 구축할 수 있다는 것을 지향하는 오픈소스 프로젝트입니다. 다양한 컴포넌트가 제공되며, 컨테이너 런타임, 오케스트레이션, 네트워킹 보안, 빌드 툴, 프레임워크 등을 조합하여 다양한 플랫폼 위에서 실행 가능한 컨테이너 환경을 구축할 수 있습니다.

Moby Project에서 개발이 진행되고 있는 주요 컴포넌트로는 다음과 같은 것이 있습니다.

- **containerd**   컨테이너 런타임
- **LinuxKit**   containerd를 작동시키기 위한 Linux 환경
- **InfraKit**   인프라를 추상화하여 자동화하는 컴포넌트

Docker는 이 Moby Project에서 개발이 진행되고 있는 툴 중 하나입니다. 그래서 Docker의 GitHub 리포지토리명이 Moby로 되어 있습니다. Moby Project는 컨테이너 환경을 자기 비용으로 구축 및 운용하고 싶은 인프라 엔지니어용이지만, 애플리케이션 엔지니어도 동향을 알고 있는 것이 좋습니다.

- **Moby Project** **WEB** https://mobyproject.org/

Docker 컴포넌트

Docker는 몇 개의 컴포넌트로 구성되어 있습니다. 핵심 기능이 되는 Docker Engine을 중심으로 컴포넌트를 조합하여 애플리케이션 실행 환경을 구축합니다. Docker는 명령줄에서 조작하는 것(CLI)이 중심입니다. 여기서는 주요 Docker 컴포넌트(**그림 2.15**)의 개요를 설명하겠습니다.

Docker Engine(Docker의 핵심 기능)

Docker 이미지를 생성하고 컨테이너를 기동시키기 위한 Docker의 핵심 기능입니다. Docker 명령의 실행이나 Dockerfile에 의한 이미지도 생성합니다.

Docker Registry(이미지 공개 및 공유)

컨테이너의 바탕이 되는 Docker 이미지를 공개 및 공유하기 위한 레지스트리 기능입니다. Docker의 공식 레지스트리 서비스인 Docker Hub도 이 Docker Registry를 사용하고 있습니다.

Docker Compose(컨테이너 일원 관리)

여러 개의 컨테이너 구성 정보를 코드로 정의하고, 명령을 실행함으로써 애플리케이션의 실행 환경을 구성하는 컨테이너들을 일원 관리하기 위한 툴입니다.

Docker Machine(Docker 실행 환경 구축)

로컬 호스트용인 VirtualBox를 비롯하여 Amazon Web Services EC2나 Microsoft Azure와 같은 클라우드 환경에 Docker의 실행 환경을 명령으로 자동 생성하기 위한 툴입니다.

Docker Swarm(클러스터 관리)

Docker Swarm은 여러 Docker 호스트를 클러스터화하기 위한 툴입니다. Docker Swarm에서는 클러스터를 관리하거나 API를 제공하는 역할은 Manager가, Docker 컨테이너를 실행하는 역할은 Node가 담당합니다. 또한 오픈소스인 Kubernetes도 이용할 수 있습니다.

Docker를 클라이언트 OS에서 사용하려면 'Docker for Mac', 'Docker for Windows'를 설치합니다. macOS의 경우는 OSX Yosemite 10.10.3 이상, Windows의 경우는 Microsoft Windows 10 Professional 또는 Enterprise 64-bit가 필요합니다. 그 외의 환경에서는 Docker Toolbox를 이용할 수 있습니다.

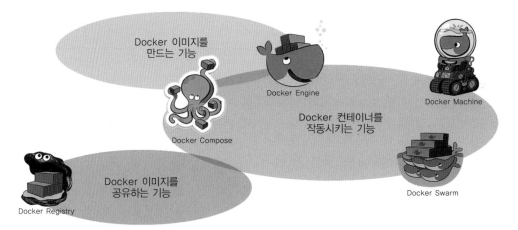

Docker 이미지를
만드는 기능

Docker Engine

Docker Machine

Docker 컨테이너를
작동시키는 기능

Docker Compose

Docker 이미지를
공유하는 기능

Docker Swarm

Docker Registry

그림 2.15 Docker의 주요 컴포넌트 구성

Docker Engine의 기능은 3장과 4장에서, Docker Registry의 기능은 6장, Docker Compose 의 기능은 7장, Docker Machine의 기능은 8장에서 각각 자세히 설명합니다.

NOTE Docker를 둘러싼 업체/OSS의 동향

Docker는 Google이나 Amazon과 같은 클라우드 업체를 비롯하여 Red Hat, Microsoft, IBM 등과 같은 시스템 개발을 지지해 온 대부분의 대형 업체 및 널리 이용되고 있는 오픈소스 등이 지원하고 있습니다. 다 양한 조직이나 시스템과 연계하여 사용할 수 있는 소프트웨어의 특성을 상호운용성(Interoperability)이라 고 합니다.

또한 주요 퍼블릭 클라우드 업체는 컨테이너 실행 환경의 풀 매니지드 서비스를 제공합니다. 풍부한 서비 스를 제공하고 업무 시스템에서의 가동 실적이 많은 클라우드 서비스인 Amazon Web Services(AWS)의 경우 'Amazon EC2 Container Service'로 Docker 실행 환경의 매니지드 서비스를 제공하고 있습니다. 또 한 Microsoft의 Azure가 제공하는 'Azure Container Service'는 컨테이너 오케스트레이션 툴을 선택할 수 있는 것이 특징입니다. 그리고 Google은 YouTube 등을 제공하는 자사 내 기반은 모두 컨테이너 기술 을 사용하여 구축하고 있습니다. 그 노하우를 살려서 오픈소스인 Kubernetes를 손쉽게 이용할 수 있는 매 니지드 서비스가 'Google Kubernetes Engine'입니다.

Docker는 업체뿐만 아니라 대부분의 오픈소스와의 연계도 간단합니다. 오픈소스의 지속적 인티그레이 션 툴인 'Jerkins'와 연계하여 테스트를 자동화할 수도 있습니다. 또한 애플리케이션 개발자에게는 익숙한 'GitHub'와 연계하여 GitHub 상에서 소스가 관리되는 Dockerfile을 Docker Hub와 연계하여 자동으로 빌 드하여, Docker 컨테이너의 바탕이 되는 Docker 이미지를 생성할 수도 있습니다.

2.4 Docker의 작동 구조

이제 한 걸음 더 나아가 Docker의 핵심 기능이 어떤 구조로 움직이는지를 살펴봅시다.

Docker는 Linux 커널의 기술이 베이스로 되어 있습니다. 하지만 Linux 커널은 OS의 핵심 기능이며 하드웨어나 네트워크와 같은 하위 레이어 기술과 밀접하게 관련이 있기 때문에 애플리케이션 개발자에게는 익숙하지 않은 기술 영역이기도 합니다. 그래서 먼저 Docker가 작동하기 위한 기초 기술을 설명하겠습니다.

컨테이너를 구획화하는 장치(namespace)

Docker는 컨테이너라는 독립된 환경을 만들고, 그 컨테이너를 구획화하여 애플리케이션의 실행 환경을 만듭니다. 이 컨테이너를 구획하는 기술은 Linux 커널의 namespace라는 기능을 사용하고 있습니다.

namespace는 한글로 '이름공간'이라고 하는데, 이름공간이란 한 덩어리의 데이터에 이름을 붙여 분할함으로써 충돌 가능성을 줄이고, 쉽게 참조할 수 있게 하는 개념입니다. 이름과 연결된 실체는 그 이름이 어떤 이름공간에 속해 있는지 고유하게 정해집니다. 그래서 이름공간이 다르면 동일한 이름이라도 다른 실체로 처리됩니다.

Linux 커널의 namespace 기능은 Linux의 오브젝트에 이름을 붙임으로써 다음과 같은 6개의 독립된 환경을 구축할 수 있습니다.

PID namespace

PID란 Linux에서 각 프로세스에 할당된 고유한 ID를 말합니다. PID namespace는 PID와 프로세스를 격리시킵니다. namespace가 다른 프로세스끼리는 서로 액세스할 수 없습니다.

Network namespace

Network namespace는 네트워크 디바이스, IP 주소, 포트 번호, 라우팅 테이블, 필터링 테이블 등과 같은 네트워크 리소스를 격리된 namespace마다 독립적으로 가질 수 있습니다.

이 기능을 사용하면 호스트 OS 상에서 사용 중인 포트가 있더라도 컨테이너 안에서 동일한 번호의 포트를 사용할 수 있습니다.

UID namespace

UID namespace는 UID(사용자 ID), GID(그룹 ID)를 namespace별로 독립적으로 가질 수 있습니다. namespace 안과 호스트 OS상의 UID/GID가 서로 연결되어 이름공간 안과 밖에서 서로 다른 UID/GID를 가질 수 있습니다. 예를 들어 namespace 안에서는 UID/GID가 0인 root 사용자를, 호스트 OS 상에서는 일반 사용자로서 취급할 수 있습니다. 이것은 namespace 안의 관리자 계정은 호스트 OS에 대해서는 관리 권한을 일절 갖지 않는다는 것을 의미하므로 보안이 뛰어난 환경으로 격리시킬 수 있습니다.

MOUNT namespace

Linux에서 파일 시스템을 사용하기 위해서는 마운트가 필요합니다. 마운트란 컴퓨터에 연결된 기기나 기억장치를 OS에 인식시켜 이용 가능한 상태로 만드는 것을 말합니다.

MOUNT namespace는 마운트 조작을 하면 namespace 안에 격리된 파일 시스템 트리를 만듭니다. 다른 namespace 기능과 마찬가지로 namespace 안에서 수행한 마운트는 호스트 OS나 다른 namespace에서는 액세스할 수 없게 되어 있습니다.

UTS namespace

UTS namespace는 namespace별로 호스트명이나 도메인명을 독자적으로 가질 수 있습니다.

IPC namespace

IPC namespace는 프로세스 간의 통신(IPC) 오브젝트를 namespace별로 독립적으로 가질 수 있습니다. IPC는 System V 프로세스 간의 통신 오브젝트라고 하는 공유 메모리나 세마포어/메시지 큐를 말합니다. 세마포어란 프로세스가 요구하는 자원 관리에 이용되는 배타제어 장치이며, 메시지 큐란 여러 프로세스 간에서 비동기 통신을 할 때 사용되는 큐잉 장치입니다.

Docker는 이러한 namespace 장치를 사용하여 호스트 상에서 컨테이너를 가상적으로 격리시킵니다. Docker를 사용할 때 특별히 의식할 필요는 없지만 Docker의 구조를 이해해 두는 것은 중요합니다.

릴리스 관리 장치(cgroups)

Docker에서는 물리 머신 상의 자원을 여러 컨테이너가 공유하여 작동합니다. 이때 Linux 커널의 기능인 'control groups(cgroups)' 기능을 사용하여 자원의 할당 등을 관리합니다.

Linux에서는 프로그램을 프로세스로서 실행합니다. 프로세스는 하나 이상의 스레드 모음으로 움직입니다. cgroups는 프로세스와 스레드를 그룹화하여, 그 그룹 안에 존재하는 프로세스와 스레드에 대한 관리를 수행하기 위한 기능입니다. 예를 들어 호스트 OS의 CPU나 메모리와 같은 자원에 대해 그룹별로 제한을 둘 수 있습니다. cgroups로 컨테이너 안의 프로세스에 대해 자원을 제한함으로써 예를 들면 어떤 컨테이너가 호스트 OS의 자원을 모두 사용해 버려서 동일한 호스트 OS 상에서 가동되는 다른 컨테이너에 영향을 주는 일을 막을 수 있습니다.

cgroups로 관리할 수 있는 주요한 일은 표 2.2 와 같습니다.

표 2.2 cgroups의 주요 서브 시스템

항목	설명
cpu	CPU 사용량을 제한
cpuacct	CPU 사용량 통계 정보를 제공
cpuset	CPU나 메모리 배치를 제어
memory	메모리나 스왑 사용량을 제한
devices	디바이스에 대한 액세스 허가/거부
freezer	그룹에 속한 프로세스 정지/재개
net_cls	네트워크 제어 태그를 부가
blkio	블록 디바이스 입출력량 제어

cgroups는 계층 구조를 사용하여 프로세스를 그룹화하여 관리할 수 있습니다. 예를 들어 사용자 애플리케이션과 서버와 같은 데몬 프로세스를 나눠, 각각의 그룹에 CPU 사용량을 할당할 수 있습니다(그림 2.16). cgroups의 부모자식 관계에서는 자식이 부모의 제한을 물려받습니다. 예를 들어 자식이 부모의 제한을 초과하는 설정을 하더라도 부모 cgroups의 제한에 걸립니다.

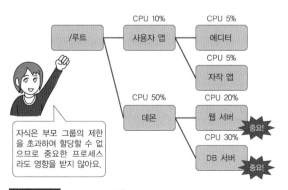

그림 2.16 cgroups 계층 구조

네트워크 구성(가상 브리지/가상 NIC)

Linux는 Docker를 설치하면 서버의 물리 NIC가 docker0이라는 가상 브리지 네트워크로 연결됩니다. 이 docker0은 Docker를 실행시킨 후에 디폴트로 만들어집니다. Docker 컨테이너가 실행되면 컨테이너에 172.17.0.0/16이라는 서브넷 마스크를 가진 프라이빗 IP 주소가 eth0으로 자동으로 할당됩니다(그림 2.17). 이 가상 NIC는 OSI 참조 모델의 레이어 2인 가상 네트워크 인터페이스로, 페어인 NIC와 터널링 통신을 합니다.

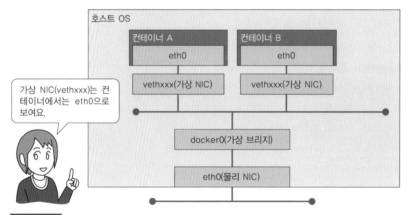

그림 2.17 Docker 네트워크 구성

Docker 컨테이너와 외부 네트워크가 통신을 할 때는 가상 브리지 docker0과 호스트 OS의 물리 NIC에서 패킷을 전송하는 장치가 필요합니다. Docker에서는 NAPT 기능을 사용하여 연결합니다.

NAPT(Network Address Port Translation)란 하나의 IP 주소를 여러 컴퓨터가 공유하는 기술로, IP 주소와 포트 번호를 변환하는 기능입니다. 프라이빗 IP 주소와 글로벌 IP 주소를 투과적으로 상호 변환하는 기술로, TCP/IP의 포트 번호까지 동적으로 변환하기 때문에 하나의 글로벌 IP 주소로 여러 대의 머신이 동시에 연결할 수 있습니다. Docker에서는 NAPT에 Linux의 iptables를 사용하고 있습니다.

Docker에서 이 기능을 사용할 때는 컨테이너 시작 시에 컨테이너 안에서 사용하고 있는 포트를 가상 브리지인 docker0에 대해 개방합니다. 예를 들어 컨테이너 시작 시에 컨테이너 안의 웹 서버가 사용하는 80번 포트를 호스트 OS의 8080번 포트로 전송하도록 설정합니다(그림 2.18). 그러면 외부 네트워크에서 호스트 OS의 8080번 포트에 액세스하면 컨테이너 안의 80번 포트로 연결됩니다.

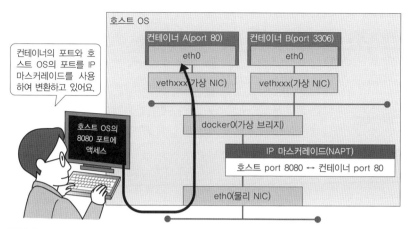

그림 2.18 컨테이너의 외부 통신

멀티호스트 환경에서 Docker 컨테이너의 통신에 대한 자세한 내용에 대해서는 6장에서 설명합니다.

Note 　 **NAT와 IP 마스커레이드의 차이**

프라이빗 IP 주소와 글로벌 IP 주소를 변환하여 프라이빗 IP 주소가 할당된 컴퓨터에 대해 인터넷 액세스를 가능하게 할 때 사용하는 기술로는 NAT와 NAPT(IP 마스커레이드)가 있습니다.

NAT(Network Address Translation)

프라이빗 IP 주소가 할당된 클라이언트가 인터넷상에 있는 서버에 액세스할 때 NAT 라우터는 클라이언트의 프라이빗 IP 주소(예 192.168.0.1)를 NAT가 갖고 있는 글로벌 IP 주소(예 54.xxx.xxx.xxx)로 변환하여 요청을 송신합니다(그림 2.D). 응답은 NAT 라우터가 송신처를 클라이언트의 프라이빗 IP 주소로 변환하여 송신합니다.

이러한 주소 변환에 의해 프라이빗 네트워크상의 컴퓨터와 인터넷상의 서버 간의 통신이 성립됩니다. 그런데 NAT의 경우 글로벌 IP 주소와 프라이빗 IP 주소를 1:1로 변환하기 때문에 동시에 여러 클라이언트가 액세스할 수가 없습니다.

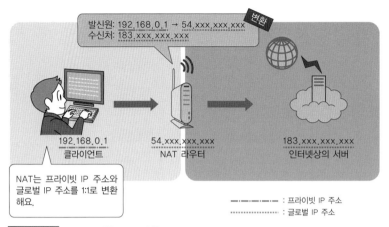

그림 2.D NAT에 의한 주소 변환

NAPT(Network Address Port Translation)

NAPT는 프라이빗 IP 주소와 함께 포트 번호도 같이 변환하는 기술입니다. 프라이빗 IP 주소를 글로벌 IP 주소로 변환할 때 프라이빗 IP 주소별로 서로 다른 포트 번호로 변환합니다.

예를 들어 클라이언트 A가 보낸 요청은 포트 번호 1500으로 하고, 클라이언트 B가 보내온 요청은 포트 번호 1600으로 합니다. 인터넷상의 서버로부터 NAPT의 글로벌 IP 주소의 서로 다른 포트 번호 앞으로 응답이 되돌아옵니다. NAPT는 포트 번호를 바탕으로 프라이빗 IP 주소로 변환할 수 있습니다(**그림 2.E**). 이로써 하나의 글로벌 IP 주소와 여러 개의 프라이빗 IP 주소를 변환할 수 있는 것입니다.

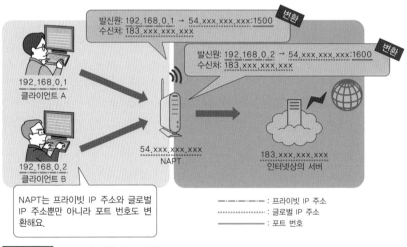

그림 2.E NAPT에 의한 주소 변환

또한 NAPT는 이러한 기술의 이름으로, Linux에서 NAPT를 구축하는 것을 IP 마스커레이드라고 부릅니다. 마스커레이드(mascarade)란 영어로 가면무도회를 의미합니다. 이것은 많은 가면을 쓴 IP 패킷이 포트 번호의 가면을 붙여 변환되는 모습을 나타낸 것입니다.

Docker 이미지의 데이터 관리 장치

어떤 데이터를 복사할 필요가 생겼을 때는 새로운 빈 영역을 확보하고 거기에 복사를 합니다. 그런데 만일 복사한 데이터에 변경이 없었다면 그 복사는 쓸데없는 것이 됩니다. 복사한 데이터의 용량이 크면 클수록 쓸데없는 낭비가 발생합니다.

그래서 복사를 요구받아도 바로 복사하지 않고 원래의 데이터를 그대로 참조시켜, 원본 또는 복사 어느 쪽에 수정이 가해진 시점에 비로소 새로운 빈 영역을 확보하고 데이터를 복사합니다. 이러한 장치를 'Copy on Write'라고 부릅니다. Docker에서는 Copy on Write 방식으로 컨테이너의 이미지를 관리합니다.

Docker의 이미지를 관리하는 스토리지 디바이스로는 다음과 같은 것이 있습니다.

AUFS

다른 파일 시스템의 파일이나 디렉토리를 투과적으로 겹쳐서 하나의 파일 트리를 구성할 수 있는 파일 시스템입니다. 단, 현재 AUFS는 표준 Linux 커널의 일부가 아닙니다.

WEB https://docs.docker.com/engine/userguide/storagedriver/

Btrfs

Linux용 Copy on Write 파일 시스템으로, Oracle에 의해 2007년에 발표되었습니다. Btrfs는 과거의 상태로 돌아갈 수 있는 롤백 기능이나 어떤 시점에서의 상태를 저장할 수 있는 스냅샷 기능을 갖고 있습니다.

Device Mapper

Linux 커널 2.6에 들어간 Linux의 블록 디바이스 드라이버와 그것을 지원하는 라이브러리들입니다. Device Mapper는 파일 시스템의 블록 I/O와 디바이스의 매핑 관계를 관리합니다.

Device Mapper는 thin-provisioning 기능과 snapshot 기능을 가지고 있는 것이 특징입니

다. CentOS나 Fedora와 같은 Red Hat OS나 Ubuntu 등에서 Docker를 이용할 때 사용됩니다.

OverlayFS

UnionFS 중 하나로, 파일 시스템에 다른 파일 시스템을 투과적으로 머징(merging)하는 장치입니다. Linux 커널 3.18에 도입되어 읽기(readout) 전용 파일 시스템에 읽어 들이기(readin)가 가능한 파일 시스템을 겹침으로써, 읽기 전용 파일 시스템상의 디렉토리나 파일에 대한 읽어 들이기, 변경이 가능해집니다. Docker에서는 overlay와 overlay2라는 2종류의 드라이버를 이용할 수 있습니다. Linux 커널 4.0 이상의 경우는 overlay2를 사용하는 것이 좋습니다.

ZFS

ZFS는 썬마이크로시스템즈(현재의 Oracle)가 개발한 새로운 파일 시스템입니다. 볼륨 관리, 스냅샷, 체크섬 처리, 리플리케이션 등을 지원합니다. 단, ZFS on Linux에 대한 충분한 경험이 없는 경우 제품 환경에서 사용하는 것은 권장하지 않습니다.

● **Docker storage drivers**
  WEB https://docs.docker.com/engine/userguide/storagedriver/

제 2 부
기본편

Docker
설치와 튜토리얼

Docker를 개발 머신에서 이용할 때는 'Docker for Mac' 또는 'Docker for Windows'를 설치합니다. 또한 Docker를 Linux 환경에서 사용하는 경우는 배포판에 따라 설치 절차가 다릅니다. 이 장에서는 Docker를 설치한 후 튜토리얼로서 Nginx를 사용한 웹 서버를 구축해 가는 절차를 배우겠습니다.

3.1 Docker 설치와 작동 확인

Docker 설치는 도입할 호스트 OS에 따라 절차가 다릅니다. 여기서는 Docker 설치와 작동 확인 절차를 설명하겠습니다.

Docker의 클라이언트 툴

Docker는 Linux 커널 기능을 사용하기 때문에 보통은 Linux 배포판 상에서 작동합니다. 하지만 개발 환경에서 이용하기 위한 클라이언트 PC용 툴을 제공하고 있습니다.

Docker for Mac

먼저 macOS용 'Docker for Mac'은 macOS 상에서 네이티브 애플리케이션으로 움직입니다. 이것은 macOS 10.10 Yosemite에서 이용 가능하게 된 Hypervisor 프레임워크인 'xhyve'를 사용하고 있습니다(그림 3.1).

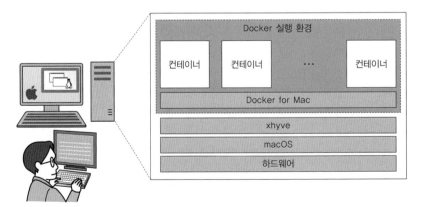

그림 3.1 Docker for Mac의 개요

Docker for Windows

Windows용으로는 'Docker for Windows'가 제공됩니다. 이것은 Windows 10 이후에 이용 가능하게 된 것으로, Microsoft가 제공하는 하이퍼바이저인 x64용 가상화 시스템인 'Hyper-V'를 사용하고 있습니다(그림 3.2). 이 Hyper-V를 사용한 Docker for Windows는 Windows 10 Pro, Windows 10 Enterprise, Windows 10 Education에서 작동합니다. 또한 OS의 설정에서 Hyper-V를 유효화하면 Oracle VirtualBox 등과 같은 다른 가상화 툴은 사용할 수 없으므로 주의하기 바랍니다.

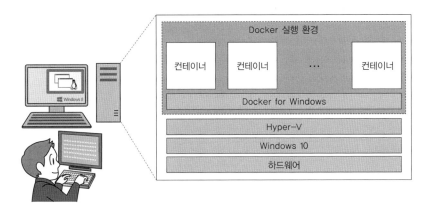

그림 3.2 Docker for Windows의 개요

그 외 Oracle이 제공하는 가상화 툴인 VirtualBox를 사용한 'Docker Toolbox'도 제공되고 있습니다. Docker for Mac 또는 Docker for Windows가 작동하지 않는 오래된 머신을 사용할 때는 이쪽을 사용하기 바랍니다.

또한 Docker for Mac 17.12.0-ce Edge, Docker for Windows 18.02.0-ce Edge 이후 버전에는 Docker 컨테이너의 오케스트레이션 툴인 'Kubernetes'가 포함되어 있는데, 이 책에서는 퍼블릭 클라우드인 Google Cloud Platform 상에서 Kubernetes 클러스트를 구성하는 방법에 대해 설명합니다.

● **Docker Toolbox** **WEB** https://docs.docker.com/toolbox/

 Docker for Mac 설치하기

macOS에 Docker를 설치할 때는 'Docker for Mac'을 사용합니다. 다음 사이트에 액세스하여 [Get Docker] 버튼을 클릭합니다(그림 3.3).

● **Docker for Mac**

WEB https://store.docker.com/editions/community/docker-ce-desktop-mac

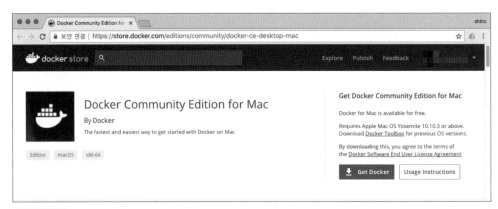

그림 3.3 Docker for Mac 다운로드

클라이언트 PC에 다운로드한 docker.dmg를 더블클릭한 후 Docker.app를 Applications으로 드래그&드롭합니다(**그림 3.4**).

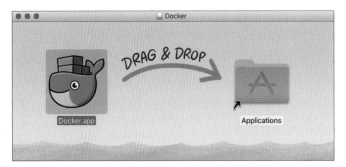

그림 3.4 Docker for Mac 다운로드

Docker.app를 더블클릭하여 설치를 시작합니다. [Next] 버튼을 클릭하면 설치가 시작됩니다 (**그림 3.5**). 또한 설치를 위해서 클라이언트 PC의 비밀번호를 물어봅니다.

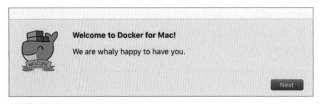

그림 3.5 Docker for Mac 설치

설치가 완료되면 메뉴 표시줄에 Docker 아이콘이 표시됩니다. 이것을 클릭하면 Docker의 실행 상태를 확인할 수 있습니다. 그림 3.6 과 같이 'Docker is running'이라고 표시되면 Docker가 정상적으로 실행되고 있는 것입니다.

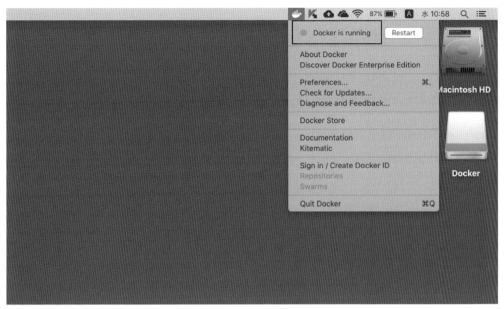

그림 3.6 Docker for Mac 확인

설정은 메뉴 표시줄에서 'Docker' 아이콘 → [Preference]를 선택합니다. 클라이언트 PC와 파일을 공유하고 싶을 때는 [File Sharing] 탭을 클릭합니다(그림 3.7).

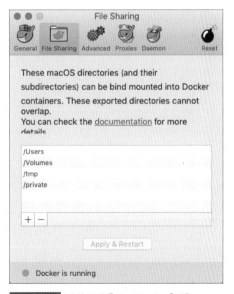

그림 3.7 파일 공유([File Sharing] 탭)

Docker를 작동시키기 위한 CPU나 메모리를 조정하고 싶을 때는 [Advanced] 탭을 클릭합니다 (그림 3.8). [Advanced] 탭에서는 네트워크의 설정이나 디스크 이미지의 저장 위치 등도 변경할 수 있습니다.

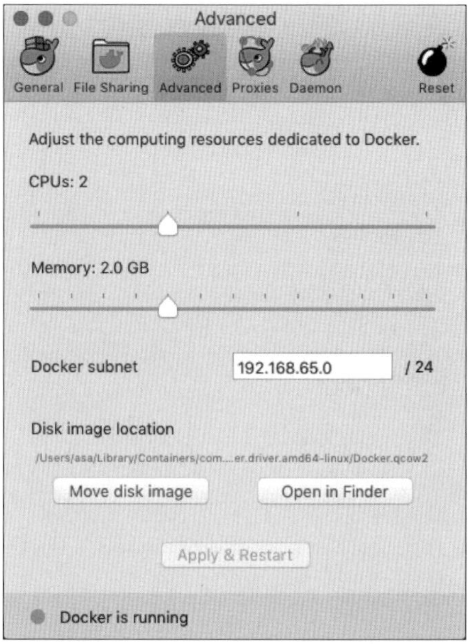

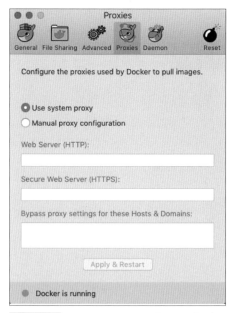

그림 3.8 Docker 실행 환경 설정([Advanced] 탭)

프록시 서버를 경유하여 인터넷에 액세스하는 환경의 경우는 [Proxies] 탭에서 프록시 서버와 도메인 정보를 설정합니다(그림 3.9).

이것으로 Docker for Mac의 설치가 끝났습니다. 이 책에서는 이 Docker for Mac을 사용하여 설명하겠습니다. 계속해서 p.81(Docker에서 'Hello world')의 작동을 확인하기 바랍니다.

그림 3.9 Docker 프록시 설정([Proxies] 탭)

Docker for Windows 설치하기

Windows에 Docker를 설치할 때는 'Docker for Windows'를 사용합니다. 다음 사이트에 액세스하여 [Get Docker] 버튼을 클릭합니다(**그림 3.10**).

● **Docker for Windows**

WEB https://store.docker.com/editions/community/docker-ce-desktop-windows

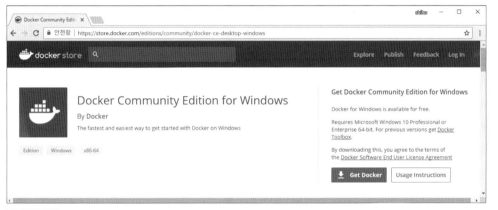

그림 3.10 Docker for Windows 다운로드

다운로드한 Docker for Windows Installer.exe를 더블클릭하여 설치를 시작합니다. 설치가 완료되면 **그림 3.11** 과 같은 화면이 표시됩니다.

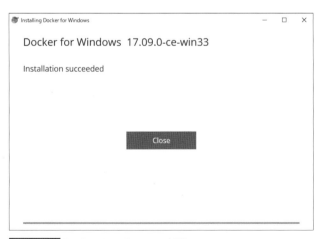

그림 3.11 Docker for Windows 설치

바탕화면에 있는 'Docker for Windows' 아이콘(그림 3.12)을 더블클릭하여 Docker를 시작합니다.

그림 3.12 Docker for Windows 시작

Docker의 설정을 확인 및 변경할 때는 작업 표시줄에 표시된 Docker의 고래 아이콘을 오른쪽 클릭하고 [Settings]를 클릭합니다(그림 3.13).

그림 3.13 Docker for Windows 설정

Docker의 일반 설정을 할 때는 [General] 탭을 클릭합니다(그림 3.14). 또한 Windows Subsystem for Linux(WSL)에서 Docker 명령을 실행할 때는 아래 항목에 선택 표시를 하기 바랍니다.

● Expose daemon on tcp://localhost:2375 without TLS

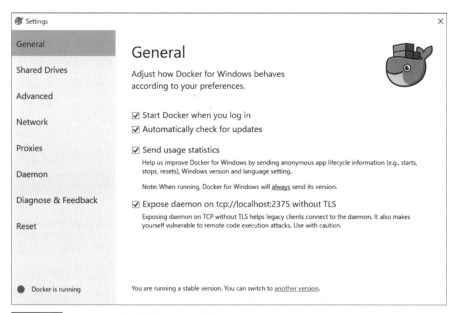

그림 3.14 Docker의 일반 설정([General] 탭)

클라이언트 PC와 파일을 공유하고 싶을 때는 [Shared Drives] 탭을 클릭합니다(**그림 3.15**).
[Shared Drives] 탭에서는 공유하고 싶은 드라이브를 선택하고 [Apply] 버튼을 클릭합니다.

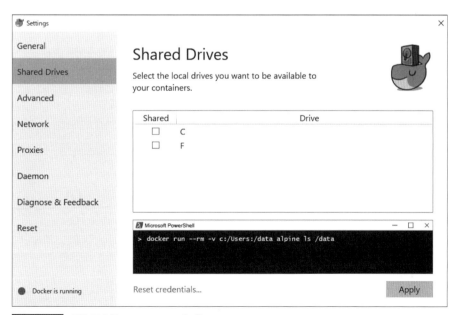

그림 3.15 파일 공유([Shared Drives] 탭)

Docker를 작동시키기 위한 CPU나 메모리를 조정하고 싶을 때는 [Advanced] 탭을 클릭합니다(**그림 3.16**).

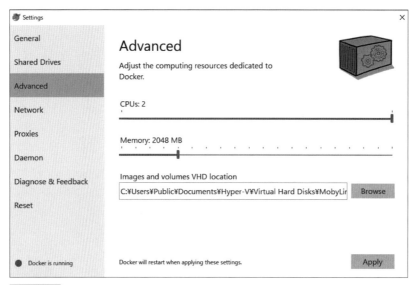

그림 3.16 Docker의 실행 환경 설정([Advanced] 탭)

네트워크 설정을 할 때는 [Network] 탭을 클릭합니다(**그림 3.17**). [Network] 탭에서는 DNS 서버도 지정할 수 있습니다.

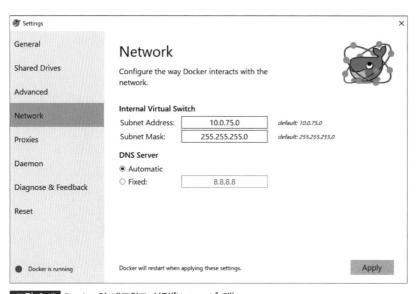

그림 3.17 Docker의 네트워크 설정([Network] 탭)

프록시 서버를 경유하여 인터넷에 액세스하는 환경의 경우는 [Proxies] 탭에서 프록시 서버와 도메인 정보를 설정합니다(그림 3.18).

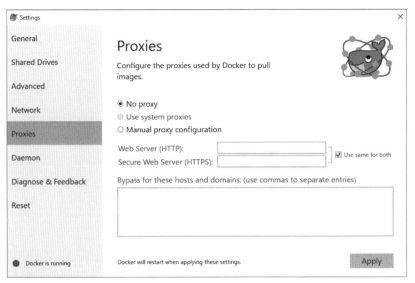

그림 3.18 Docker의 프록시 설정([Proxies] 탭)

이것으로 Docker for Windows의 설치가 끝났습니다. 계속해서 p.81(Docker에서 'Hello world')의 절차를 따라 Docker의 작동을 확인하기 바랍니다. 또한 이후의 튜토리얼에서는 (Docker for Windows가 아니라) Docker for Mac으로 설명을 진행하겠습니다.

Note Docker for Windows가 작동하는 클라이언트

'Docker for Windows'를 이용하려면 다음 세 가지 조건을 만족시켜야 합니다.

- Windows 10 Pro 또는 Enterprise(64bit) 단말기
- VirtualBox와 같은 서드파티 제품 가상화 환경을 설치하지 않을 것
- Hyper-V를 유효화할 것

이를 지원하는지 아닌지를 확인하려면 Windows 메뉴의 [시스템]을 클릭합니다(그림 3.A). 그리고 [Windows 버전]과 [시스템]에서 Windows 10 Pro 또는 Enterprise의 64비트 운영체제인지를 확인하기 바랍니다.

그림 3.A Windows 버전 확인

그 다음 VirtualBox나 VMWare Player와 같은 가상 환경을 PC에서 언인스톨합니다. 마지막으로 Windows 메뉴의 [제어판] → [프로그램 및 기능] → [Windows 기능 켜기/끄기]를 클릭하고 [Hyper-V] 항목을 체크합니다(**그림 3.B**). 변경한 설정을 반영하려면 OS를 재시작해야 합니다.

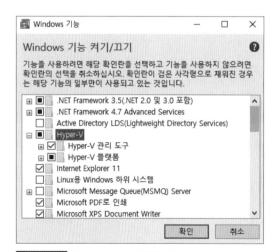

그림 3.B Windows 기능 켜기/끄기

위의 세 가지 조건을 만족하지 않거나 하드웨어의 사양이 낮은 경우에는 'Docker Toolbox'를 설치하기 바랍니다.

● **Docker Toolbox** 　WEB　 https://docs.docker.com/toolbox/

Linux에 설치하기

Linux에 Docker를 설치하는 방법은 배포판이나 버전에 따라 절차가 다릅니다. 여기서는 한 예로 Ubuntu에 설치하는 방법을 설명하겠습니다.

이 책의 집필 시점에서 다음과 같은 Ubuntu 버전이 Docker CE를 지원하고 있었습니다.

- Artful 17.10
- Zesty 17.04
- Xenial 16.04(LTS)
- Trusty 14.04(LTS)

모두 64bit 버전으로 x86_64/armhf/s390x에서 작동합니다.

여기서는 Ubuntu Artful 17.10에 Docker CE를 설치하는 방법을 설명하겠습니다.

[1] 설치 사전 준비

APT(Advanced Packaging Tool)는 Ubuntu를 비롯한 Debian 계열 OS에서 작동하는 패키지 관리 시스템입니다. 먼저 [리스트 3.1]의 명령을 실행하여 apt의 패키지 리스트를 업데이트합니다.

[리스트 3.1] apt 업데이트

```
$ sudo apt-get update
```

계속해서 HTTPS를 경유하여 리포지토리를 사용할 수 있도록 [리스트 3.2]의 명령을 실행하여 패키지를 설치합니다.

[리스트 3.2] 패키지 설치

```
$ sudo apt-get install -y \
    apt-transport-https \
    ca-certificates \
    curl \
    software-properties-common
```

[리스트 3.3]의 명령을 실행하여 Docker의 공식 GPG 키를 추가합니다. 올바르게 등록되면 'OK'가 표시됩니다.

[리스트 3.3] GPG 키 추가

```
$ curl -fsSL https://download.docker.com/linux/ubuntu/gpg | sudo apt-key add -

OK
```

Docker의 공식 GPG 키가 추가된 것을 확인하려면 [리스트 3.4]의 명령을 실행합니다.

[리스트 3.4] GPG 키 확인

```
$ sudo apt-key fingerprint 0EBFCD88

pub rsa4096 2017-02-22 [SCEA]
    9DC8 5822 9FC7 DD38 854A E2D8 8D81 803C 0EBF CD88
uid              [ unknown] Docker Release (CE deb) <docker@docker.com>
sub rsa4096 2017-02-22 [S]
```

마지막으로 Docker의 리포지토리를 추가합니다(리스트 3.5). 등록이 되었으면 apt의 업데이트도 합니다.

[리스트 3.5] 리포지토리 등록

```
$ sudo add-apt-repository \
    "deb [arch=amd64] https://download.docker.com/linux/ubuntu \
    $(lsb_release -cs) \
    stable"

$ sudo apt-get update
```

이것으로 Docker를 설치할 준비가 되었습니다.

[2] Docker 설치하기

Docker를 설치하려면 [리스트 3.6]의 apt 명령을 실행합니다. 설치를 계속할지 말지를 물어오면 [Y]를 입력합니다.

[리스트 3.6] Docker 설치하기

```
$ sudo apt-get install docker-ce
```

설치가 끝나면 자동으로 Docker가 시작됩니다. 계속해서 다음 항목에 나오는 작동 확인을 하기 바랍니다.

또한 다른 Linux 배포판이나 클라우드 환경에서 설치하는 방법은 아래 공식 사이트를 참조하기 바랍니다. 지원하는 배포판이나 클라우드 환경은 자주 업데이트되므로 수시로 체크를 하는 것이 좋습니다.

WEB https://docs.docker.com/installation/#installation

Docker에서 'Hello world'

설치한 Docker가 올바르게 작동하는지를 확인하기 위해 Docker 컨테이너를 작성하고 콘솔 상에 "Hello world"라는 문자를 echo 표시해 봅시다. Docker 컨테이너를 작성 및 실행할 때는 docker container run 명령을 사용합니다.

이 명령의 구문은 다음과 같습니다.

구문 docker container run 명령

```
docker container run <Docker 이미지명> <실행할 명령>
         ①              ②              ③
```

① 컨테이너를 작성 및 실행
② 바탕이 되는 Docker 이미지
③ 컨테이너 안에서 실행할 명령

예를 들어 Ubuntu의 이미지를 바탕으로 Docker 컨테이너를 작성 및 실행한 후 작성한 컨테이너 안에서 "Hello world"를 표시하고 싶을 때는 [리스트 3.7]의 명령을 실행합니다.

[리스트 3.7] Hello world의 실행

```
$ docker container run ubuntu:latest /bin/echo 'Hello world'
```

[Enter]를 누르면 [리스트 3.8]과 같은 명령이 실행됩니다(**그림 3.19**).

[리스트 3.8] Hello world의 실행 결과

```
$ docker container run ubuntu:latest /bin/echo 'Hello world'
Unable to find image 'ubuntu:latest' locally
latest: Pulling from library/ubuntu
ae79f2514705: Pull complete
5ad56d5fc149: Pull complete
170e558760e8: Pull complete
395460e233f5: Pull complete
```

```
6f01dc62e444: Pull complete
Digest: sha256:506e2d5852de1d7c90d538c5332bd3cc33b9cbd26f6ca653875899c505c82687
Status: Downloaded newer image for ubuntu:latest
Hello world
```

```
                              🔒 asa — -bash — 80×12
~ $ docker container run ubuntu:latest /bin/echo 'Hello world'
Unable to find image 'ubuntu:latest' locally
latest: Pulling from library/ubuntu
ae79f2514705: Pull complete
5ad56d5fc149: Pull complete
170e558760e8: Pull complete
395460e233f5: Pull complete
6f01dc62e444: Pull complete
Digest: sha256:506e2d5852de1d7c90d538c5332bd3cc33b9cbd26f6ca653875899c505c82687
Status: Downloaded newer image for ubuntu:latest
Hello world
~ $
```

그림 3.19 Hello world 실행(macOS의 터미널에서 실행한 예)

먼저 명령을 실행하면 Docker 컨테이너의 바탕이 되는 Ubuntu의 Docker 이미지가 로컬 환경에 있는지 확인합니다. 만일 로컬 환경에 없다면 Docker 리포지토리에서 Docker 이미지를 다운로드합니다.

실행 결과 중에 있는 'ubuntu:latest'는 Ubuntu의 최신 버전의 이미지(latest)를 취득한다는 뜻입니다. 다운로드가 완료되면 컨테이너가 시작되고, Linux의 echo 명령이 실행됩니다(**그림 3.20**).

또한 첫 번째는 Docker 이미지의 다운로드에 시간이 소요되지만, 두 번째부터는 로컬 환경에 다운로드된 Docker 이미지를 바탕으로 Docker 컨테이너를 시작합니다(**그림 3.21**). 확인을 위해 다시 Hello world를 표시하는 docker container run 명령을 실행해 보기 바랍니다. 처음보다 빠른 속도로 컨테이너가 시작되는 것을 알 수 있을 것입니다.

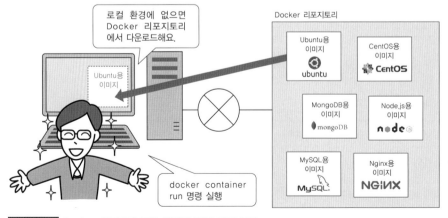

그림 3.20 Docker 이미지가 로컬 환경에 없을 때의 작동

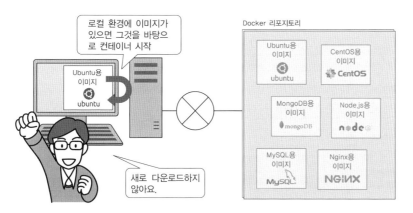

그림 3.21 Docker 이미지가 로컬 환경에 있을 때의 작동

로컬 환경에 다운로드된 Docker 이미지를 로컬 캐시라고 합니다. docker container run 명령에는 그 외에도 다른 옵션이 있습니다. **참조** 컨테이너 생성 및 시작(docker container run 명령)
➡ p.108

 Docker 버전 확인(docker version)

설치한 Docker 버전을 확인하려면 docker version 명령을 사용합니다.
이 명령의 구문은 다음과 같습니다.

구문 docker version 명령

```
docker version
```

docker version 명령을 실행하면 Docker의 버전이나 Go 언어의 버전, OS, 아키텍처를 확인할 수 있습니다(리스트 3.9).

[리스트 3.9] docker version 실행

```
$ docker version
Client:
  Version: 18.02.0-ce-rc1
  API version: 1.35
  Go version: go1.9.2
  Git commit: 5e1d90a
  Built: Thu Jan 25 00:33:50 2018
  OS/Arch: darwin/amd64
  Experimental: false
```

```
    Orchestrator: swarm

Server:
  Engine:
    Version: 18.02.0-ce-rc1
    API version: 1.36 (minimum version 1.12)
    Go version: go1.9.3
    Git commit: 5e1d90a
    Built: Thu Jan 25 00:40:43 2018
    OS/Arch: linux/amd64
    Experimental: true
```

Docker는 클라이언트/서버 아키텍처를 채택하고 있어서 Docker 클라이언트와 Docker 서버가 Remote API를 경유하여 연결되어 있습니다. 따라서 docker 명령은 서버로 보내져 처리됩니다.

 ## Docker 실행 환경 확인(docker system info)

docker system info 명령을 실행하면 Docker 실행 환경의 상세 설정이 표시됩니다(리스트 3.10).

[리스트 3.10] docker system info 실행

```
$ docker system info
Containers: 3          ◀──── 컨테이너 수
  Running: 1
  Paused: 0
  Stopped: 2
Images: 3
Server Version: 18.02.0-ce-rc1     ◀──── Docker 버전
Storage Driver: overlay2      ◀──── 스토리지 드라이버 종류
  Backing Filesystem: extfs
  Supports d_type: true
  Native Overlay Diff: true
Logging Driver: json-file
Cgroup Driver: cgroupfs
Plugins:
  Volume: local
  Network: bridge host ipvlan macvlan null overlay
Swarm: inactive
Runtimes: runc
Default Runtime: runc
Init Binary: docker-init
```

```
containerd version: 9b55aab90508bd389d7654c4baf173a981477d55
runc version: 9f9c96235cc97674e935002fc3d78361b696a69e
init version: 949e6fa
Security Options:
  seccomp
  Profile: default
Kernel Version: 4.9.75-linuxkit-aufs
Operating System: Docker for Mac
OSType: linux          ←──── OS 종류
Architecture: x86_64   ←──── 아키텍처
CPUs: 2
Total Memory: 1.934 GiB
Name: moby
ID: GKRG:AS42:WTV2:GQBI:PYGZ:BFWC:WBVF:OXFU:QL2Q:LLTA:2YFI:I55L
Docker Root Dir: /var/lib/docker
Debug Mode (client): false
Debug Mode (server): true
  File Descriptors: 19
  Goroutines: 26
  System Time: 2018-02-06T03:13:07.3307609Z
  EventsListeners: 0
Registry: https://index.docker.io/v1/
Labels:
Experimental: true
Insecure Registries:
  127.0.0.0/8
Live Restore Enabled: false
```

Docker 디스크 이용 상황(docker system df)

docker system df 명령을 실행하면 Docker가 사용하고 있는 디스크의 이용 상황이 표시됩니다(리스트 3.11).

[리스트 3.11] docker system df 실행

```
$ docker system df
TYPE            TOTAL     ACTIVE    SIZE          RECLAIMABLE
Images          4         3         1.471 GB      109.4 MB (7%)
Containers      3         1         7 B           0 B (0%)
Local Volumes   2         0         0 B           0 B
```

상세 내용을 확인할 때는 -v 옵션을 지정합니다.

3.2 웹 서버를 작동시켜 보자

Docker 설치가 끝났으므로 이제 Docker를 사용한 웹 서버를 구축해 봅시다. 여기서는 오픈소스 웹 서버인 Nginx 환경을 구축하겠습니다(**그림 3.22**). Nginx는 대량의 요청을 처리하는 대규모 사이트에서 주로 이용하고 있으며, 리버스 프록시나 로드밸런서와 같은 기능도 갖고 있습니다.

● **Nginx** **WEB** https://nginx.org/

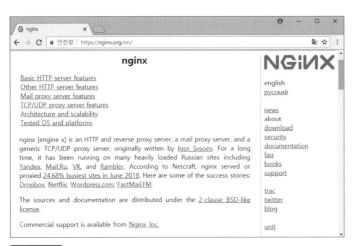

그림 3.22 Nginx 공식 사이트

 Docker 이미지 다운로드하기

Docker 컨테이너를 시작하기 위해서는 Docker 컨테이너의 바탕이 되는 'Docker 이미지'가 필요합니다. Docker의 공식 리포지토리인 Docker Hub에는 Nginx의 공식 이미지가 제공되어 있습니다(**그림 3.23**).

WEB https://hub.docker.com/_/nginx/

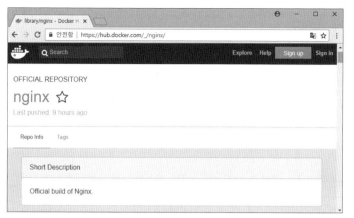

그림 3.23 Docker Hub의 Nginx 이미지

이 공식 이미지에는 Docker에서 Nginx를 작동시키기 위해 필요한 것이 패키징되어 있으므로 [리스트 3.12]의 명령을 실행하여 클라이언트 PC로 다운로드합니다.

[리스트 3.12] 이미지 다운로드

```
$ docker pull nginx
Using default tag: latest
latest: Pulling from library/nginx
bc95e04b23c0: Pull complete
110767c6efff: Pull complete
f081e0c4df75: Pull complete
Digest: sha256:285b49d42c703fdf257d1e2422765c4ba9d3e37768d6ea83d7fe2043dad6e63d
Status: Downloaded newer image for nginx:latest
```

클라이언트 PC로 다운로드되었는지 아닌지를 확인할 때는 [리스트 3.13]의 명령을 실행합니다. 명령 실행 결과를 보면 'nginx'라는 이름의 이미지가 다운로드되었고, 용량이 108MB라는 것을 알 수 있습니다.

[리스트 3.13] 이미지 확인

```
$ docker image ls
REPOSITORY      TAG       IMAGE ID       ~중략~      SIZE
nginx           latest    3f8a4339aadd   ~중략~      108MB
```

이로써 Docker 이미지 준비가 끝났습니다.

Nginx를 작동시켜 보자

Docker 컨테이너의 바탕이 되는 Docker 이미지를 사용하여 Nginx 서버를 기동시킵니다. [리스트 3.14]의 명령은 Docker 이미지 'nginx'를 사용하여 'webserver'라는 이름의 Docker 컨테이너를 기동시키는 예입니다. 이때 브라우저에서 HTTP(80번 포트)에 대한 액세스를 허가하기 위해 -p 옵션을 붙여 컨테이너가 보내는 전송을 허가하고 있습니다.

[리스트 3.14] 이미지를 사용하여 Nginx 서버를 기동

```
$ docker container run --name webserver -d -p 80:80 nginx

efb848227e631967eefded7d39aaf267375a3ac36bd440d16d139e61f997c492
```

명령을 실행하면 영숫자로 된 문자열이 표시됩니다. 이것은 컨테이너 ID라는 것으로, Docker 컨테이너를 고유하게 식별하기 위한 것입니다. 이 예에서는 'efb84~7c492'가 컨테이너 ID입니다.

Nginx 작동 확인

사용하고 있는 PC에 Docker for Mac을 설치한 경우 docker container run 명령을 실행하면 '사용하고 있는 PC가 Nginx 서버로 작동하고 있는' 상태가 됩니다.

확인을 위해 브라우저에서 다른 URL에 액세스해 봅시다. localhost는 로컬 루프백 주소라는 것으로, 자기자신 즉, 사용하고 있는 머신을 가리키는 특별한 IP 주소입니다. 이 URL은 HTTP 프로토콜을 사용하여 로컬 루프백 주소의 80번 포트에 액세스하고 있다는 것을 의미합니다.

http://localhost:80

Nginx 서버의 탑 화면(그림 3.24)이 표시되면 웹 서버가 문제없이 작동하고 있다는 것을 확인할 수 있습니다.

그림 3.24 Nginx 작동 확인

Docker로 기동시킨 Nginx 서버의 상태를 확인하려면 [리스트 3.15]의 docker container ps 명령을 실행합니다.

[리스트 3.15] Nginx 서버의 상태를 확인

```
$ docker container ps
CONTAINER ID    IMAGE COMMAND              ~중략~   STATUS             PORTS              NAMES
3d54e77fd4eb    nginx "nginx -g 'daemon ..."  ~중략~   Up About a minute   0.0.0.0:80->80/tcp webserver
```

명령의 실행 결과를 보면 'webserver'라는 이름의 Docker 컨테이너에서 Nginx 서버 프로세스가 시작되어, 컨테이너의 80번 포트를 전송하고 있다는 것을 알 수 있습니다.

이 컨테이너의 상세 내용은 [리스트 3.16]의 docker container stats 명령으로 확인할 수 있습니다.

[리스트 3.16] 컨테이너 가동 확인

```
$ docker container stats webserver

CONTAINER    CPU %    MEM USAGE / LIMIT    MEM %    NET I/O           BLOCK I/O    PIDS
webserver    0.00%    1.949MiB / 1.952GiB  0.10%    3.73kB / 2.37kB   0B / 0B      2
```

 Nginx의 기동 및 정지

서버 프로세스를 정지시킬 때는 [리스트 3.17]의 명령을 실행합니다. 컨테이너가 정지하므로 웹 브라우저에서 액세스하면 오류가 발생하는 것을 확인할 수 있습니다(그림 3.25).

[리스트 3.17] 컨테이너 정지

```
$ docker stop webserver
```

그림 3.25 Nginx 정지

다시 컨테이너를 기동시킬 때는 [리스트 3.18]의 명령을 실행합니다. 브라우저에서 확인하면 웹 서버가 기동된 것을 확인할 수 있습니다.

[리스트 3.18] 컨테이너 기동

```
$ docker start webserver
```

이와 같이 Docker를 사용한 웹 서버에서는 주로 Docker 명령을 사용하여 이미지나 컨테이너를 조작합니다. 4장에서는 이러한 Docker 명령의 사용 방법을 자세히 설명하겠습니다.

제 2 부
기본편

제 **4** 장

Docker 명령

Docker 이미지를 레지스트리에서 다운로드/업로드하거나 Docker 컨테이너의 시작이나 정지를 하는 조작은 모두 Docker 명령으로 수행합니다. 따라서 명령 조작에 익숙해질 필요가 있습니다. 여기서는 Docker 명령의 기본적인 사용 방법과 주요 옵션을 설명합니다.

4.1 Docker 이미지 조작

'Hello world' 표시에서는 Ubuntu의 Docker 이미지를 로컬 환경에 다운로드했는데, Docker 리포지토리에는 그 외에도 많은 이미지가 공개되어 있습니다. 여기서는 Docker의 공식 리포지토리 서비스인 Docker Hub에서 이미지를 취득하는 방법을 설명하겠습니다.

Docker Hub

Docker Hub는 GitHub나 Bitbucket과 같은 소스코드 관리 툴과 연계하여 코드를 빌드하는 기능이나 실행 가능한 애플리케이션의 이미지를 관리하는 기능을 갖춘 Docker의 공식 리포지토리 서비스입니다.

Docker Hub를 사용하여 물리 서버든, 가상 머신이든, 클라우드든 Docker 이미지를 배포할 수 있습니다(그림 4.1).

WEB　https://hub.docker.com/

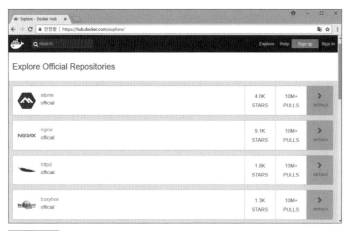

 그림 4.1 Docker Hub 사이트

Docker Hub 사이트의 검색 키워드에 임의의 문자를 입력하여 검색하면 등록되어 있는 Docker 이미지의 목록이 표시됩니다.

예를 들어 'debian'이라는 키워드로 검색하면 　그림 4.2 　와 같은 화면이 표시됩니다.

　그림 4.2 　 Docker Hub의 검색 결과

Docker Hub에는 공식 Docker 이미지 외에도 사용자가 작성한 독자적인 Docker 이미지를 공개할 수가 있습니다. 공식 Docker 이미지는 목록 상자에서 'Official'을 선택하면 표시됩니다 (　그림 4.3 　).

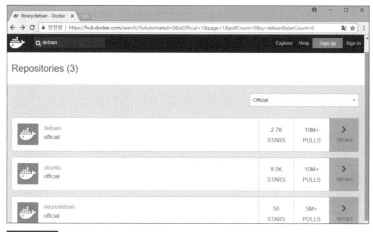

　그림 4.3 　 공식 Docker 이미지 표시

Docker 이미지에 대한 상세 정보는 표시된 목록을 클릭하면 표시됩니다. 예를 들어 Debian의 공식 Docker 이미지는 　그림 4.4 　와 같습니다.

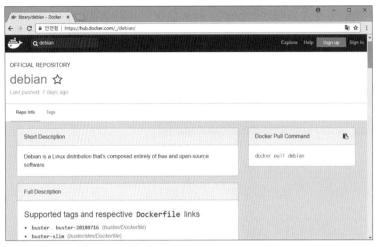

그림 4.4 Docker 이미지 상세 정보

[Repo Info] 탭에는 Docker 이미지 상세 정보가 표시됩니다. 리포지토리에서 공개되어 있는 버전 정보나 주의사항, 지원하는 Docker의 버전 등과 같은 정보가 기재되어 있습니다.

여기서 Docker 이미지를 관리할 때 필요한 태그에 대해 설명해 두겠습니다. 태그 정보는 [Tags] 탭에 기재되는데, 베이스가 되는 OS의 버전에 따라 내용이 달라집니다.

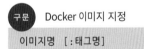 Docker 이미지 지정

이미지명 [:태그명]

예를 들어,

debian:7

은 Debian의 버전 7을 베이스 이미지로 갖고 있는 Docker 이미지를 의미합니다.

또한 태그명에 latest를 지정할 수도 있습니다. latest는 리포지토리에 공개되어 있는 최신판 이미지라는 것을 의미합니다(**그림 4.5**). latest 태그로 지정한 이미지는 릴리스마다 달라지므로 제품 환경에서 이용할 때는 버전을 명시적으로 지정하여 사용하기 바랍니다.

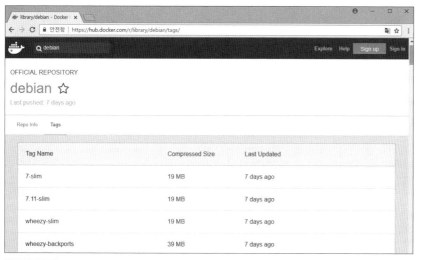

그림 4.5 Docker 이미지 태그 정보

Note **Docker Store**

Docker Store는 Docker사가 제공하는 소프트웨어의 마켓 플레이스입니다(**그림 4.A**). 제공되는 소프트웨어는 Docker 포맷에서 미리 테스트된 멀웨어에 대한 검사를 통과하고 서명이 된 것을 배포합니다. 또한 요금 부과나 라이선스 관리 장치도 갖고 있어서 상용 소프트웨어의 배포도 가능합니다.

WEB https://store.docker.com/

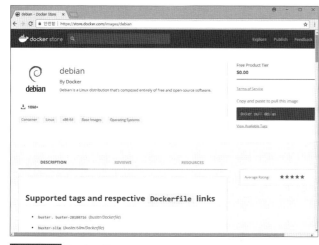

그림 4.A Docker Store

현재 Docker Store에는 Oracle 등 기업용 소프트웨어를 제공하는 수많은 업체가 참가하고 있습니다.

이미지 다운로드(docker image pull)

이제 Docker Hub에서 이미지를 다운로드해 봅시다. 이미지 취득은 docker image pull 명령을 사용합니다. 이 명령의 구문은 다음과 같습니다.

 docker image pull 명령

```
docker image pull [옵션] 이미지명[:태그명]
```

예를 들어 CentOS의 버전 7(태그명:7)을 다운로드하려면 [리스트 4.1]의 명령을 실행합니다.

[리스트 4.1] CentOS의 이미지 취득

```
$ docker image pull centos:7
```

태그명을 생략하면 최신판(latest)을 취득합니다. 또한 [리스트 4.2]의 명령을 실행하면 모든 태그의 Docker 이미지를 취득할 수 있습니다.

[리스트 4.2] CentOS의 모든 태그 이미지 취득

```
$ docker image pull -a centos
```

-a 옵션을 지정하면 모든 태그를 취득할 수 있습니다. 또한 -a 옵션을 지정할 때는 Docker 이미지명에 태그를 지정할 수 없으므로 주의하기 바랍니다.

Docker 이미지명에 이미지를 취득할 URL을 지정할 수도 있습니다. URL은 프로토콜 (https://)을 제외하고 지정합니다.

예를 들어 [리스트 4.3]의 명령을 실행하면 오픈소스 기계학습용 프레임워크인 TensorFlow의 Docker 이미지를 'https://gcr.io.tensorflow/tensorflow'로부터 취득할 수 있습니다.

[리스트 4.3] TensorFlow의 URL을 지정하여 이미지 취득

```
$ docker image pull gcr.io.tensorflow/tensorflow
```

이미지 목록 표시(docker image ls)

취득한 이미지의 목록을 표시하려면 docker image ls 명령을 사용합니다. 이 명령의 구문은 다음과 같습니다.

 docker image ls 명령

```
docker image ls [옵션] [리포지토리명]
```

지정할 수 있는 주요 옵션

옵션	설명
-all, -a	모든 이미지를 표시
--digests	다이제스트를 표시할지 말지
--no-trunc	결과를 모두 표시
--quiet, -q	Docker 이미지 ID만 표시

docker image ls 명령으로 취득한 Docker 이미지의 목록을 표시하려면 [리스트 4.4]의 명령을 실행합니다.

[리스트 4.4] 이미지 목록 표시

```
$ docker image ls
REPOSITORY         TAG          IMAGE ID         CREATED          SIZE
centos             7            ff426288ea90     5 weeks ago      207 MB
```

명령의 실행 결과의 의미는 **표 4.1** 과 같습니다. Docker 이미지를 작성하면 고유한 이미지 ID(IMAGE ID)가 부여됩니다. 이미지 ID는 랜덤한 문자열입니다.

명령의 실행 예를 확인하면 이미지 ID가 'ff426288ea90'인 centos 이미지의 최신판이 로컬 환경에 다운로드되어 있다는 것을 알 수 있습니다. -a 옵션을 지정하면 중간 이미지도 모두 표시됩니다.

표 4.1 docker image ls 명령 결과

항목	설명
REPOSITORY	이미지 이름
TAG	이미지 태그명
IMAGE ID	이미지 ID
CREATED	작성일
SIZE	이미지 크기

또한 Docker 레지스트리에 업로드한 이미지는 이미지를 고유하게 식별하기 위한 다이제스트가 부여됩니다. 다이제스트를 표시하고 싶을 때는 --digests 옵션을 설정합니다(리스트 4.5).

[리스트 4.5] 이미지 목록 표시

```
$ docker pull asashiho/dockersample
Using default tag: latest
latest: Pulling from asashiho/dockersample
Digest: sha256:096067 ~중략~ ef6008
Status: Downloaded newer image for asashiho/dockersample:latest
$ docker image ls --digests asashiho/dockersample
REPOSITORY                TAG      DIGEST           IMAGE ID      CREATED       SIZE
asashiho/dockersample    latest   096067~중략~ef6008  f4d2a1b2c7b4  2 weeks ago   324 MB
```

NOTE 이미지의 위장이나 변조를 막으려면

Docker에는 인프라 구성이 포함되기 때문에 악의를 가진 제삼자가 '위장'이나 '변조'를 하지 못하도록 이미지를 보호해야 합니다. 이때 Docker Content Trust(DCT)라는 기능을 사용하면 Docker 이미지의 정당성을 확인할 수 있습니다.

서명

이미지 작성자가 Docker 레지스트리에 이미지를 업로드(docker image push)하기 전에 로컬 환경에서 이미지 작성자의 비밀키를 사용하여 이미지에 서명합니다. 이 비밀키를 Offline Key라고 합니다. 이 키는 보안상 매우 중요한 키이므로 엄중하게 관리할 필요가 있습니다.

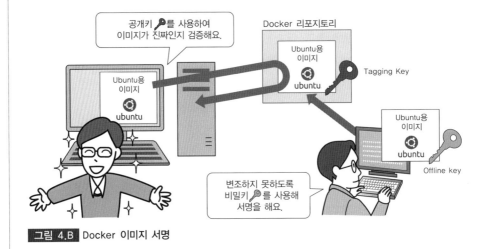

그림 4.B Docker 이미지 서명

검증

서명이 된 이미지를 다운로드(docker image pull)할 때 이미지 작성자의 공개키를 사용하여 이미지가 진짜인지 아닌지를 확인합니다. 만일 변조된 경우는 그 이미지를 무효로 만듭니다. 이 공개키를 Tagging Key라고 합니다.

DCT 기능을 사용하려면 [리스트 4.A]의 설정을 합니다.

[리스트 4.A] DCT 기능의 유효화

```
$ export DOCKER_CONTENT_TRUST=1
```

이 기능을 유효화해 놓으면 docker image pull 명령을 사용하여 이미지를 다운로드할 때 [리스트 4.B]와 같이 이미지의 검증이 일어나는 것을 알 수 있습니다.

[리스트 4.B] DCT 기능을 사용했을 때의 이미지 다운로드

```
$ docker image pull ubuntu:latest
Pull (1 of 1): ubuntu:latest@sha256:e27e9d7f7f28d67aa9e2d7540bdc2b332546
b452ee8e60f388875e5b7d9b2b696
~중략~
Tagging ubuntu@sha256:e27e9d7f7f28d67aa9e2d7540bdc2b33254b452ee8e60f3886
875e5b7d9b2b696 as ubuntu:latest
```

또한 서명이 되어 있지 않은 이미지를 사용하면 오류가 발생합니다. DCT 기능을 무효화하려면 [리스트 4.C]의 명령을 실행합니다.

[리스트 4.C] DCT 기능의 무효화

```
$ export DOCKER_CONTENT_TRUST=0
```

DCT 기능에 대한 자세한 정보는 공식 사이트를 확인하기 바랍니다.

WEB https://docs.docker.com/engine/security/trust/content_trust/#image-tags-and-content-trust

이미지 상세 정보 확인(docker image inspect)

이미지 상세 정보를 확인하려면 docker image inspect 명령을 사용합니다. 예를 들어 centos:7이라는 이미지 상세 정보를 확인하려면 [리스트 4.6]의 명령을 실행합니다.

[리스트 4.6] 이미지 상세 정보 표시

```
$ docker image inspect centos:7
[
{
~중략~
    "Id": "ff426288ea903fcf8d91aca97460c613348f7a27195606b45f19ae91776ca23d", ←①
~중략~
    "Created": "2018-01-08T19:58:27.63047329Z", ←②
~중략~
    "DockerVersion": "17.06.2-ce", ←③
~중략~
    "Architecture": "amd64", ←④
~중략~
}
]
```

명령을 실행하면 이미지의 상세 정보가 표시됩니다. 주요 정보로는 다음과 같은 것이 있습니다.

① 이미지 ID
② 작성일
③ Docker 버전
④ CPU 아키텍처

결과는 JSON 형식으로 표시됩니다. JSON은 JavaScript Object Notation의 약자로, 텍스트 기반 데이터 포맷입니다.

예를 들어 OS의 값을 취득하고 싶을 때는 --format 옵션에서 JSON 형식 데이터의 계층 구조를 지정합니다. OS의 값은 루트 아래(이름없음)에 있는 "OS" 안에 설정되어 있으므로 [리스트 4.7]의 명령처럼 --format 옵션에서 {{.OS}}를 지정합니다.

[리스트 4.7] OS 정보 취득

```
$ docker image inspect --format="{{ .Os}}" centos:7
linux
```

마찬가지로 ContainerConfig의 Image 값을 취득하고 싶을 때는 [리스트 4.8]과 같이 합니다.

[리스트 4.8] image 정보 취득

```
$ docker image inspect --format="{{ .ContainerConfig.Image }}" centos:7
sha256:5a28642a68c5af8083107fca9ffbc025179211209961eae9b1f40f928331fa90
```

이미지 태그 설정(docker image tag)

이미지에 표식이 되는 태그를 붙이려면 docker image tag 명령을 사용합니다. 이미지 태그에는 식별하기 쉬운 버전명을 붙이는 것이 일반적입니다(**그림 4.6**). 또한 Docker Hub에 작성한 이미지를 등록하려면 다음과 같은 규칙으로 이미지에 사용자명을 붙여야 합니다.

<Docker Hub 사용자명>/이미지명: [태그명]

그림 4.6 Docker 이미지 이름

예를 들어 nginx라는 이름의 이미지에 대해 사용자명이 asashiho이고, 컨테이너명이 webserver이며, 태그에 버전 정보가 1.0인 태그를 붙일 때는 [리스트 4.9]의 명령을 실행합니다. 이름이 변경되었는지를 확인하려면 docker image ls 명령을 사용합니다.

[리스트 4.9] 이미지에 대한 태그 설정

```
$ docker image ls
REPOSITORY              TAG         IMAGE ID        CREATED         SIZE
nginx                   latest      3f8a4339aadd    3 weeks ago     108 MB

$ docker image tag nginx asashiho/webserver:1.0

$ docker image ls
REPOSITORY              TAG         IMAGE ID        CREATED         SIZE
asashiho/webserver      1.0         3f8a4339aadd    3 weeks ago     108 MB
nginx                   latest      3f8a4339aadd    3 weeks ago     108 MB
```

여기서 확인해 둘 것은 태그를 붙인 이미지(asashiho/webserver:1.0)와 원래의 이미지(nginx)의 'IMAGE ID'(이 예에서는 3f8a4339aadd)가 똑같다는 것입니다.

이는 이 둘의 실체가 똑같다는 것을 의미합니다. 즉, 이미지에 별명을 붙일 뿐 이미지 자체를 복사하거나 이름을 바꾼 것이 아니라는 점에 주의하기 바랍니다.

 ## 이미지 검색(docker search)

Docker Hub에 공개되어 있는 이미지를 검색할 때는 docker search 명령을 사용합니다. 이 명령의 구문은 다음과 같습니다.

구문 docker search 명령

```
docker search [옵션] <검색 키워드>
```

지정할 수 있는 주요 옵션

옵션	설명
--no-trunc	결과를 모두 표시
--limit	n건의 검색 결과를 표시
--filter=stars=n	즐겨찾기의 수(n 이상)를 지정

docker search 명령을 사용하여 Docker Hub에서 공개되어 있는 'nginx'에 관한 Docker 이미지를 검색하려면 [리스트 4.10]의 명령을 실행합니다.

[리스트 4.10] Docker Hub에 공개되어 있는 이미지 검색

```
$ docker search nginx
NAME             DESCRIPTION      STARS     OFFICIAL     AUTOMATED
starlkj/nginx    tde test         0                      [OK]
~중략~
```

명령의 실행 결과의 의미는 와 같습니다. 검색 조건과 일치한 Docker 이미지의 목록이 표시됩니다. 공식 Docker 이미지는 [OFFICIAL]이 [OK]로 표시됩니다.

표 4.2 docker search 명령 결과

항목	설명
NAME	이미지 이름
DESCRIPTION	이미지 설명
STARS	즐겨찾기 수
OFFICIAL	공식 이미지인지 아닌지
AUTOMATED	Dockerfile을 바탕으로 자동 생성된 이미지인지 아닌지

또한 [STARS]는 사용자가 즐겨찾기로 표시한 건수를 나타내므로, [STARS]가 많으면 많을수록 인기 있는 Docker 이미지라는 것을 알 수 있습니다. 예를 들어 [STARS]의 건수가 1000건 이상인 이미지만 검색하려면 [리스트 4.11]의 명령을 실행합니다.

[리스트 4.11] 인기 있는 이미지 검색

```
$ docker search --filter=stars=1000 nginx
NAME                 DESCRIPTION                              STARS   OFFICIAL   AUTOMATED
nginx                Official build of Nginx.                 7925    [OK]
jwilder/nginx-proxy  Automated Nginx reverse proxy for docker c... 1270            [OK]
```

또한 Docker Hub에 공개되어 있는 이미지가 모두 안전한 것이라고 할 수 없습니다. 그래서 Docker 이미지를 이용할 때는 안전을 위해 공식 이미지이거나 Dockerfile이 제대로 공개되어 있는 것을 선택하여 확인하기 바랍니다.

> **Note** Docker 이미지의 명명 규칙
>
> Docker Hub에는 사용자가 작성한 임의의 Docker 이미지를 공개할 수 있습니다. 그래서 Docker 이미지의 이름을 고유하게 하기 위해 '사용자명/이미지명' 형식으로 이름을 붙입니다. 또한 centos나 ubuntu와 같이 사용자명을 갖지 않는 이미지도 있습니다. 이러한 것은 Docker의 공식 이미지라는 것을 나타냅니다.
>
> 예를 들어 asashiho라는 사용자가 webap이라는 이름의 이미지를 작성할 때 Docker 이미지의 이름은 asashiho/webap이 됩니다.

 ## 이미지 삭제(docker image rm)

작성한 이미지를 삭제하려면 docker image rm 명령을 사용합니다. 이 명령의 구문은 다음과 같습니다.

 구문 docker image rm 명령

```
docker image rm [옵션] 이미지명 [이미지명]
```

지정할 수 있는 주요 옵션

옵션	설명
--force, -f	이미지를 강제로 삭제
--no-prune	중간 이미지를 삭제하지 않음

이미지명은 [REPOSITORY] 또는 [IMAGE ID]를 지정합니다. 예를 들어 [REPOSITORY]가 nginx인 이미지를 삭제하려면 [리스트 4.12]의 명령을 실행합니다. docker image rm 명령을 실행하면 중간 이미지도 함께 삭제됩니다. 또한 명령의 인수로 컨테이너의 [IMAGE ID]를 지정할 수도 있습니다. [IMAGE ID]는 이미지를 고유하게 지정할 수만 있으면 되므로 모든 자리를 지정하지 않아도 처음 3자리 정도만 지정해도 됩니다. 여러 개의 이미지를 삭제하고 싶을 때는 여러 이미지명을 스페이스로 구분하여 지정합니다.

[리스트 4.12] 이미지 삭제

```
$ docker image ls
REPOSITORY      TAG        IMAGE ID        CREATED        SIZE
centos          latest     ff426288ea90    2 weeks ago    207 MB
nginx           latest     3f8a4339aadd    3 weeks ago    108 MB

$ docker image rm nginx
Untagged: nginx:latest
Untagged: nginx@sha256:285b49d42c703fdf257d1e2422765c4ba9d3e37768d6ea83d7fe➡
20643dad6e63d
Deleted: sha256:3f8a4339aadda5897b744682f5f774dc69991a81af8d715d37a616bb4c9➡
9e6df5
Deleted:
~생략~

$ docker image ls
REPOSITORY      TAG        IMAGE ID        CREATED        SIZE
centos          latest     ff426288ea90    2 weeks ago    207 MB
```

또한 사용하지 않은 Docker 이미지를 삭제할 때는 docker image prune 명령을 사용합니다. 이 명령의 구문은 다음과 같습니다.

 구문 docker image prune 명령

```
docker image prune [옵션]
```

지정할 수 있는 주요 옵션

옵션	설명
--all, -a	사용하지 않은 이미지를 모두 삭제
--force, -f	이미지를 강제로 삭제

사용하지 않은 Docker 이미지는 디스크 용량을 쓸데없이 차지하기 때문에 정기적으로 삭제하는 것이 좋습니다.

Docker Hub에 로그인(docker login)

Docker 리포지토리에 업로드를 하려면 docker login 명령을 사용하여 로그인합니다. 이 명령의 구문은 다음과 같습니다.

 구문 docker login 명령

```
docker login [옵션] [서버]
```

지정할 수 있는 주요 옵션

옵션	설명
--password, -p	비밀번호
--username, -u	사용자명

옵션을 지정하지 않으면 사용자명과 비밀번호를 물어보므로 Docker Hub에 등록한 계정을 지정합니다(리스트 4.13).

로그인에 성공하면 'Login Succeeded'라는 메시지가 표시됩니다. 서버명을 지정하지 않았을 때는 Docker Hub에 액세스됩니다. 다른 환경에 Docker 리포지토리가 있는 경우는 서버명을 지정합니다.

[리스트 4.13] Docker Hub에 로그인

```
$ docker login
Username: 등록한 사용자명
Password: 등록한 비밀번호
Login Succeeded
```

 ## 이미지 업로드(docker image push)

Docker Hub에 이미지를 업로드하려면 docker image push 명령을 사용합니다. 이 명령의 구문은 다음과 같습니다.

 구문 docker image push 명령

```
docker image push 이미지명[:태그명]
```

Docker Hub에 업로드할 이미지는 다음과 같은 형식으로 지정합니다.

```
<Docker Hub 사용자명>/이미지명 : [태그명]
```

또한 사전에 Docker Hub에 계정을 만들고 docker login 명령으로 로그인해 둘 필요가 있습니다. 예를 들어 Docker Hub에 asashiho라는 계정으로 webserver라는 이미지명의 태그가 1.0인 이미지를 업로드할 때는 [리스트 4.14]의 명령을 실행합니다.

[리스트 4.14] 이미지 업로드

```
$ docker image push asashiho/webserver:1.0
The push refers to a repository [docker.io/asashiho/webserver]
a103d141fc98: Pushed
~중략~
sha256:926b086e1234b6ae9a11589c4cece66b267890d24d1da388c96dd8795b2ffcfb size: 948
```

업로드가 완료되면 Docker Hub에 새로운 이미지가 등록되는 것을 확인할 수 있습니다 (그림 4.7). 또한 docker search 명령을 사용하여 검색도 할 수 있습니다.

참조 이미지 검색(docker search) ➡ p.102

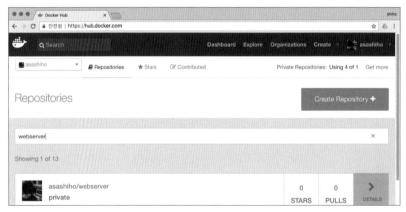

그림 4.7 Docker Hub의 리포지토리 확인

 Docker Hub에서 로그아웃(docker logout)

Docker Hub에서 로그아웃하려면 docker logout 명령을 사용합니다. 이 명령의 구문은 다음과 같습니다.

구문 docker logout 명령

```
docker logout [서버명]
```

서버명을 지정하지 않았을 때는 Docker Hub에 액세스합니다. 다른 환경에 Docker 리포지토리가 있는 경우는 서버명을 지정합니다.

4.2 Docker 컨테이너 생성 / 시작 / 정지

이미지가 만들어졌으면 컨테이너를 생성할 수 있습니다. 여기서는 컨테이너의 생성 및 시작을 수행하는 명령에 대해 설명하겠습니다.

Docker 컨테이너의 라이프 사이클

컨테이너에는 라이프 사이클이 있습니다. 컨테이너는 그림 4.8 과 같은 상태로 변화합니다.

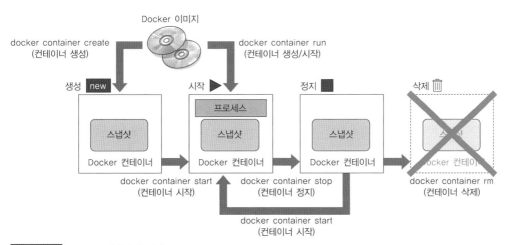

그림 4.8 Docker 컨테이너 상태

컨테이너를 조작하기 위한 기본 명령은 다음 네 가지입니다.

컨테이너 생성(docker container create 명령)

이미지로부터 컨테이너를 생성합니다. 이미지의 실체는 'Docker에서 서버 기능을 작동시키기 위해 필요한 디렉터리 및 파일들'입니다. 구체적으로는 Linux의 작동에 필요한 /etc나 /bin 등과 같은 디렉터리 및 파일들입니다.

docker container create 명령을 실행하면 이미지에 포함될 Linux의 디렉토리와 파일들의 스냅샷을 취합니다. 스냅샷이란 스토리지 안에 존재하는 파일과 디렉토리를 특정 타이밍에서 추출한 것을 말합니다.

docker container create 명령은 컨테이너를 작성하기만 할뿐 컨테이너를 시작하지는 않습니다(그림 4.9). 즉, 컨테이너를 시작할 준비가 된 상태가 된 것입니다.

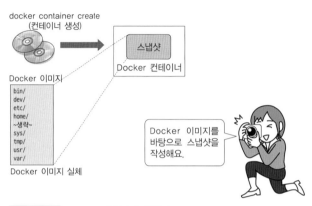

그림 4.9 Docker 컨테이너 생성

컨테이너 생성 및 시작(docker container run 명령)

이미지로부터 컨테이너를 생성하고, 컨테이너 상에서 임의의 프로세스를 시작합니다(그림 4.10). 예를 들면 Linux의 프로세스 관리와 마찬가지로 Nginx 등의 서버 프로세스를 백그라운드에서 항시 실행하거나 경우에 따라서는 강제 종료하는 일도 가능합니다. 포트 번호와 같은 네트워크도 설정함으로써 외부에서 컨테이너의 프로세스에 액세스할 수 있습니다.

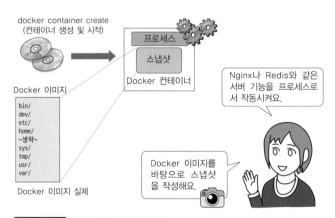

그림 4.10 컨테이너 생성 및 시작

▌ 컨테이너 시작(docker container start 명령)

정지 중인 컨테이너를 시작할 때 사용합니다. 컨테이너에 할당된 컨테이너 식별자를 지정하여 컨테이너를 시작합니다.

▌ 컨테이너 정지(docker container stop 명령)

실행 중인 컨테이너를 정지시킬 때 사용합니다. 컨테이너에 할당된 컨테이너 식별자를 지정하여 컨테이너를 정지합니다. 또한 컨테이너를 삭제할 때는 docker container stop 명령을 사용하여 실행 중인 컨테이너를 정지시켜 둘 필요가 있습니다. 컨테이너를 재시작하고 싶을 때는 docker container restart 명령을 사용합니다.

▌ 컨테이너 삭제(docker container rm 명령)

컨테이너를 삭제할 때 사용합니다. docker container rm 명령을 사용하여 정지 중인 컨테이너 프로세스를 삭제합니다.

그 외에도 컨테이너의 상태를 확인하기 위한 docker container ps 명령이나 일시 정지를 하는 docker container pause 명령 등이 있습니다.

컨테이너 생성 및 시작(docker container run)

Docker 컨테이너의 생성 및 시작은 docker container run 명령으로 실행합니다. 이 명령의 구문은 다음과 같습니다.

구문 docker container run 명령

```
docker container run [옵션] 이미지명[:태그명] [인수]
```

지정할 수 있는 주요 옵션

옵션	설명
--attach, -a	표준 입력(STDIN), 표준 출력(STDOUT), 표준 오류 출력(STDERR)에 어태치한다.
--cidfile	컨테이너 ID를 파일로 출력한다.
--detach, -d	컨테이너를 생성하고 백그라운드에서 실행한다.
--interactive, -I	컨테이너의 표준 입력을 연다.
--tty, -t	단말기 디바이스를 사용한다.

먼저 컨테이너를 시작하는 가장 단순한 예를 설명하겠습니다. 여기서는 컨테이너를 생성하고 컨테이너 안에서 명령(/bin/cal)을 실행하여 결과를 콘솔 상에 표시합니다(그림 4.11).

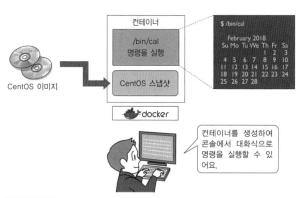

그림 4.11 컨테이너 대화식 실행

다음과 같은 명령을 실행합니다.

구문 docker container run 대화식 실행

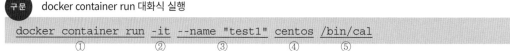

```
docker container run -it --name "test1" centos /bin/cal
```
    ①   ②   ③   ④   ⑤

① 컨테이너를 생성 및 실행
② 콘솔에 결과를 출력하는 옵션
③ 컨테이너명
④ 이미지명
⑤ 컨테이너에서 실행할 명령

먼저 centos라는 이름의 이미지를 바탕으로 test1이라는 이름의 컨테이너를 실행하고, 컨테이너 안에서 /bin/cal 명령을 실행합니다. /bin/cal 명령은 Linux의 표준 명령으로 달력을 콘솔에 표시하는 명령입니다.

컨테이너의 이름은 --name 다음에 임의의 이름으로 지정합니다. --name 옵션을 생략하면 컨테이너명이 랜덤으로 자동 설정됩니다.

-i 옵션은 컨테이너의 표준 출력을 연다는 뜻이며, -t 옵션은 tty(단말 디바이스)를 확보한다는 뜻입니다.

실행 결과는 [리스트 4.15]와 같습니다.

[리스트 4.15] cal 명령의 실행에 의한 달력 표시

```
$ docker container run -it --name "test1" centos /bin/cal
    February 2018
Su  Mo  Tu  We  Th  Fr  Sa
                1   2   3
4   5   6   7   8   9   10
11  12  13  14  15  16  17
18  19  20  21  22  23  24
25  26  27  28
```

docker container run 명령으로 컨테이너 안에서 쉘(/bin/bash)을 실행할 수도 있습니다(리스트 4.16).

[리스트 4.16] bash 실행

```
$ docker container run -it --name "test2" centos /bin/bash
[root@dcca4a2fe9aa /]#
```

test2라는 이름의 컨테이너를 시작하여 /bin/bash를 실행하면 콘솔의 프롬프트가 [$]에서 [#]로 바뀐다는 것을 알 수 있습니다. 이로써 컨테이너 안에서 보통의 Linux 서버와 똑같은 명령 조작을 할 수 있습니다.

컨테이너를 종료시키려면 exit 명령을 입력하여 쉘을 종료시킵니다.

Note 프롬프트

프롬프트란 명령을 입력할 수 있는 표시를 말합니다. 여기서는 [$] 마크가 프롬프트입니다. 이 프롬프트에는 다음과 같은 뜻이 있습니다.

구문 프롬프트의 의미

```
docker@default:~$
①       ②       ③④
```

① 사용자명
② 호스트명
③ 작업 디렉토리
④ 사용자 권한

예를 들어 위의 예에서는 docker라는 사용자명으로 호스트명이 default라는 서버를 조작하고 있다는 뜻이 됩니다.

또한 작업 디렉토리는 Linux의 경로가 표시됩니다. ~(틸다)는 특수한 뜻을 가지는데, 작업하고 있는 사용자의 홈 디렉토리를 나타냅니다.

사용자 권한에 대해서는 일반 사용자의 경우는 \$이고, 관리자 사용자(root 권한/수퍼 유저)인 경우는 [#]가 됩니다. 또한 Linux의 배포판이나 다른 Unix 계열 OS의 경우는 일반 사용자의 프롬프트가 [%]인 경우도 있습니다.

여기서 일반 사용자에서 관리자 사용자로 권한을 바꿔 sudo su 명령을 실행하면 [리스트 4.D]와 같이 프롬프트 표기가 바뀌는 것을 알 수 있습니다.

[리스트 4.D] 프롬프트 변화

```
docker@default:~$ sudo su
root@default:/home/docker#
```

관리자 사용자는 Linux 시스템의 모든 조작을 할 수 있는 강력한 권한을 가진 계정입니다. 실행할 때는 신중히 조작하기 바랍니다.

 ## 컨테이너의 백그라운드 실행(docker container run)

Docker를 이용하는 경우의 대부분은 컨테이너에 서버 기능을 가지게 해서 실행하는 경우입니다. 여기서는 대화식이 아니라 백그라운드에서 실행하는 방법을 설명하겠습니다.

구문 docker container run 명령

```
docker container run [실행 옵션] 이미지명[:태그명] [인수]
```

지정할 수 있는 주요 옵션

옵션	설명
--detach, -d	백그라운드에서 실행
--user, -u	사용자명을 지정
--restart=[no | on-failure | on-failure:횟수n | always | unless-stopped]	명령의 실행 결과에 따라 재시작을 하는 옵션
--rm	명령 실행 완료 후에 컨테이너를 자동으로 삭제

백그라운드에서 실행할 때의 옵션은 -d입니다. 다음과 같이 명령을 실행합니다.

구문 docker container run의 백그라운드 실행

```
docker container run -d centos /bin/ping localhost
                ①        ②    ③       ④
```

① 컨테이너를 생성 및 실행
② 백그라운드에서 실행하는 옵션
③ 이미지명
④ 컨테이너에서 실행할 명령

이 명령은 centos라는 이름의 이미지를 바탕으로 하여 컨테이너를 생성하고, localhost에 대해 ping 명령을 실행합니다. 옵션 -d는 컨테이너를 백그라운드에서 실행한다는 뜻입니다. 백그라운드에서 실행하는 것을 디태치 모드라고 합니다. 실행 결과는 [리스트 4.17]과 같습니다.

[리스트 4.17] ping 명령의 실행에 의한 컨테이너의 백그라운드 시작

```
$ docker container run -d centos /bin/ping localhost
fbcdab0e9417dd693aefaee238e03853d54e3d85a5ac4154083c2a85d25ba31b
```

대화식으로 명령을 실행한 경우는 명령의 결과가 콘솔에 표시되었지만, 이번에 ping 결과는 콘솔에 표시되지 않는 대신 시작된 컨테이너의 컨테이너 ID(예에서는 fbcd~a31b)가 표시됩니다.

백그라운드에서 실행되고 있는지 아닌지를 확인할 때는 docker container logs 명령을 사용합니다. docker container logs 명령은 컨테이너의 로그를 확인하는 명령입니다. 로그를 확인하고 싶은 컨테이너 식별자를 지정하여 실행합니다(리스트 4.18). -t 옵션은 타임스탬프를 표시하는 것입니다.

[리스트 4.18] 컨테이너의 로그 확인

```
$ docker container logs -t fbcdab0e9417
2017-06-22T00:51:33.070110000Z PING localhost (127.0.0.1) 56(84) bytes of data.
2017-06-22T00:51:33.070164300Z 64 bytes from localhost (127.0.0.1): icmp_seq=6
1 ttl=64 time=0.034 ms
2017-06-22T00:51:34.119481400Z 64 bytes from localhost (127.0.0.1): icmp_seq=6
2 ttl=64 time=0.045 ms
~
```

위와 같이 컨테이너가 백그라운드에서 실행되고 있다는 로그를 확인할 수 있습니다. 또한 명령을 실행한 후에도 컨테이너는 남습니다. 실행 후의 컨테이너를 자동으로 삭제하고 싶을 때는 --rm 옵션을 지정합니다.

명령의 실행 결과에 따라 컨테이너를 재시작할 때는 --restart 옵션을 지정합니다. --restart 옵션으로는 표 4.3과 같은 값을 지정할 수 있습니다.

표 4.3 --restart 옵션

설정값	설명
no	재시작하지 않는다.
on-failure	종료 스테이터스가 0이 아닐 때 재시작한다.
on-failure:횟수n	종료 스테이터스가 0이 아닐 때 n번 재시작한다.
always	항상 재시작한다.
unless-stopped	최근 컨테이너가 정지 상태가 아니라면 항상 재시작한다.

예를 들어 [리스트 4.19]의 명령을 실행하면 명령 안에서 /bin/bash를 exit 명령으로 종료해도 자동으로 컨테이너를 재시작합니다.

[리스트 4.19] 컨테이너를 항상 재시작

```
$ docker container run -it --restart=always centos /bin/bash
[root@6aae296949bd /]# exit
exit

$ docker container ps
CONTAINER ID   IMAGE    COMMAND       CREATED         STATUS          PORTS   NAMES
6aae296949bd   centos   "/bin/bash"   22 seconds ago  Up 14 seconds           suspicious_hopper
```

또한 --rm 옵션과 --restart 옵션은 동시에 사용할 수 없으므로 주의하기 바랍니다.

컨테이너의 네트워크 설정(docker container run)

컨테이너의 네트워크를 설정하기 위한 명령의 구문은 다음과 같습니다.

 구문 docker container run 명령

```
docker container run [네트워크 옵션] 이미지명[:태그명] [인수]
```

지정할 수 있는 주요 옵션

옵션	설명
--add-host=[호스트명:IP 주소]	컨테이너의 /etc/hosts에 호스트명과 IP 주소를 정의
--dns=[IP 주소]	컨테이너용 DNS 서버의 IP 주소 지정
--expose	지정한 범위의 포트 번호를 할당
--mac-address=[MAC 주소]	컨테이너의 MAC 주소를 지정
--net=[bridge | none | container:⟨name | id⟩ | host | NETWORK]	컨테이너의 네트워크를 지정
--hostname, -h	컨테이너 자신의 호스트명을 지정
--publish, -p[호스트의 포트 번호]:[컨테이너의 포트 번호]	호스트와 컨테이너의 포트 매핑
--publish-all, -P	호스트의 임의의 포트를 컨테이너에 할당

컨테이너를 시작할 때 네트워크에 관한 설정을 할 수 있습니다.

컨테이너의 포트 번호와 호스트 OS의 포트 번호를 매핑할 때는 [리스트 4.20]과 같은 명령을 실행합니다.

[리스트 4.20] 컨테이너의 포트 매핑

```
$ docker container run -d -p 8080:80 nginx
```

이 명령은 nginx라는 이름의 이미지를 바탕으로 컨테이너를 생성하고, 백그라운드에서 실행합니다. 이때 호스트의 포트 번호 8080과 컨테이너의 포트 번호 80을 매핑시킵니다(그림 4.12).

이 명령을 실행하고 호스트의 8080 포트에 액세스하면 컨테이너에서 작동하고 있는 Nginx(80번 포트)의 서비스에 액세스할 수 있습니다.

또한 지정한 범위로 포트 번호를 할당하고 싶을 때는 --expose 옵션을 사용하며, 호스트 머신의 임의의 포트를 할당할 때는 -P 옵션을 사용합니다.

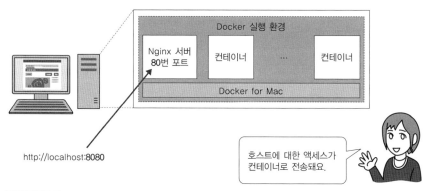

그림 4.12 포트 전송

DNS 서버를 설정할 때는 [리스트 4.21]의 명령을 실행합니다. DNS 서버는 IP 주소로 지정합니다.

[리스트 4.21] 컨테이너의 DNS 서버 지정

```
$ docker container run -d --dns 192.168.1.1 nginx
```

컨테이너에 MAC 주소를 설정할 때는 [리스트 4.22]와 같은 명령을 실행합니다.

[리스트 4.22] MAC 주소 지정

```
$ docker container run -d --mac-address="92:d0:c6:0a:29:33" centos
2a5f6cf4da30a7ddc93e0f2dbab8b1d9d5331d37c8b9c29e709fb982bf2553ec

$ docker container inspect --format="{{ .Config.MacAddress }}" 2a5f
92:d0:c6:0a:29:33
```

docker container inspect 명령을 실행하고 컨테이너 안의 네트워크 구성을 확인하면 컨테이너 안의 MAC 주소가 '92:d0:c6:0a:29:33'으로 설정되어 있는 것을 알 수 있습니다.

[리스트 4.23]의 명령을 사용하면 컨테이너 안의 /etc/hosts에 호스트명과 IP 주소를 정의할 수도 있습니다.

[리스트 4.23] 호스트명과 IP 주소 정의

```
$ docker container run -it --add-host test.com:192.168.1.1 centos
```

[리스트 4.24]의 명령을 실행하고 컨테이너 안의 /etc/hosts를 확인하면 컨테이너 자신의 호스트명이 www.test.com과 node1.test.com(192.168.1.1)으로 정의되어 있는 것을 알 수 있습니다.

[리스트 4.24] 호스트명 설정

```
$ docker container run -it --hostname www.test.com --add-host node1.test.com:6
192.168.1.1 centos

[root@www /]# cat /etc/hosts
127.0.0.1         localhost
::1        localhost ip6-localhost ip6-loopback
fe00::0   ip6-localnet
ff00::0   ip6-mcastprefix
ff02::1   ip6-allnodes
ff02::2   ip6-allrouters
192.168.1.1       node1.test.com
172.17.0.2        www.test.com
```

또한, Docker에서는 기본적으로 호스트 OS와 브리지 연결을 하지만 --net 옵션을 사용하면 표 4.4 와 같은 네트워크 설정이 가능합니다.

표 4.4 --net 옵션의 지정

설정값	설명
bridge	브리지 연결(기본값)을 사용한다.
none	네트워크에 연결하지 않는다.
container:[name | id]	다른 컨테이너의 네트워크를 사용한다.
host	컨테이너가 호스트 OS의 네트워크를 사용한다.
NETWORK	사용자 정의 네트워크를 사용한다.

사용자 정의 네트워크는 docker network create 명령으로 작성합니다. 이 네트워크를 작성하려면 Docker 네트워크 드라이버 또는 외부 네트워크 드라이버 플러그인을 사용해야 합니다. 똑같은 네트워크에 대해 여러 컨테이너가 연결을 할 수 있습니다. 사용자 정의 네트워크에 연결하면 컨테이너는 컨테이너의 이름이나 IP 주소로 서로 통신을 할 수 있습니다.

그리고 오버레이 네트워크나 커스텀 플러그인을 사용하면 멀티호스트에 대한 연결을 할 수 있습니다. 컨테이너가 동일한 멀티호스트 네트워크에 연결되어 있으면 이 네트워크를 통해 통신이 가능합니다.

[리스트 4.25]의 예는 외부 브리지 네트워크 드라이버를 사용하여 'webap-net'이라는 이름의 네트워크를 작성하고, 작성한 네트워크 상에서 컨테이너를 실행합니다.

[리스트 4.25] 사용자 정의 네트워크 작성

```
$ docker network create -d bridge webap-net
$ docker container run --net=webap-net -it centos
```

자원을 지정하여 컨테이너 생성 및 실행(docker container run)

CPU나 메모리와 같은 자원을 지정하여 컨테이너를 생성 및 실행하는 명령의 구문은 다음과 같습니다.

 docker container run 명령의 자원 지정

```
docker container run [자원 옵션] 이미지명[:태그명] [인수]
```

지정할 수 있는 주요 옵션

옵션	설명
--cpu-shares, -c	CPU의 사용 배분(비율)
--memory, -m	사용할 메모리를 제한하여 실행 (단위는 b, k, m, g 중 하나)
--volume=[호스트의 디렉토리]:[컨테이너의 디렉토리], -v	호스트와 컨테이너의 디렉토리를 공유

컨테이너를 시작할 때 CPU와 메모리의 자원 이용을 제한할 수 있습니다. 메모리의 사용량은 --memory 옵션으로 지정합니다. CPU 시간은 --cpu-shares 옵션을 사용하면 상대 비율을 지정할 수 있습니다. 기본값으로는 cpu-shares에 1024가 들어가므로, 예를 들어 CPU 시간을 그 반으로 할당하고 싶을 때는 cpu-shares의 값을 512로 설정합니다(리스트 4.26).

[리스트 4.26] CPU 시간의 상대 비율과 메모리 사용량을 지정

```
$ docker container run --cpu-shares=512 --memory=1g centos
```

117

호스트 OS와 컨테이너 안의 디렉토리를 공유하고 싶을 때는 -v(--volume) 옵션을 지정합니다. 예를 들어 호스트의 /Users/asa/webap 폴더를 컨테이너의 /usr/share/nginx/html 디렉토리와 공유하고 싶을 때는 [리스트 4.27]의 명령을 실행합니다.

[리스트 4.27] 디렉토리 공유

```
$ docker container run -v /Users/asa/webap:/usr/share/nginx/html nginx
```

 컨테이너를 생성 및 시작하는 환경을 지정(docker container run)

컨테이너의 환경변수나 컨테이너 안의 작업 디렉토리 등을 지정하여 컨테이너를 생성/실행하는 명령의 구문은 다음과 같습니다.

 구문 docker container run 명령의 환경 설정

```
docker container run [환경설정 옵션] 이미지명[:태그명] [인수]
```

지정할 수 있는 주요 옵션

옵션	설명
--env=[환경변수], -e	환경변수를 설정한다.
--env-file=[파일명]	환경변수를 파일로부터 설정한다.
--read-only=[true | false]	컨테이너의 파일 시스템을 읽기 전용으로 만든다.
--workdir=[패스], -w	컨테이너의 작업 디렉토리를 지정한다.
-u, --user=[사용자명]	사용자명 또는 UID를 지정한다.

컨테이너를 시작할 때 환경변수를 설정하려면 [리스트 4.28]과 같은 명령에 -e 옵션을 지정하여 실행합니다.

[리스트 4.28] 환경변수 설정

```
$ docker container run -it -e foo=bar centos /bin/bash

[root@61ca5fe0be18 /]# set
BASH=/bin/bash
~중략~
foo=bar
```

환경변수를 정의한 파일로부터 일괄적으로 등록하고 싶은 경우는 [리스트 4.29]의 명령을 실행합니다. 이 예에서는 env_list라는 이름의 파일 안에 환경변수를 정의해 놓고 있습니다.

[리스트 4.29] 환경변수의 일괄 설정

```
$ cat env_list
hoge=fuga
foo=bar

$ docker container run -it --env-file=env_list centos /bin/bash
[root@6875af960bb9 /]# set
BASH=/bin/bash
~중략~
foo=bar
hoge=fuga
[root@6875af960bb9 /]#
```

컨테이너의 작업 디렉토리를 지정하여 실행하고 싶은 경우는 [리스트 4.30]의 명령을 실행합니다. 이 예에서는 컨테이너의 /tensorflow를 작업 디렉토리로 하고 있습니다.

[리스트 4.30] 작업 디렉토리 설정

```
$ docker container run -it -w=/tensorflow centos /bin/bash

[root@d37849de7d97 work]# pwd
/tensorflow
```

또한 컨테이너를 시작할 때 파일 시스템을 읽기 전용으로 하고 싶을 때는 --read-only 옵션을 설정합니다.

 가동 컨테이너 목록 표시(docker container ls)

Docker 상에서 작동하는 컨테이너의 가동 상태를 확인할 때는 docker container ls 명령을 사용합니다. 이 명령을 실행하면 가동 중인 컨테이너의 상태가 목록으로 표시됩니다(리스트 4.31). 이 명령의 구문은 다음과 같습니다.

구문 docker container ls 명령

```
docker container ls [옵션]
```

지정할 수 있는 주요 옵션

옵션	설명
--all, -a	실행 중/정지 중인 것도 포함하여 모든 컨테이너를 표시
--filter, -f	표시할 컨테이너의 필터링
--format	표시 포맷을 지정
--last, -n	마지막으로 실행된 n건의 컨테이너만 표시
--latest, -l	마지막으로 실행된 컨테이너만 표시
--no-trunc	정보를 생략하지 않고 표시
--quiet, -q	컨테이너 ID만 표시
--size, -s	파일 크기 표시

[리스트 4.31] 컨테이너 목록 표시

```
$ docker container ls
CONTAINER ID IMAGE COMMAND                  CREATED         STATUS        PORTS            NAMES
fdb1103fd6bf nginx "nginx -g 'daemon ..." 34 minutes ago  Up 34 minutes 0.0.0.0:80->80/tcp vigilant_golick
```

명령의 실행 결과의 의미는 **표 4.5** 와 같습니다.

표 4.5 docker container ls 명령 결과

항목	설명
CONTAINER ID	컨테이너 ID
IMAGE	컨테이너의 바탕이 된 이미지
COMMAND	컨테이너 안에서 실행되고 있는 명령
CREATED	컨테이너 작성 후 경과 시간
STATUS	컨테이너의 상태(restarting | running | paused | exited)
PORTS	할당된 포트
NAMES	컨테이너 이름

Docker 컨테이너에는 컨테이너마다 CONTAINER ID가 할당됩니다. 실행 예를 보면 vigilant_golick이라는 컨테이너(CONTAINER ID: fdb1103fd6bf)가 실행 중이라는 것을 알 수 있습니다. 또한 docker container ls 명령에 -a 옵션을 붙이면 정지 중인 컨테이너도 모두 표시됩니다.

표시할 컨테이너를 필터링할 때는 -f 옵션을 지정합니다. 필터링 조건은 key=value로 지정합

니다. 예를 들어 컨테이너명이 test1인 것을 조건으로 할 때는 [리스트 4.32]와 같이 지정합니다.

[리스트 4.32] 컨테이너 목록의 필터링

```
$ docker container ls -a -f name=test1
CONTAINER ID   IMAGE     COMMAND      CREATED           STATUS                     PORTS   NAMES
34623d47f43f   centos    "/bin/bash"  About a minute ago  Exited (0) About a minute ago        test1
```

또한 STATUS에 종료 코드가 0인 것을 표시할 때는 [리스트 4.33]과 같이 지정합니다.

[리스트 4.33] 컨테이너 목록의 필터링

```
$ docker container ls -a -f exited=0
CONTAINER ID   IMAGE          COMMAND       CREATED          STATUS                 PORTS   NAMES
050e0bd21230   centos:latest  "/bin/bash"   21 minutes ago   Exited (0) 21 minutes ago       test3
772f9e373aa8   centos:latest  "/bin/bash"   23 minutes ago   Exited (0) 23 minutes ago       test2
```

출력 형식을 변경하고 싶을 때는 --format 옵션을 지정합니다. 출력 형식으로는 **표 4.6** 과 같은 플레이스 홀더를 지정할 수 있습니다.

표 4.6 출력 형식의 지정

플레이스 홀더	설명
.ID	컨테이너 ID
.Image	이미지 ID
.Command	실행 명령
.CreatedAt	컨테이너가 작성된 시간
.RunningFor	컨테이너의 가동 시간
.Ports	공개 포트
.Status	컨테이너 상태
.Size	컨테이너 디스크 크기
.Names	컨테이너명
.Mounts	볼륨 마운트
.Networks	네트워크명

예를 들어 컨테이너 ID(ID)와 가동 중인지 아닌지의 상태(Status)를 콜론으로 구분하여 표시하려면 [리스트 4.34]의 명령을 실행합니다.

[리스트 4.34] 컨테이너 목록의 출력 형식 지정

```
$ docker container ls -a --format "{{.Names}}: {{.Status}}"
webserver: Up 10 seconds
test1: Exited (0) 22 minutes ago
```

또한 출력 항목을 표 형식으로 하고 싶을 때는 [리스트 4.35]의 명령처럼 --format 옵션에
table을 지정합니다.

[리스트 4.35] 컨테이너 목록을 표 형식으로 출력한다

```
$ docker container ls -a --format "table {{.Names}}\t{{.Status}}\t {{.Mounts}}"
NAMES           STATUS                        MOUNTS
webserver       Up 2 minutes                  /c/asa/webap
test1           Exited (0) 25 minutes ago
```

컨테이너 가동 확인(docker container stats)

Docker 상에서 작동하는 컨테이너 가동 상태를 확인할 때는 docker container stats 명령을
사용합니다. 이 명령을 실행하면 컨테이너 가동 상태가 목록으로 표시됩니다. 이 명령의 구문은
다음과 같습니다.

구문 docker container stats 명령

```
docker container stats [컨테이너 식별자]
```

예를 들어 webserver라는 이름의 컨테이너 가동 상황을 확인하고 싶을 때는 [리스트 4.36]의
명령을 실행합니다.

[리스트 4.36] 컨테이너 가동 확인

```
$ docker container stats webserver

NAME        CPU %   MEM USAGE / LIMIT      MEM %   NET I/O          BLOCK I/O   PIDS
webserver   0.00%   1.879 MiB / 1.934 GiB  0.09%   1.25 kB / 928 B  0 B /0 B    2
```

명령의 실행 결과의 의미는 표 4.7 과 같습니다.

표 4.7 docker container stats 명령 결과

항목	설명
CONTAINER ID	컨테이너 식별자
NAME	컨테이너명
CPU %	CPU 사용률
MEM USAGE/LIMIT	메모리 사용량/컨테이너에서 사용할 수 있는 메모리 제한
MEM %	메모리 사용률
NET I/O	네트워크 I/O
BLOCK I/O	블록 I/O
PIDS	PID(Windows 컨테이너 제외)

상태의 확인이 끝나면 [Ctrl]+[C]를 눌러 명령을 종료시킵니다.

또한 컨테이너에서 실행 중인 프로세스를 확인할 때는 docker container top 명령을 사용합니다. [리스트 4.37]의 명령은 'webserver'라는 이름의 컨테이너에서 작동하고 있는 프로세스를 확인하는 예입니다.

[리스트 4.37] 프로세스 확인

```
$ docker container top webserver
PID       USER      TIME      COMMAND
68432     0         0:00      nginx: master process nginx -g daemon off;
68448     101       0:00      nginx: worker process
```

 컨테이너 시작(docker container start)

정지하고 있는 컨테이너를 시작할 때는 docker container start 명령을 사용합니다. 이 명령의 구문은 다음과 같습니다.

 구문 docker container start 명령

```
docker container start [옵션] <컨테이너 식별자> [컨테이너 식별자]
```

지정할 수 있는 주요 옵션

옵션	설명
--attach, -a	표준 출력, 표준 오류 출력을 연다.
--interactive, -I	컨테이너의 표준 입력을 연다.

예를 들어 컨테이너 ID가 dbb4bbe0f470~인 컨테이너를 시작하려면 [리스트 4.38]의 명령을 실행합니다.

[리스트 4.38] Docker 컨테이너 시작

```
$ docker container start dbb4bbe0f470
```

여러 개의 컨테이너를 한꺼번에 시작하고 싶을 때는 인수에 컨테이너 식별자를 여러 개 지정합니다.

 컨테이너 정지(docker container stop)

실행 중인 컨테이너를 정지할 때는 docker container stop 명령을 사용합니다. 이 명령의 구문은 다음과 같습니다.

 docker container stop 명령

```
docker container stop [옵션] <컨테이너 식별자> [컨테이너 식별자]
```

지정할 수 있는 주요 옵션

옵션	설명
--time, -t	컨테이너의 정지 시간을 지정(기본값은 10초)

예를 들어 컨테이너 ID가 dbb4bbe0f470~인 컨테이너를 2초 후에 정지시키려면 [리스트 4.39]의 명령을 실행합니다.

[리스트 4.39] 컨테이너 정지

```
$ docker container stop -t 2 dbb4bbe0f470
```

강제적으로 컨테이너를 정지시킬 때는 docker container kill 명령을 사용합니다.

 컨테이너 재시작(docker container restart)

컨테이너를 재시작할 때는 docker container restart 명령을 사용합니다. 이 명령의 구문은 다음과 같습니다.

 docker container restart 명령

```
docker container restart [옵션] <컨테이너 식별자> [컨테이너 식별자]
```

지정할 수 있는 주요 옵션

옵션	설명
--time, -t	컨테이너의 재시작 시간을 지정(기본값은 10초)

예를 들어 컨테이너명이 'webserver'인 컨테이너를 2초 후에 재시작하려면 [리스트 4.40]의 명령을 실행합니다.

[리스트 4.40] 컨테이너 재시작

```
$ docker container restart -t 2 webserver
```

또한 컨테이너 안에서 실행하는 명령의 종료 스테이터스(정상 종료되었는지 아닌지)에 따라 컨테이너를 자동으로 재시작하고 싶은 경우는 docker container run 명령에서 --restart 옵션을 사용합니다.

참조 컨테이너의 백그라운드 실행(docker container run) ➡ p.112

Note **Linux 명령을 모르면 안 되는가?**

Linux를 비롯한 Unix 계열 OS는 화면상에 아이콘이 있는 GUI(Graphical User Interface)에 의한 마우스 등으로 조작할 수도 있지만, 서버를 구축 운용하는 경우는 대부분 CLI(Command Line Interface)에 의한 명령 조작으로 수행합니다.

또한 Unix 계열 OS가 명령을 사용하여 조작을 하는 이유는 다음과 같은 이유 때문입니다.

- 네트워크를 통해 조작할 수 있다.
- 정형 작업을 프로그래밍으로 자동화할 수 있다.

보통 클라우드 서비스의 경우 서버는 데이터센터에 있고 원격지에서 원격으로 조작을 하므로 GUI보다는 터미널 단말기에서 네트워크를 통해 조작할 수 있는 CLI가 더 편리합니다.

또한 인프라 엔지니어에게 있어서 시스템 운용은 상당히 중요합니다. 시스템 운용을 생각할 때는 가능한 한 루틴한 작업은 자동화하여 사람에 의한 조작 실수를 없애고 효율화를 꾀하는 것이 정석입니다.

Linux 명령은 많이 있지만 한 번에 모두 외울 필요는 없으므로 자주 사용하는 것부터 조금씩 외워 가면 좋을 것입니다.

 ## 컨테이너 삭제(docker container rm)

정지하고 있는 컨테이너를 삭제할 때는 docker container rm 명령을 사용합니다. 이 명령의 구문은 다음과 같습니다.

구문 docker container rm 명령

```
docker container rm [옵션] <컨테이너 식별자> [컨테이너 식별자]
```

지정할 수 있는 주요 옵션

옵션	설명
--force, -f	실행 중인 컨테이너를 강제로 삭제
--volumes, -v	할당한 볼륨을 삭제

예를 들어 컨테이너명이 dbb4bbe0f470~인 컨테이너를 삭제하려면 [리스트 4.41]의 명령을 실행합니다.

[리스트 4.41] 컨테이너 삭제

```
$ docker container rm dbb4bbe0f470
```

정지 중인 모든 컨테이너를 삭제하려면 docker container prune 명령을 사용합니다. [리스트 4.42]는 가동 중인 webserver라는 컨테이너와 정지 중인 test1이라는 컨테이너가 있는 상태에서 정지 중인 test1만을 삭제하는 예입니다. 이 명령을 실행한 후 docker container ls 명령으로 가동 상태를 확인하면 test1 컨테이너만 삭제된 것을 알 수 있습니다.

[리스트 4.42] 정지 중인 컨테이너 삭제

```
$ docker container ls -a
CONTAINER ID    IMAGE     COMMAND             STATUS                      PORTS                 NAMES
ae58239f0d21    nginx     "nginx -g 'daemon ..." Up 17 minutes            0.0.0.0:80->80/tcp    webserver
34623d47f43f    centos    "/bin/bash"         Exited (0) About an hour ago                      test1

$ docker container prune
WARNING! This will remove all stopped containers.
Are you sure you want to continue? [y/N] y ←─── y를 입력
Deleted Containers:
34623d47f43fec5eb1679f7df585b44f2e516bed7f903d0bfd7e1584ae8c9e0a

Total reclaimed space: 0 B

$ docker container ls -a
CONTAINER ID IMAGE    COMMAND             STATUS        PORTS              NAMES
ae58239f0d21 nginx    "nginx -g 'daemon ..." Up 17 minutes 0.0.0.0:80->80/tcp webserver
```

컨테이너 중단/재개(docker container pause/docker container unpause)

실행중인 컨테이너에서 작동 중인 프로세스를 모두 중단시킬 때는 docker container pause 명령을 사용합니다. 이 명령의 구문은 다음과 같습니다.

 구문 docker container pause 명령

```
docker container pause <컨테이너 식별자>
```

예를 들어 컨테이너명이 webserver인 컨테이너를 일시 중단시키려면 [리스트 4.43]의 명령을 실행합니다. 중단된 컨테이너는 docker container ls 명령으로 확인하면 [STATUS]가 (Paused)로 되어 있다는 것을 알 수 있습니다.

[리스트 4.43] 컨테이너 중단

```
$ docker container pause webserver
webserver

$ docker container ls
CONTAINER ID   IMAGE   COMMAND             STATUS                 PORTS             NAMES
ae58239f0d21   nginx   "nginx -g 'daemon ..."  Up 26 minutes (Paused)  0.0.0.0:80->80/tcp  webserver
```

중단시킨 webserver의 컨테이너를 재개하려면 [리스트 4.44]의 명령을 실행합니다.

[리스트 4.44] 중단 컨테이너의 재개

```
$ docker container unpause webserver
```

4.3 Docker 컨테이너 네트워크

Docker 컨테이너끼리 통신을 할 때는 Docker 네트워크를 통해 수행합니다. 여기서는 Docker 네트워크를 관리할 때의 조작에 대해 설명하겠습니다.

네트워크 목록 표시(docker network ls)

Docker 네트워크의 목록을 확인하려면 docker network ls 명령을 사용합니다. 이 명령의 구문은 다음과 같습니다.

 docker network ls 명령

```
docker network ls [옵션]
```

지정할 수 있는 주요 옵션

옵션	설명
-f, --filter=[]	출력을 필터링한다.
--no-trunc	상세 정보를 출력한다.
-q, --quiet	네트워크 ID만 표시한다.

Docker를 설치한 상태에서 [리스트 4.45]의 명령을 실행하면 네트워크의 구성 정보를 목록으로 확인할 수 있습니다. Docker는 기본값으로 bridge, host, none, 이 세 개의 네트워크를 만듭니다.

[리스트 4.45] 네트워크 목록 표시

```
$ docker network ls
NETWORK ID        NAME        DRIVER      SCOPE
a5fac5a3c9e9      bridge      bridge      local
a5e952727f19      host        host        local
ae346824ddbd      none        null        local
```

표시할 네트워크의 상세 정보를 확인할 때는 --no-trunc 옵션, 네트워크 ID만 확인할 때는 -q 또는 --quiet 옵션을 지정합니다. 또한 필터링을 하고 싶을 때는 -f 또는 --filter 옵션을 지정합니다.

필터링을 할 때는 **표 4.8** 의 값을 key=value형으로 지정합니다.

표 4.8 필터링에서 이용할 수 있는 키

값	설명
driver	드라이버 지정
id	네트워크 ID
label	네트워크에 설정된 라벨(label=⟨key⟩ 또는 label=⟨key⟩=⟨value⟩로 지정한다)
name	네트워크명
scope	네트워크의 스코프(swarm/global/local)
type	네트워크의 타입(사용자 정의 네트워크 custom/정의 완료 네트워크 builtin)

예를 들어 브리지 네트워크의 네트워크 ID만을 목록으로 표시하고 싶을 때는 [리스트 4.46]의 명령을 실행합니다.

[리스트 4.46] 네트워크 목록 표시의 필터링

```
$ docker network ls -q --filter driver=bridge
a5fac5a3c9e9
```

네트워크를 명시적으로 지정하지 않고 Docker 컨테이너를 시작하면 기본값인 'bridge' 네트워크로 Docker 컨테이너를 시작합니다. 여기서는 'a5fac5a3c9e9'라는 네트워크 ID가 기본값 네트워크로 되어 있습니다.

[리스트 4.47]의 docker container run 명령을 실행하여 'sample'이라는 이름으로 베이스 이미지가 'ubuntu:latest'인 컨테이너를 시작합니다. 여기서는 네트워크를 지정하지 않았습니다.

[리스트 4.47] 컨테이너 시작

```
$ docker container run -itd --name=sample ubuntu:latest
```

시작된 'sample'이라는 이름의 Docker 컨테이너에 소속된 네트워크는 docker container inspect 명령으로 확인합니다(리스트 4.48).

[리스트 4.48] 컨테이너 네트워크 확인

```
$ docker container inspect sample
[
    {
~중략~
        "Networks": {
            "bridge": {
                "IPAMConfig": null,
                "Links": null,
                "Aliases": null,
                "NetworkID": "a5fac5a3c9e9 ~ 27d9308",
                "EndpointID": "97c1476d00a4 ~ d3ab3bb",
                "Gateway": "172.17.0.1",
                "IPAddress": "172.17.0.2",
                "IPPrefixLen": 16,
                "IPv6Gateway": "",
                "GlobalIPv6Address": "",
                "GlobalIPv6PrefixLen": 0,
                "MacAddress": "02:42:ac:11:00:02",
                "DriverOpts": null
~중략~
        }
]
```

컨테이너 시작 시에 네트워크를 명시적으로 지정하지 않을 때는 기본값인 브리지 네트워크(이 예에서는 'a5fac5a3c9e9')로 컨테이너가 시작되는 것을 알 수 있습니다.

NOTE 오버레이 네트워크

　오버레이 네트워크(overlay network)는 물리 네트워크 상에서 소프트웨어적으로 에뮬레이트한 네트워크를 말합니다. 물리 네트워크를 덮듯이 가상 네트워크가 구성된다는 점에서 가상 네트워크라고도 부릅니다. 물리 네트워크의 구조가 은폐되어 그 아래에 있는 물리 계층의 형태나 제어 방식 등을 의식하지 않고 이용할 수 있다는 것이 특징입니다. 예를 들어 여러 개의 호스트에 걸친 네트워크를 구성할 때 사용합니다. 소프트웨어로 구성된 네트워크이므로 물리 작업을 수반하지 않고 자유롭게 구성을 변경할 수 있다는 장점이 있습니다.

네트워크 작성(docker network create)

　새로운 네트워크를 작성할 때는 docker network create 명령을 사용합니다. 이 명령의 구문은 다음과 같습니다.

구문 docker network create 명령

```
docker network create [옵션] 네트워크
```

지정할 수 있는 주요 옵션

옵션	설명
--driver, -d	네트워크 브리지 또는 오버레이(기본값은 bridge)
--ip-range	컨테이너에 할당하는 IP 주소의 범위를 지정
--subnet	서브넷을 CIDR 형식으로 지정
--ipv6	IPv6 네트워크를 유효화할지 말지(true/false)
-label	네트워크에 설정하는 라벨

　[리스트 4.49]의 명령을 실행하면 'web-network'라는 이름의 네트워크가 만들어집니다. --driver 옵션으로 'bridge'를 지정하고 있기 때문에 브리지 네트워크를 작성합니다.

[리스트 4.49] 브리지 네트워크 작성

```
$ docker network create --driver=bridge web-network
8247b6656076f301fa06ca184508a288426629847b495d18a5eacfccc2781777
```

docker network ls 명령으로 확인하면 작성한 'web-network'를 확인할 수 있습니다(리스트 4.50). 이 네트워크의 네트워크 ID는 '8247b6656076'이 할당되어 있습니다.

[리스트 4.50] 작성한 네트워크 확인

```
$ docker network ls --filter driver=bridge
NETWORK ID          NAME                DRIVER        SCOPE
518ff8096f50        bridge              bridge        local
8247b6656076        web-network         bridge        local
```

--driver 옵션에서 지정할 수 있는 네트워크 드라이버는 'bridge' 또는 'overlay'입니다. 또한 커스텀 네트워크 드라이버도 사용할 수 있습니다. 오버레이 네트워크는 여러 개의 호스트에 걸쳐 있는 네트워크를 말합니다.

NOTE　　Docker 컨테이너의 이름 해결

Docker의 기본 브리지 네트워크와 docker network create 명령으로 사용자가 임의로 만든 네트워크(사용자 정의 네트워크)에서는 이름 해결 구조가 다릅니다.

먼저 Docker의 기본 브리지 네트워크는 Docker 설치 시에 자동으로 만들어지는 것으로, 컨테이너 생성 시에 명시적으로 지정하지 않는 경우 이 네트워크로 컨테이너가 시작됩니다. 예를 들어 webap/log라는 이름의 컨테이너를 기본 브리지 네트워크에서 시작한 경우, **그림 4.C** 와 같이 됩니다. 시작된 컨테이너는 이름 해결을 할 수 없으므로 컨테이너 생성 시에 미리 docker container run 명령으로 --link 옵션을 붙여 둘 필요가 있습니다. --link 옵션을 지정하면 컨테이너 안의 /etc/hosts 파일에 컨테이너명과 컨테이너에 할당된 IP 주소가 등록됩니다.

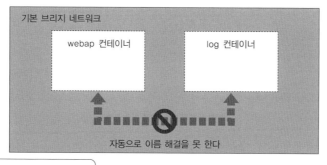

link 기능을 사용하여 컨테이너 간의 이름 해결이 필요해요.

그림 4.C link 기능에 의한 이름 해결

한편 사용자 정의 네트워크는 docker 데몬에 내장된 내부 DNS 서버에 의해 이름 해결이 이루어집니다. 내부 DNS 서버를 사용하면 link 기능과 같이 /etc/hosts 파일에 의존하지 않고 이름 해결을 할 수 있으므로 컨테이너명뿐만 아니라 컨테이너 시작 시에 지정한 --net-alias 옵션을 사용한 앨리어스명으로도 통신을 할 수 있습니다. 사용자 정의 네트워크를 사용하는 편이 보다 유연하고 쉽게 네트워크 구성 관리를 할 수 있기 때문에 특별한 이유가 없는 한 이쪽을 사용하는 것이 좋습니다.

 네트워크 연결(docker network connect/docker network disconnect)

Docker 컨테이너를 Docker 네트워크에 연결할 때는 docker network connect 명령을, 네트워크에서 연결을 해제할 때는 docker network disconnect 명령을 사용합니다. 이 명령의 구문은 다음과 같습니다.

 docker network connect 명령

```
docker network connect [옵션] 네트워크 컨테이너
```

지정할 수 있는 주요 옵션

옵션	설명
--ip	IPv4 주소
--ip6	IPv6 주소
--alias	앨리어스명
--link	다른 컨테이너에 대한 링크

[리스트 4.51]의 명령을 실행하면 'webfront'라는 이름의 Docker 컨테이너를 'web-network'라는 이름의 Docker 네트워크에 연결시킵니다. 연결 후에는 동일한 네트워크상에 있는 다른 컨테이너와 통신을 할 수 있습니다. 컨테이너의 연결은 IP 주소뿐만 아니라 컨테이너명 또는 컨테이너 ID도 그대로 사용할 수 있습니다.

[리스트 4.51] 네트워크에 대한 연결

```
$ docker network connect web-network webfront
```

Docker 컨테이너에 속한 네트워크를 docker container inspect 명령으로 확인합니다(리스트 4.52).

[리스트 4.52] 컨테이너 네트워크 확인

```
$ docker container inspect webfront
[
    {
~중략~
        "web-network": {
                "IPAMConfig": {},
                "Links": null,
                "Aliases": [
                    "f9ed5dec2ac8"
                ],
                "NetworkID": "8247b66560 ~중략~ ccc2781777",
                "EndpointID": "2f104b9992 ~중략~ 67f9a6df99",
                "Gateway": "172.19.0.1",
                "IPAddress": "172.19.0.2",
                "IPPrefixLen": 16,
                "IPv6Gateway": "",
                "GlobalIPv6Address": "",
                "GlobalIPv6PrefixLen": 0,
                "MacAddress": "02:42:ac:13:00:02",
                "DriverOpts": null
~중략~
    }
]
```

네트워크에 대한 연결은 컨테이너 시작 시에 할 수도 있습니다. [리스트 4.53]의 docker container run 명령을 실행하면 베이스 이미지가 'nginx'이고 'webap'라는 이름의 Docker 컨테이너를 좀 전에 작성한 'web-network' 네트워크에 만듭니다.

[리스트 4.53] 네트워크를 지정한 컨테이너 시작

```
$ docker container run -itd --name=webap --net=web-network nginx
```

그리고 네트워크에서 연결을 해제할 때는 docker network disconnect 명령을 사용합니다.

[리스트 4.54]의 명령을 실행하면 'webfront'라는 이름의 Docker 컨테이너를 'web-network'라는 이름의 Docker 네트워크에서 연결을 해제합니다.

[리스트 4.54] 네트워크에 대한 연결 해제

```
$ docker network disconnect web-network webfront
```

네트워크 상세 정보 확인(docker network inspect)

네트워크 상세 정보를 확인할 때는 docker network inspect 명령을 사용합니다. 이 명령의 구문은 다음과 같습니다.

 구문 docker network inspect 명령

```
docker network inspect [옵션] 네트워크
```

[리스트 4.55]의 명령을 실행하면 'web-network'라는 이름의 네트워크의 상세 정보를 표시합니다. 이 네트워크는 서브넷이 '172.18.0.0/16'이고 게이트웨이가 '172.18.0.1'이며, 네트워크 안에 2개의 컨테이너 'webap(172.18.0.2)'와 'webfront(172.18.0.3)'가 가동 중이라는 것을 확인할수 있습니다.

[리스트 4.55] 네트워크 상세 정보 표시

```
$ docker network inspect web-network
[
    {
        "Name": "web-network",
        "Id": "f1e7e1f240995 ~ 09068c3b5",
        "Created": "2017-07-03T01:44:15.1490658Z",
        "Scope": "local",172.18.0.0/16"
        "Driver": "bridge",
        "EnableIPv6": false,
        "IPAM": {
            "Driver": "default",
            "Options": {},
            "Config": [
                {
                    "Subnet": "172.18.0.0/16",
                    "Gateway": "172.18.0.1"
                }
            ]
    },
~중략~
        "Containers": {
            "2b8bc276ad ~ ececbafb7d": {
                "Name": "webap",
                "EndpointID": "1892e2923c ~ 1f789935e8",
                "MacAddress": "02:42:ac:12:00:02",
                "IPv4Address": "172.18.0.2/16",
                "IPv6Address": ""
```

```
            },
            "d4a2b26e9d ~ 1980f40d74": {
                "Name": "webfront",
                "EndpointID": "050ebffec6 ~ cc26606e84",
                "MacAddress": "02:42:ac:12:00:03",
                "IPv4Address": "172.18.0.3/16",
                "IPv6Address": ""
            }
        },
~중략~
        }
]
```

 ## 네트워크 삭제(docker network rm)

Docker 네트워크를 삭제할 때는 docker network rm 명령을 사용합니다. 이 명령의 구문은 다음과 같습니다.

구문 docker network rm 명령

```
docker network rm [옵션] 네트워크
```

[리스트 4.56]의 명령을 실행하면 'web-network'라는 이름의 네트워크를 삭제합니다. 단, 네트워크를 삭제하려면 docker network disconnect 명령을 사용하여 연결 중인 모든 컨테이너와의 연결을 해제해야 합니다.

[리스트 4.56] 네트워크 삭제

```
$ docker network rm web-network
```

4.4 가동 중인 Docker 컨테이너 조작

여기서는 실제 환경에서 운용할 때 이미 가동 중인 컨테이너의 상태를 확인하거나 임의의 프로세스를 실행시킬 때 하는 조작에 대해 설명합니다.

가동 컨테이너 연결(docker container attach)

가동 중인 컨테이너에 연결할 때는 docker container attach 명령을 사용합니다.

예를 들어 /bin/bash가 실행되고 있는 sample이라는 이름의 컨테이너에 연결하려면 [리스트 4.57]의 명령을 실행합니다. 연결한 컨테이너를 종료하려면 Ctrl+C를, 컨테이너에서 분리하려면 Ctrl+P, Ctrl+Q를 입력합니다.

[리스트 4.57] 컨테이너에 연결하기

```
$ docker container attach sample

[root@b342a2291adb /]# ◀── 여기서 Ctrl + P , Ctrl + Q 를 입력

$ ◀── 컨테이너는 시작된 상태에서 /bin/bash만 삭제
$ docker container ls
CONTAINER ID   IMAGE         COMMAND       CREATED         STATUS        PORTS    NAMES
b342a2291adb   sampleimage   "/bin/bash"   10 minutes ago  Up 7 minutes           sample
```

 ## 가동 컨테이너에서 프로세스 실행(docker container exec)

가동 중인 컨테이너에서 새로운 프로세스를 실행할 때는 docker container exec 명령을 사용합니다. 예를 들어 웹 서버와 같이 백그라운드에서 실행되고 있는 컨테이너에 액세스하고 싶을 때 docker container attach 명령으로 연결해도 쉘이 작동하지 않는 경우는 명령을 접수할 수가 없습니다. 그래서 docker container exec 명령을 사용하여 임의의 명령을 실행합니다.

이 명령의 구문은 다음과 같습니다.

 구문 docker container exec 명령

```
docker container exec [옵션] <컨테이너 식별자> <실행할 명령> [인수]
```

지정할 수 있는 주요 옵션

옵션	설명	
--detach, -d	명령을 백그라운드에서 실행한다.	
--interactive, -i	컨테이너의 표준 입력을 연다.	
--tty, -t	false	tty(단말 디바이스)를 사용한다.
--user, -u	사용자명을 지정한다.	

예를 들어 webserver라는 이름으로 가동 중인 컨테이너에서 /bin/bash를 실행하려면 [리스트 4.58]의 명령을 실행합니다. 쉘이 시작되므로 컨테이너 안에서 임의의 명령을 실행할 수 있습니다.

[리스트 4.58] 컨테이너에서 bash 실행

```
$ docker container ls
CONTAINER ID   IMAGE   COMMAND                 ~중략~   PORTS              NAMES
ae58239f0d21   nginx   "nginx g 'daemon ..." ~중략~   0.0.0.0:80->80/tcp webserver

$ docker container exec -it webserver /bin/bash
root@ae58239f0d21:/#
```

또한 명령을 직접 실행할 수도 있습니다. [리스트 4.59]는 webserver라는 이름의 컨테이너에서 echo 명령을 실행하는 예입니다.

[리스트 4.59] 컨테이너에서 echo 실행

```
$ docker container exec -it webserver /bin/echo "Hello world"
Hello world
```

또한 docker container exec 명령은 실행 중인 컨테이너에서만 실행할 수 있습니다. 정지 중인 컨테이너는 docker container start 명령을 사용하여 컨테이너를 시작해야 합니다.

참조 컨테이너 시작(docker container start) ➔ p.123

 ## 가동 컨테이너의 프로세스 확인(docker container top)

가동 중인 컨테이너에서 실행되고 있는 프로세스를 확인할 때는 docker container top 명령을 사용합니다.

예를 들어 webserver라는 이름의 컨테이너의 프로세스를 확인할 때는 [리스트 4.60]의 명령을 실행합니다. docker container top 명령을 실행시키면 실행 중인 프로세스의 PID와 USER, 실행 중인 명령이 표시됩니다. PID란 Linux의 프로세스 식별자로, 프로세스를 고유하게 식별하기 위한 ID입니다.

[리스트 4.60] 프로세스 확인

```
$ docker container top webserver
PID        USER      TIME      COMMAND
74457      root      0:00      nginx: master process nginx -g daemon off;
74473      101       0:00      nginx: worker process
```

가동 컨테이너의 포트 전송 확인(docker container port)

가동 중인 컨테이너에서 실행되고 있는 프로세스가 전송되고 있는 포트를 확인할 때는 docker container port 명령을 사용합니다.

예를 들어 webserver라는 이름의 컨테이너의 포트 전송을 확인할 때는 [리스트 4.61]의 명령을 실행합니다. 이 예에서는 컨테이너의 80번 포트가 호스트 80번 포트로 전송된다는 것을 알 수 있습니다.

[리스트 4.61] 컨테이너의 포트 전송

```
$ docker container port webserver
80/tcp -> 0.0.0.0:80
```

Note 잘 알려진 포트에 대해

TCP/IP를 이용한 데이터 통신에서, 특정 프로토콜에서 사용하는 것으로 예약되어 있는 포트 번호를 잘 알려진 포트(well-known port)라고 합니다(표 4.A). 0부터 65535까지의 포트 번호 중 잘 알려진 포트는 1부터 1023까지를 사용하므로, 보통의 애플리케이션에서는 1024 이후의 포트 번호를 사용하는 것이 관례입니다.

표 4.A 주요 Linux 배포판

번호	TCP/IP	서비스/프로토콜	설명
20	TCP	FTP(데이터)	파일 전송(데이터)
21	TCP	FTP(제어)	파일 전송(제어)
22	TCP/UDP	ssh	시큐어쉘
23	TCP	Telnet	원격 액세스
25	TCP/UDP	SMTP	메일 전송
43	TCP	WHOIS	도메인 정보 검색
53	TCP/UDP	DNS	도메인 이름 시스템
80	TCP/UDP	HTTP	웹 액세스
88	TCP/UDP	Kerberos	Kerberos 인증
110	TCP	POP3	메일 수신
123	UDP	NTP	시간 조정
135	TCP	Microsoft RPC	Microsoft의 원격 액세스
143	TCP/UDP	IMAP2/4	인터넷 메일 액세스

번호	TCP/IP	서비스/프로토콜	설명
161	TCP/UDP	SNMP	네트워크 감시
162	TCP/UDP	SNMP 트랩	네트워크 감시(트랩)
389	TCP/UDP	LDAP	디렉토리 서비스
443	TCP/UDP	HTTPS	HTTP의 암호화 통신
465	TCP	SMTPS	SMTP의 암호화 통신
514	UDP	syslog	로그 수집
989	TCP/UDP	FTPS(데이터)	FTP(데이터)의 암호화 통신
990	TCP/UDP	FTPS(제어)	FTP(제어)의 암호화 통신
992	TCP/UDP	Telnets	Telnet의 암호화 통신
993	TCP	IMAPS	IMAP의 암호화 통신
995	TCP	POP3S	POP3의 암호화 통신

포트 번호의 할당은 인터넷과 관련된 번호를 통합 관리하고 있는 조직인 Internet Assigned Numbers Authority(IANA)가 관리하고 있습니다. 공식 사이트는 다음과 같습니다.

WEB http://www.iana.org/

🦊 컨테이너 이름 변경(docker container rename)

컨테이너 이름을 변경하려면 docker container rename 명령을 사용합니다.

예를 들어 old라는 이름의 컨테이너를 new라는 이름으로 변경할 때는 [리스트 4.62]의 명령을 실행합니다. 이름이 변경되었는지 아닌지를 확인하려면 docker container ls 명령을 사용합니다.

[리스트 4.62] 컨테이너 이름 변경

```
$ docker container ls
CONTAINER ID    IMAGE           COMMAND        CREATED         STATUS          PORTS     NAMES
c6e444347738    centos:latest   "/bin/bash"    10 seconds ago  Up 9 seconds              old

$ docker container rename old new

$ docker container ls
CONTAINER ID    IMAGE           COMMAND        CREATED         STATUS          PORTS     NAMES
c6e444347738    centos:latest   "/bin/bash"    40 seconds ago  Up 39 seconds             new
```

컨테이너 안의 파일을 복사(docker container cp)

컨테이너 안의 파일을 호스트에 복사할 때는 docker container cp 명령을 사용합니다. 이 명령의 구문은 다음과 같습니다.

 구문 docker container cp 명령

```
docker container cp <컨테이너 식별자>:<컨테이너 안의 파일 경로> <호스트의 디렉터리 경로>
```

```
docker container cp <호스트의 파일> <컨테이너 식별자>:<컨테이너 안의 파일 경로>
```

예를 들어 test라는 이름의 컨테이너 안에 있는 /etc/nginx/nginx.conf 파일을 호스트의 /tmp/etc에 복사할 때는 [리스트 4.63]의 명령을 실행합니다.

[리스트 4.63] 컨테이너에서 호스트로 파일 복사

```
$ docker container cp webserver:/etc/nginx/nginx.conf /tmp/nginx.conf
$ ls -la /tmp/nginx.cong
total 24
-rw-r--r-- 1 asash 197609 643 5 월 30 22:03 nginx.conf
```

반대로 호스트의 커런트 디렉터리에 있는 local.txt라는 이름의 파일을 webserver라는 이름의 컨테이너 안의 /tmp/local.txt로 복사할 때는 [리스트 4.64]의 명령을 실행합니다.

[리스트 4.64] 호스트에서 컨테이너로 파일 복사

```
$ docker container cp ./test.txt webserver:/tmp/test.txt
```

 컨테이너 조작의 차분 확인(docker container diff)

컨테이너 안에서 어떤 조작을 하여 컨테이너가 이미지로부터 생성되었을 때와 달라진 점(차분)을 확인하려면 docker container diff 명령을 사용합니다. 이 명령의 구문은 다음과 같습니다.

 구문 docker container diff 명령

```
docker container diff <컨테이너 식별자>
```

변경의 구분

구분	설명
A	파일 추가
D	파일 삭제
C	파일 수정

예를 들어 test라는 이름의 컨테이너 안에서 newuser라는 이름의 새로운 사용자를 만들었을 때(리스트 4.65) docker container diff 명령을 실행하면 컨테이너 안에서 변경이 있었던 부분을 확인할 수 있습니다. 변경 부분을 확인하려면 [리스트 4.66]의 명령을 실행합니다. 명령의 결과를 확인하면 /etc/passwd나 /etc/group 등에 변경이 일어났다는 것을 알 수 있습니다.

[리스트 4.65] 컨테이너에서 신규 사용자 작성

```
# useradd newuser
# exit
exit
```

[리스트 4.66] 컨테이너의 변경 부분 확인

```
$ docker container diff test
C /etc
C /etc/group
C /etc/group-
C /etc/gshadow
C /etc/gshadow-
C /etc/passwd
~생략~
C /var/spool/mail
A /var/spool/mail/newuser
```

4.5 Docker 이미지 생성

Docker 컨테이너는 Docker 이미지를 바탕으로 작성하지만 반대로 Docker 컨테이너를 바탕으로 Docker 이미지를 작성할 수도 있습니다. 예를 들어 톱레벨 리포지토리에서 취득한 공식 이미지를 바탕으로 컨테이너를 만들고 환경에 맞도록 설정을 변경한 컨테이너로부터 다시 이미지를 만들 수가 있습니다.

컨테이너로부터 이미지 작성(docker container commit)

컨테이너로부터 이미지를 작성하려면 docker container commit 명령을 사용합니다. 이 명령의 구문은 다음과 같습니다.

 docker container commit 명령

```
docker container commit [옵션] <컨테이너 식별자> [이미지명[:태그명]]
```

지정할 수 있는 주요 옵션

옵션	설명
--author, -a	작성자를 지정한다(예 ASA SHIHO⟨Shiho@asa.seoul⟩).
--message, -m	메시지를 지정한다.
--change, -c	커미트 시 Dockerfile 명령을 지정한다.
--pause, -p	컨테이너를 일시 정지하고 커미트한다.

예를 들어 webserver라는 이름의 컨테이너를 asashiho/webfront라는 이름으로 태그명을 1.0으로 지정하여 새로운 이미지를 작성하는 경우는 다음 명령을 실행합니다. 독자적으로 작성한 이미지는 Docker Hub 등에서 공개할 것도 고려하여 작성자나 커미트 메시지를 붙여두는 것이 좋습니다.

[리스트 4.67]의 예는 작성자에 ASA SHIHO라는 정보를 설정한 경우입니다.

[리스트 4.67] 컨테이너로부터 이미지 작성

```
$ docker container commit -a "ASA SHIHO" webserver asashiho/webfront:1.0
sha256:253d8b16a50d1294c952a5dab29d6684d164e6ee9447df62cabaf151fa923465

$ docker image ls
REPOSITORY          TAG  IMAGE ID       CREATED        SIZE
asashiho/webfront   1.0  253d8b16a50d   4 minutes ago  109 MB
```

설정한 작성자 정보는 docker image inspect 명령으로 확인할 수 있습니다(리스트 4.68).

[리스트 4.68] 이미지 상세 정보 확인

```
$ docker image inspect asashiho/webfront:1.0
[{
    "DockerVersion": "17.03.1-ce",
    "Author": "ASA SHIHO",
    ~생략~
```

컨테이너를 tar 파일로 출력(docker container export)

Docker에서는 가동 중인 컨테이너의 디렉토리/파일들을 모아서 tar 파일을 만들 수 있습니다. 이 tar 파일을 바탕으로 하여 다른 서버에서 컨테이너를 가동시킬 수 있습니다.

tar 파일의 작성에는 docker container export 명령을 사용합니다. 이 명령의 구문은 다음과 같습니다.

 docker container export 명령

```
docker container export <컨테이너 식별자>
```

예를 들어 webserver라는 컨테이너를 latest.tar라는 tar 파일로 출력하는 경우는 [리스트 4.69]의 명령을 실행합니다.

[리스트 4.69] 파일 출력

```
$ docker container export webserver > latest.tar

$ ls -la
total 108809
drwxr-xr-x 1 asash 197609          0 6 월 23 12:49 ./
drwxr-xr-x 1 asash 197609          0 6 월 20 21:43 ../
-rw-r--r-- 1 asash 197609 111407104 6 월 23 12:49 latest.tar
```

생성된 tar 파일의 내용을 확인하면 컨테이너를 작동시키기 위해 필요한 파일을 확인할 수 있습니다(리스트 4.70).

[리스트 4.70] 생성된 tar 파일의 상세 정보 확인

```
$ tar -tf latest.tar

$ tar tf latest.tar |more
.dockerenv
bin/
bin/bash
bin/cat
bin/chgrp
bin/chmod
bin/chown
bin/cp
~중략~
```

tar 파일로부터 이미지 작성(docker image import)

docker image import 명령을 사용하면 Linux OS 이미지의 디렉토리/파일로부터 Docker 이미지를 만들 수 있습니다. 이 명령의 구문은 다음과 같습니다.

 구문 docker image import 명령

```
docker image import <파일 또는 URL> | - [이미지명[:태그명]]
```

압축된 디렉토리나 파일도 취급할 수 있습니다.

하지만 docker image import 명령에서 지정할 수 있는 파일은 하나뿐이므로 tar 명령 등으로 디렉토리나 파일을 모아놓기 바랍니다. 이때 root 권한으로 실행하지 않으면 액세스 권한이 없는 파일이 포함되지 않는 경우가 발생하므로 주의하기 바랍니다.

docker image import 명령으로 지정할 수 있는 아카이브 파일은 다음과 같습니다.

- tar
- tar.gz
- tgz
- bzip
- tar.xz
- txz

예를 들어 latest.tar로 모아놓은 디렉토리나 파일을 바탕으로 asashiho/webfront라는 이름의 태그명이 1.1인 이미지를 작성할 때는 [리스트 4.71]의 명령을 실행합니다.

[리스트 4.71] 이미지 작성

```
$ cat latest.tar | docker image import - asashiho/webfront:1.1
```

[리스트 4.72] 이미지 확인

```
$ docker image ls
REPOSITORY          TAG     IMAGE ID        CREATED            SIZE
asashiho/webfront   1.1     253d8b16a50d    47 minutes ago     107 MB
```

이미지 저장(docker image save)

docker image save 명령을 사용하면 Docker 이미지를 tar 파일로 저장할 수 있습니다. 이 명령의 구문은 다음과 같습니다.

구문 docker image save 명령

```
docker image save [옵션] <저장 파일명> [이미지명]
```

예를 들어 tensorflow라는 이름의 이미지를 export.tar에 저장하려면 [리스트 4.73]의 명령을 실행합니다. 저장할 파일명은 -o 옵션으로 지정합니다.

[리스트 4.73] 이미지 저장

```
$ docker image save -o export.tar tensorflow

$ ls -l
total 1276277
-rw-r--r-- 1 asash 197609 1195498496 6 월 23 13:34 export.tar
```

 ## 이미지 읽어 들이기(docker image load)

docker image load 명령을 사용하면 tar 이미지로부터 이미지를 읽어 들일 수 있습니다. 이 명령의 구문은 다음과 같습니다.

구문 docker image load 명령

```
docker image load [옵션]
```

예를 들어 export.tar라는 이름의 이미지를 읽어 들이려면 [리스트 4.74]의 명령을 실행합니다. 읽어 들일 파일명은 -i 옵션으로 지정합니다.

[리스트 4.74] 이미지 읽어 들이기

```
$ docker image load -i export.tar
```

NOTE — export/import와 save/load의 차이

컨테이너를 export하면 컨테이너를 작동시키는 데 필요한 파일을 모두 압축 아카이브로 모을 수 있습니다. 그래서 이 tar 파일을 풀면 컨테이너의 루트 파일 시스템을 그대로 추출할 수 있습니다.

시험 삼아 Nginx의 공식 이미지인 'nginx'를 그대로 실행시킨 컨테이너 export-sample을 docker container export 명령을 사용하여 export.tar라는 이름으로 모으기 바랍니다. 이것을 tar 명령으로 전개하면 [리스트 4.E]와 같이 됩니다.

[리스트 4.E] docker container export 명령의 예

```
$ docker container export export-sample >export.tar

$ tar xvf export.tar
$ ls
bin/        export.tar      media/      root/       sys/
boot/       home/           mnt/        run/        tmp/
dev/        lib/            opt/        sbin/       usr/
etc/        lib64/          proc/       srv/        var/
```

한편 이미지를 save하면 이미지의 레이어 구조도 포함된 형태로 압축 아카이브로 모을 수 있습니다.

마찬가지로 Nginx의 공식 이미지인 'nginx'를 docker image save 명령으로 save.tar라는 이름으로 모읍니다. 이것을 tar 명령으로 전개하여 내용을 확인하면 [리스트 4.F]와 같습니다.

[리스트 4.F] docker image save 명령의 예

```
$ docker image save -o save.tar nginx
$ tar xvf save.tar

$ ls
042b0607e62f08eb3ceab2dd9f5bef36f409f341e633906b9376396fa6e613e6/
91143e9f474707de5bbd7dd65bc7fe477c9e657c75b56b4e8cf210632468b8bc/
~중략~
/ save.tar
```

이와 같이 바탕이 되는 이미지는 똑같아도 docker container export 명령과 docker image save 명령은 내부적인 디렉토리와 파일 구조가 다릅니다.

그래서 압축 아카이브에서는 docker container export 명령으로 작성한 것을 읽어 들일 때는 docker image import 명령을, docker image save 명령으로 생성한 것을 읽어 들일 때는 docker image load 명령을 사용하기 바랍니다.

불필요한 이미지/컨테이너를 일괄 삭제(docker system prune)

docker system prune 명령을 사용하면 사용하지 않는 이미지, 컨테이너, 볼륨, 네트워크를 일괄적으로 삭제할 수 있습니다. 이 명령의 구문은 다음과 같습니다.

 구문 docker system prune 명령

```
docker system prune [옵션]
```

지정할 수 있는 주요 옵션

옵션	설명
--all, -a	사용하지 않는 리소스를 모두 삭제한다.
--force, -f	강제적으로 삭제한다.

예를 들어 [리스트 4.75]의 명령을 실행하면 사용하지 않는 리소스를 모두 삭제할 수 있기 때문에 쓸 데 없는 디스크 영역 낭비(예의 경우는 119.3MB)를 줄일 수 있습니다.

[리스트 4.75] 불필요한 리소스 삭제

```
$ docker system prune -a
WARNING! This will remove:
        - all stopped containers
        - all volumes not used by at least one container
        - all networks not used by at least one container
        - all images without at least one container associated to them
Are you sure you want to continue? [y/N] y  ←────── y를 입력

Deleted Containers:
9c3afafda417682054deffabaa10ed46e60f459b9a7a3a46864ae950b02ffe14
~중략~

Deleted Images:
untagged: ubuntu:16.04
untagged: ubuntu@sha256:a0ee7647e24c8494f1cf6b94f1a3cd127f423268293c25d924fbe6
18fd82db5a4
deleted:
~중략~
sha256:3e27f838672ba3eef027c78f98fe23b7979b2ab7345e3dd9e8749fe75d3268d5

Total reclaimed space: 119.3MB
```

NOTE 기계학습에서 Docker 이용

Docker가 제품 환경에서 실제 가동되는 시스템의 대부분은 글로벌하게 전개하는 대규모 웹 시스템으로, 9장에서 설명할 컨테이너 오케스트레이션 툴인 Kubernetes를 사용하여 운용되는 경우가 많습니다.

하지만 Docker가 갖고 있는 높은 이식성을 살려 기계학습 등에서도 자주 이용되고 있습니다. 특히 딥러닝(심층학습)에서는 프레임워크나 다양한 라이브러리를 이용하여 개발이 이루어지는 경우가 일반적인데, Docker를 사용하면 그러한 버전의 차이나 환경을 의식하지 않고 개발할 수 있다는 장점이 있습니다.

예를 들어 기계학습에서 널리 이용되는 개발 툴인 Jupyter Notebook이나 딥러닝이 특기인 프레임워크인 TensorFlow는 Docker Hub에서 공식 Docker 이미지를 제공하고 있습니다.

게다가 Kubernetes에서 TensorFlow를 작동시키는 환경을 구축하기 위해 Kubeflow라는 오픈소스 소프트웨어도 개발이 진행되고 있습니다. 또한 개발 도중이기는 하지만, 이 책의 집필 당시 다음과 같은 것이 기계학습에 포함되어 있어서 모델 개발 – 학습 – 추론이라는 일련의 기능을 제공하고 있습니다.

- JupyterHub
- TensorFlow Training Container
- TensorFlow Serving

- **Kubeflow**　**WEB**　https://github.com/kubeflow/kubeflow

또한 Microsoft Azure가 제공하는 컨테이너를 이용한 Azure Batch Shipyard의 경우 Microsoft Cognitive Toolkit(CNTK)뿐만 아니라 TensorFlow, Apache MXNet, Chainer 등 다양한 프레임워크를 지원한 대규모 병렬 컴퓨팅이나 하이퍼포먼스 컴퓨팅(HPC)의 배치 잡 실행 서비스가 제공되고 있습니다.

- **Azure Batch Shipyard**　**WEB**　https://github.com/Azure/batch-shipyard

Docker는 웹 엔지니어뿐만 아니라 폭넓은 분야의 엔지니어에게 편리한 툴로 이용되고 있습니다.

제 2 부
기본편

제 **5** 장

Dockerfile을 사용한 코드에 의한 서버 구축

Docker에서는 인프라의 구성 관리를 'Dockerfile'로 기술합니다. 이 Dockerfile에는 베이스가 되는 이미지에 각종 미들웨어를 설치 및 설정하고, 개발한 애플리케이션의 실행 모듈을 전개하기 위한 애플리케이션의 실행 기반의 모든 구성 정보를 기술합니다.

이 장에서는 Dockerfile을 사용한 서버 구축 및 구성 관리의 방법에 대해 설명합니다.

5.1  Dockerfile을 사용한 구성 관리

Docker에서는 인프라 구성을 기술한 파일을 'Dockerfile'이라고 합니다. 이 장에서는 Dockerfile에 대해 자세히 설명하겠습니다.

Dockerfile이란?

4장에서는 명령을 사용한 Docker 이미지의 작성 방법에 대해 설명했습니다. 이 방법에서는 베이스가 되는 Docker 이미지를 바탕으로 Docker 컨테이너를 생성하고, 생성한 Docker 컨테이너 안에서 OS의 설정이나 미들웨어의 설치, 파라미터의 설정 등을 수동으로 수행합니다. 그리고 만들어진 컨테이너에서 서버를 구축한 상태를 바탕으로 Docker 이미지를 생성했습니다.

이를 위해서는 다음과 같은 정보를 인프라 설계서나 파라미터 시트 등에 별도로 남겨 둘 필요가 있습니다.

● 베이스가 될 Docker 이미지
● Docker 컨테이너 안에서 수행한 조작(명령)
● 환경변수 등의 설정
● Docker 컨테이너 안에서 작동시켜둘 데몬 실행

Dockerfile은 이와 같이 Docker 상에서 작동시킬 컨테이너의 구성 정보를 기술하기 위한 파일입니다.

docker build 명령은 Dockerfile에 기술된 구성 정보를 바탕으로 Docker 이미지를 작성합니다(그림 5.1).

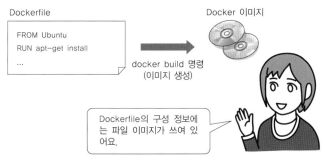

그림 5.1 Dockerfile과 Docker 이미지의 관계

Dockerfile의 기본 구문

Dockerfile은 텍스트 형식의 파일로, 에디터 등을 사용하여 작성합니다. 확장자는 필요 없으며, 'Dockerfile'이라는 이름의 파일에 인프라의 구성 정보를 기술합니다. 또한 Dockerfile 이외의 파일명으로도 작동하지만, 이때는 Dockerfile에서 이미지를 빌드할 때 파일명을 명시적으로 지정해야 합니다.

Dockerfile의 기본 구문은 다음과 같습니다.

 Dockerfile의 기본 서식

```
명령 인수
```

명령은 대문자든 소문자든 상관없지만 관례적으로 대문자로 통일해서 씁니다. Dockerfile에서 사용하는 주요 명령은 **표 5.1** 과 같습니다.

표 5.1 Dockerfile의 명령

명령	설명	명령	설명
FROM	베이스 이미지 지정	VOLUME	볼륨 마운트
RUN	명령 실행	USER	사용자 지정
CMD	컨테이너 실행 명령	WORKDIR	작업 디렉토리
LABEL	라벨 설정	ARG	Dockerfile 안의 변수
EXPOSE	포트 익스포트	ONBUILD	빌드 완료 후 실행되는 명령
ENV	환경변수	STOPSIGNAL	시스템 콜 시그널 설정
ADD	파일/디렉토리 추가	HEALTHCHECK	컨테이너의 헬스 체크
COPY	파일 복사	SHELL	기본 쉘 설정
ENTRYPOINT	컨테이너 실행 명령		

제5장 Dockerfile을 사용한 코드에 의한 서버 구축

Dockerfile에 주석을 쓰는 경우는 [리스트 5.1]과 같이 줄의 맨 앞에 #을 붙입니다.

[리스트 5.1] Dockerfile의 주석 서식 ①

```
# 이것은 주석입니다
명령 인수
```

주석은 줄의 중간에 써도 괜찮습니다. [리스트 5.2]와 같이 주석을 쓸 수도 있습니다.

[리스트 5.2] Dockerfile의 주석 서식 ②

```
# 이것은 주석입니다
명령 인수    # 이것도 주석입니다
```

 ## Dockerfile 작성

Dockerfile에는 'Docker 컨테이너를 어떤 Docker 이미지로부터 생성할지'라는 정보를 반드시 기술해야 합니다. 이 이미지를 베이스 이미지라고 합니다. 베이스 이미지는 다음과 같은 서식으로 기술합니다.

구문 FROM 명령

```
FROM [이미지명]
FROM [이미지명] : [태그명]
FROM [이미지명] @ [다이제스트]
```

이 FROM 명령은 필수 항목입니다. 예를 들어 CentOS의 버전 7을 베이스 이미지로 지정하여 Dockerfile을 작성할 때는 [리스트 5.3]과 같이 씁니다.

[리스트 5.3] CentOS를 베이스 이미지로 한 Dockerfile

```
# 베이스 이미지 설정
FROM centos:centos7
```

또한 태그명을 생략하면 베이스 이미지의 최신 버전(latest)이 적용됩니다.

이미지명이나 태그명은 작성자가 임의의 값을 붙일 수 있기 때문에 Dockerfile을 수정해도 똑같은 이름으로 몇 번이든 이미지를 만들 수 있습니다.

152

이미지를 고유하게 특정할 때는 다이제스트를 이용합니다. 다이제스트는 Docker Hub에 업로드하면 자동으로 부여되는 식별자를 말합니다. 이 다이제스트는 고유한 식별자이기 때문에 이미지를 고유하게 지정할 수 있습니다.

예를 들어 Docker Hub에서 취득한 tensorflow/tensorflow라는 이미지의 다이제스트를 확인하려면 [리스트 5.4]와 같이 docker image ls 명령에 --digests 옵션을 지정합니다.

[리스트 5.4] 다이제스트 확인

```
$ docker image ls --digests tensorflow/tensorflow
REPOSITORY            TAG     DIGEST                      IMAGE ID       CREATED       SIZE
tensorflow/tensorflow latest  sha256:273cd3c514feb~생략    a2d1671e8a93   11 days ago   1.25 GB
```

Dockerfile에서 이미지를 고유하게 지정할 때는 [리스트 5.5]와 같이 이미지명 다음에 @ 마크를 붙이고 다이제스트 값을 지정합니다.

[리스트 5.5] 다이제스트를 지정한 Dockerfile

```
# 베이스 이미지 설정
FROM tensorflow/tensorflow@sha256:273cd3c514feb7f93efa3c3e03361969dd3276dbe ➜
82667482eb67f5921fb66c0b
```

Note ▨ **Visual Studio Code를 사용한 Dockerfile**

Dockerfile은 텍스트 형식의 파일이기 때문에 임의의 에디터를 사용하여 작성 및 편집할 수 있습니다. Microsoft가 제공하는 텍스트 에디터인 Visual Studio Code는 Dockerfile의 작성 지원을 위한 확장 기능이 있습니다. 이 확장 기능을 사용하려면 Visual Studio Code를 실행한 후 Ctrl+Shift+X를 눌러 Microsoft가 제공하는 'vscode-docker'를 검색하여 확장 기능을 설치합니다.

예를 들어 Dockerfile을 작성하고 Ctrl+Space Bar를 누르면 스니펫(snippet)이 표시됩니다. 또한 Dockerfile뿐만 아니라 7장에서 설명할 여러 docker-compose.yaml 파일도 지원합니다. Visual Studio Code의 탐색기에서는 Docker 이미지나 Docker 컨테이너의 가동 상황도 확인할 수 있습니다(그림 5.A).

그림 5.A Visual Studio Code를 사용한 Docker의 조작

● **Visual Studio Code**　WEB　https://code.visualstudio.com/

5.2 Dockerfile의 빌드와 이미지 레이어

Dockerfile을 빌드하면 Dockerfile에 정의된 구성을 바탕으로 한 Docker 이미지를 작성할 수 있습니다. 여기서는 Dockerfile의 빌드와 생성되는 Docker 이미지에 대해 설명하겠습니다.

 Dockerfile로부터 Docker 이미지 만들기

Dockerfile로부터 이미지를 생성하려면 docker build 명령을 사용합니다.

구문　docker build 명령의 서식

```
docker build -t [생성할 이미지명]:[태그명] [Dockerfile의 위치]
```

여기서는 실제로 FROM 명령으로 베이스 이미지만을 지정한 [리스트 5.6]의 Dockerfile을 빌드하는 순서를 설명하겠습니다.

[리스트 5.6] Dockerfile 작성

```
$ mkdir sample && cd $_
$ touch Dockerfile

$ ls
Dockerfile
```

그 다음 Dockerfile을 [리스트 5.7]과 같이 기술합니다.

[리스트 5.7] Dockerfile 내용

```
# 베이스 이미지 설정
FROM centos:centos7
```

이 Dockerfile로부터 sample이라는 이미지를 작성하려면 [리스트 5.8]의 명령을 실행합니다. 태그명은 1.0이라는 버전을 붙여 둡니다. 또한 이 명령의 예에서는 Dockerfile의 저장 위치를 절대 경로로 지정하고 있지만 상대 경로로 지정할 수도 있습니다.

[리스트 5.8] docker build 명령의 실행 예

```
$ docker build -t sample:1.0 /home/docker/sample

Sending build context to Docker daemon 2.048kB
Step 1/1 : FROM centos:centos7
centos7: Pulling from library/centos
af4b0a2388c6: Pull complete
Digest: sha256:2671f7a3eea36ce43609e9fe7435ade83094291055f1c96d9d1d1d7c0b986a5d
Status: Downloaded newer image for centos:centos7
---> ff426288ea90
Successfully built ff426288ea90
Successfully tagged sample:1.0
```

명령을 실행하면 /home/docker/sample에 저장된 Dockerfile로부터 sample이라는 이름의 Docker 이미지가 생성됩니다(**그림 5.2**). 처음에는 Docker 리포지토리에서 베이스 이미지를 다운로드하는 처리가 있으므로 시간이 걸리지만 그 다음에 Dockerfile의 내용이 실행되고 있다는 것을 알 수 있습니다.

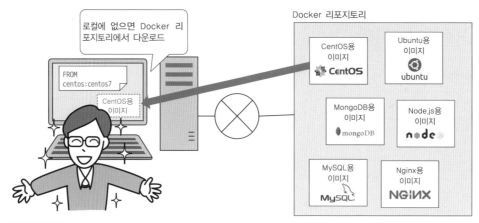

그림 5.2 Dockerfile로부터 이미지 작성

Docker image ls 명령으로 확인하면 베이스 이미지인 centos:centos7과 생성된 sample:1.0, 이 두 이미지가 만들어져 있는 것을 알 수 있습니다(리스트 5.9).

[리스트 5.9] 이미지 확인

```
$ docker image ls
REPOSITORY       TAG           IMAGE ID        ~중략~      VIRTUAL SIZE
centos           centos7       ff426288ea90    ~중략~      207 MB
sample           1.0           ff426288ea90    ~중략~      207 MB
```

또한 베이스 이미지인 centos:centos7가 이미 로컬 환경에 다운로드된 상태에서 sample이라는 이름에 태그명을 2.0이라는 버전으로 한 새로운 이미지를 작성하려면 [리스트 5.10]과 같이 합니다.

[리스트 5.10] 새로운 이미지의 작성 예

```
$ docker build -t sample:2.0 /home/docker/sample
Sending build context to Docker daemon 2.048 kB
Step 0 : FROM centos:centos7
---> ff426288ea90
Successfully built ff426288ea90
Successfully tagged sample:2.0
```

두 번째 이후는 베이스 이미지를 Docker 레지스터에서 다운로드하지 않으므로 이미지를 바로 작성할 수 있습니다(그림 5.3).

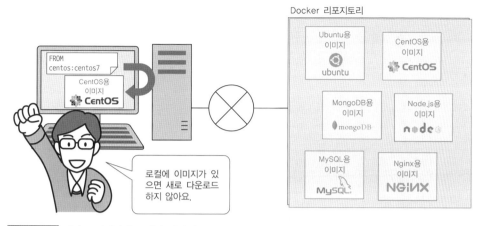

chap
5

그림 5.3 베이스 이미지가 로컬에 저장되어 있는 경우 이미지 작성

여기서 확인해 두고 싶은 것은 베이스 이미지 centos:centos7와 작성한 두 개의 이미지의 이미지 ID(IMAGE ID)가 모두 똑같다는 점입니다(리스트 5.11). 이것은 이미지로서는 각각 다른 이름이 붙어 있지만 그 실체는 모두 동일한 이미지라는 것을 나타냅니다.

[리스트 5.11] 새로운 이미지의 확인 예

```
$ docker image ls
REPOSITORY      TAG           IMAGE ID          ~중략~      VIRTUAL SIZE
centos          centos7       ff426288ea90      ~중략~      207 MB
sample          1.0           ff426288ea90      ~중략~      207 MB
sample          2.0           ff426288ea90      ~중략~      207 MB
```

그림 5.4 Docker 이미지 작성

Dockerfile에는 임의의 파일명을 붙일 수도 있습니다. 파일명은 docker build 명령에서 -f 옵션으로 지정합니다. 예를 들어 커런트 디렉토리에 있는 'Dockerfile.base'라는 이름의 파일을 지정하려면 [리스트 5.12]의 명령을 실행합니다. 커런트 디렉토리는 .(닷)으로 나타내므로 빠뜨리지 말기 바랍니다.

[리스트 5.12] 파일명을 지정한 docker build 명령 실행

```
$ docker build -t sample -f Dockerfile.base .
```

단, 파일명이 Dockerfile 이외의 이름인 경우는 Docker Hub에서 이미지의 자동 생성 기능을 사용할 수 없으므로 주의하기 바랍니다.

또한 [리스트 5.13]과 같이 표준 입력을 경유하여 Dockerfile을 지정하여 빌드를 할 수도 있습니다. 표준 입력의 내용으로서 Dockerfile의 내용을 docker build 명령의 인수로 전달하므로 -(하이픈)을 지정합니다.

[리스트 5.13] 표준 입력에서의 빌드

```
$ docker build - < Dockerfile
```

단, 이 경우는 빌드에 필요한 파일을 포함시킬 수 없기 때문에, 예를 들면 ADD 명령으로 이미지 안에 파일을 추가할 수 없습니다. 그래서 Dockerfile과 빌드에 필요한 파일을 tar로 모아두고 표준 입력에서 지정합니다. **참조** ADD 명령의 상세 정보 ➡ p.187

[리스트 5.14]는 이미지 안에 추가하고 싶은 dummyfile과 Dockerfile을 하나로 모아놓은 압축 아카이브로부터 이미지를 빌드하는 예입니다.

[리스트 5.14] 압축 아카이브에 의한 표준 입력에서의 빌드

```
$ tar tvfz docker.tar.gz
-rw-r--r-- docker/staff      92 2015-07-16 16:12 Dockerfile
-rw-r--r-- docker/staff       5 2015-07-16 16:13 dummyfile

$ docker build - < docker.tar.gz
Sending build context to Docker daemon     229 B
Sending build context to Docker daemon
Step 0 : FROM centos:centos7
---> 7322fbe74aa5
Step 1 : MAINTAINER 0.1 your-name@your-domain.com
---> Running in eb2987cbbe61
---> e3dffaea3b65
Removing intermediate container eb2987cbbe61
Step 2 : ADD dummyfile /tmp/dummyfile
---> 9aca58965f2e
Removing intermediate container 59d2a9875b4a
Successfully built 9aca58965f2e
```

note **중간 이미지의 재이용**

　Docker는 이미지를 빌드할 때 자동으로 중간 이미지를 생성합니다. 그리고 다른 이미지를 빌드할 때 중간 이미지를 내부적으로 재이용함으로써 빌드를 고속으로 수행합니다. 이미지를 재이용하고 있을 때는 [리스트 5.A]와 같이 빌드 로그에 'Using cache'라고 표시됩니다.

[리스트 5.A] 중간 이미지의 재이용

```
$ docker build -t sample .
Sending build context to Docker daemon 2.048 kB
Sending build context to Docker daemon
Step 0 : FROM centos:centos7
---> Using cache
---> 619ffc788a15
Successfully built 619ffc788a15
```

이 캐시를 이용하고 싶지 않은 경우는 docker build 명령에서 --no-cache 옵션을 지정합니다.

Docker 이미지의 레이어 구조

　Dockerfile을 빌드하여 Docker 이미지를 작성하면 Dockerfile의 명령별로 이미지를 작성합니다. 작성된 여러 개의 이미지는 레이어 구조로 되어 있습니다. 예를 들어 [리스트 5.15]와 같이 4개의 명령으로 되어 있는 Docker 파일로부터 이미지를 작성하는 경우를 생각할 수 있습니다.

[리스트 5.15] 4개의 명령을 갖고 있는 Dockerfile의 예

```
# STEP:1 Ubuntu (베이스 이미지)
FROM ubuntu:latest

# STEP:2 Nginx 설치
RUN apt-get update && apt-get install -y -q nginx

# STEP:3 파일 복사
COPY index.html /usr/share/nginx/html/

# STEP:4 Nginx 시작
CMD ["nginx", "-g", "daemon off;"]
```

이 예에 나온 Dockerfile과 동일한 디렉토리에 임의의 'index.html'이라는 이름의 파일을 마련하고, 다음 docker build 명령으로 이미지를 작성합니다(리스트 5.16).

[리스트 5.16] 이미지의 레이어 구조

```
$ docker build -t webap .
Sending build context to Docker daemon 1.307 GB
Step 1/4 : FROM ubuntu:latest
---> 0458a4468cbc    <—— 첫 번째 이미지 작성
Step 2/4 : RUN apt-get update && apt-get install -y -q nginx
~중략~
---> 9e6b06ec7d4f    <—— 두 번째 이미지 작성
Step 3/4 : COPY index.html /usr/share/nginx/html/
~중략~
---> d66d95434d9b    <—— 세 번째 이미지 작성
Step 4/4 : CMD nginx -g daemon off;
~중략~
---> a6f8f57f1588    <—— 네 번째 이미지 작성
Successfully built a6f8f57f1588
Successfully tagged webap:latest
```

로그를 확인하면 Dockerfile의 명령 한 줄마다 이미지가 작성되는 것을 알 수 있습니다 (그림 5.5). 예를 들어 베이스 이미지를 Ubuntu의 latest로 지정하고 있는 FROM 명령을 실행하면 이미지 ID가 0458a4468cbc인 이미지가 생성됩니다.

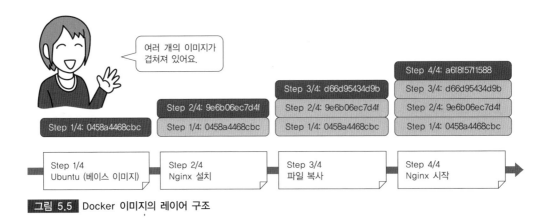

그림 5.5 Docker 이미지의 레이어 구조

또한 작성한 이미지는 다른 이미지와도 공유됩니다. 예를 들어 그림 5.6 과 같이 공통의 베이스 이미지를 바탕으로 여러 개의 이미지를 작성한 경우, 베이스 이미지의 레이어가 공유됩니다. 이와 같이 이미지를 겹침으로써 Docker에서는 디스크의 용량을 효율적으로 이용합니다.

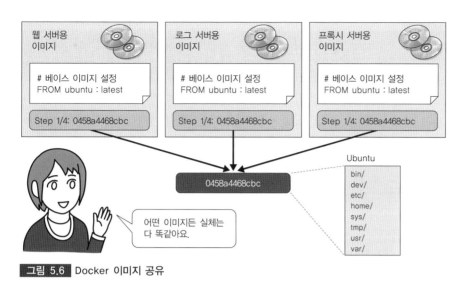

그림 5.6 Docker 이미지 공유

NOTE   Docker Hub의 이미지 관리

Docker 이미지를 공유하는 서비스인 Docker Hub는 전 세계의 엔지니어가 작성한 이미지를 공개하고 있습니다. 이미지는 OS의 파일 포함하고 있기 때문에 용량이 큽니다. 그래서 모든 이미지를 다 갖고 있 자면 디스크 용량이 눈 깜짝할 사이에 늘어나 버립니다.

따라서 Docker Hub에서도 이미지를 레이어로 겹쳐서 작성함으로써 공통되는 이미지를 공유하여 관리 하고 있습니다. Docker Hub에서는 이미지 ID가 같은 것은 하나의 실체를 공유하여 사용하고 있습니다 (그림 5.B).

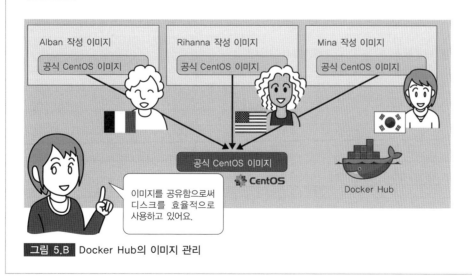

그림 5.B Docker Hub의 이미지 관리

5.3 멀티스테이지 빌드를 사용한 애플리케이션 개발

애플리케이션 개발 시에 개발 환경에서 사용한 라이브러리나 개발 지원 툴이 제품 환경에서 반드시 사용되는 것은 아닙니다. 제품 환경에는 애플리케이션을 실행하기 위해 최소한으로 필요한 실행 모듈만 배치하는 것이 컴퓨팅 리소스를 효율적으로 활용할 수 있다는 점에서나 보안 관점에서 볼 때 바람직합니다.

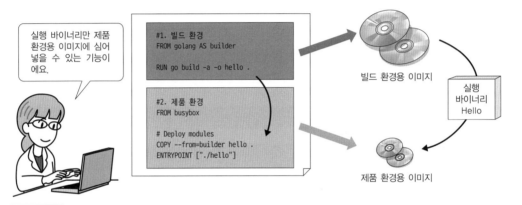

그림 5.7 멀티스테이지 빌드

이제 이 멀티스테이지 빌드 기능을 사용하여 샘플 애플리케이션을 빌드해 봅시다. GitHub에 샘플 코드를 공개해 두었으므로 [리스트 5.17]의 명령을 실행하여 복제(clone)합니다.

[리스트 5.17] 샘플 앱의 복제

```
$ git clone https://github.com/asashiho/dockertext2
$ cd dockertext2/chap05/multi-stage/
```

 Dockerfile 만들기

Dockerfile은 텍스트 형식의 파일이므로 임의의 텍스트 에디터로 편집할 수 있습니다. 여기서는 [리스트 5.18]과 같은 Dockerfile을 사용합니다.

[리스트 5.18] Dockerfile

```
# 1. Build Image
FROM golang:1.8.4-jessie AS builder

# Install dependencies
WORKDIR /go/src/github.com/asashiho/greet
RUN go get -d -v github.com/urfave/cli

# Build modules
COPY main.go .
RUN GOOS=linux go build -a -o greet .

# ----------------------------
# 2. Production Image
FROM busybox
WORKDIR /opt/greet/bin

# Deploy modules
COPY --from=builder /go/src/github.com/asashiho/greet/ .
ENTRYPOINT ["./greet"]
```

이 Dockerfile은 두 개의 부분으로 되어 있습니다.

1. 개발 환경용 Docker 이미지

여기서는 개발용 언어 Go의 버전 1.8.4를 베이스 이미지로 하여 작성하고 'builder'라는 별명을 붙입니다. 이 별명은 어떤 이름이든 상관없습니다.

그리고 개발에 필요한 버전을 설치하여 로컬 환경에 있는 소스코드를 컨테이너 안으로 복사합니다. 이 소스코드를 go build 명령으로 빌드하여 'greet'이라는 이름의 실행 가능 바이너리 파일을 작성합니다.

2. 제품 환경용 Docker 이미지

제품 환경용 Docker 이미지의 베이스 이미지로는 'busybox'를 사용합니다. BusyBox는 기본적인 Linux 명령들을 하나의 파일로 모아놓은 것으로, 최소한으로 필요한 Linux 쉘 환경을 제공하는 경우 이용합니다.

그 다음 개발용 환경의 Docker 이미지로 빌드한 'greet'이라는 이름의 실행 가능 바이너리 파일을 제품 환경용 Docker 이미지로 복사합니다. 이때 --from 옵션을 사용하여 'builder'라는 이름의 이미지로부터 복사를 한다는 것을 선언합니다.

마지막으로 복사한 실행 가능 바이너리 파일을 실행하는 명령을 적습니다.

이것으로 두 개의 Docker 이미지를 생성할 수 있는 Dockerfile이 완성되었습니다.

Docker 이미지의 빌드

작성한 Dockerfile을 바탕으로 다음 명령을 실행하여 Docker 이미지를 빌드합니다. [리스트 5.19]의 명령을 실행하여 Dockerfile을 빌드합니다.

[리스트 5.19] Dockerfile의 빌드

```
$ docker build -t greet .

Sending build context to Docker daemon 4.608kB
Step 1/9 : FROM golang:1.8.4-jessie AS builder
1.8.4-jessie: Pulling from library/golang
~중략~
Step 5/9 : RUN GOOS=linux go build -a -o greet .
---> Running in d92c71ce6b51
---> caea80311de3
Removing intermediate container d92c71ce6b51

Step 6/9 : FROM busybox
latest: Pulling from library/busybox
~중략~
Step 8/9 : COPY --from=builder /go/src/github.com/asashiho/greet/ .
---> 7099bdb9155f
Step 9/9 : ENTRYPOINT ./greet
---> Running in fd303e3591f9
---> b147be0d2e2b
Successfully built b147be0d2e2b
Successfully tagged greet:latest
```

빌드의 로그를 확인해보면 먼저 Docker Hub에서 개발용 환경의 베이스 이미지인 'golang:1.8.4-jessie'를 다운로드하고, 그것을 바탕으로 개발 환경용 이미지 'builder'가 생성됩니다. 이 builder 이미지로 소스코드를 빌드하여 실행 가능 바이너리 파일을 생성하고 있습니다. 그 다음 제품 환경용 이미지에 실행 가능 바이너리 파일이 복사됩니다.

여기서 각각의 이미지 용량을 확인하면 [리스트 5.20]과 같습니다.

[리스트 5.20] 이미지 확인

```
$ docker image ls
REPOSITORY      TAG             IMAGE ID        CREATED         SIZE
greet           latest          b147be0d2e2b    41 minutes ago  4.19MB
golang          1.8.4-jessie    c43e4acbfaba    8 days ago      712MB
busybox         latest          54511612f1c4    5 weeks ago     1.13MB
```

개발 환경용 이미지인 'golang:1.8.4-jessie'는 712MB이지만, 제품 환경용인 'greet'은 겨우 4.19MB라는 것을 알 수 있습니다. 이것은 제품 환경용 베이스 이미지인 'busybox'의 1.13MB에 애플리케이션의 실행에 필요한 모듈만을 추가한 정도라는 것을 알 수 있습니다.

제품 환경에서는 부하에 따라 작동하는 컨테이너의 수가 바뀝니다. 따라서 가능한 한 용량이 적은 이미지를 사용하면 시스템 전체의 컴퓨팅 리소스를 효율적으로 활용할 수 있습니다.

Docker 컨테이너의 시작

확인이 끝났으면 제품 환경용 Docker 이미지인 'greet'를 사용하여 컨테이너를 실행합니다(리스트 5.21).

[리스트 5.21] Docker 컨테이너의 실행

```
$ docker container run -it --rm greet asa
Hello asa

$ docker container run -it --rm greet --lang=es asa
Hola asa
```

샘플 앱은 인수를 사용하여 인사를 반환하는 간단한 커맨드라인 툴이지만 제품 환경용으로 만든 저용량 이미지인 'greet'만으로 작동하고 있다는 것을 알 수 있습니다.

Docker를 사용한 애플리케이션 개발에서는 Dockerfile을 사용하여 애플리케이션이 구성 정보를 정의합니다. 다음 섹션에서는 Dockerfile의 기술 방법에 대해 자세히 설명하겠습니다.

5.4 명령 및 데몬 실행

Docker 이미지를 만들려면 필요한 미들웨어를 설치하고 사용자 계정이나 디렉토리를 작성하는 등의 명령을 실행할 필요가 있습니다.

또한 이미지로부터 컨테이너를 생성했을 때 서버 프로세스 등을 데몬으로서 작동시킬 필요도 있습니다. 여기서는 Dockerfile에서 명령이나 데몬을 실행하는 방법에 대해 설명하겠습니다.

명령 실행(RUN 명령)

컨테이너에는 FROM 명령에서 지정한 베이스 이미지에 대해 '애플리케이션/미들웨어를 설치 및 설정한다', '환경 구축을 위한 명령을 실행한다' 등과 같은 명령을 실행할 때는 RUN 명령을 사용합니다. Dockerfile을 작성할 때는 이 RUN 명령을 가장 많이 사용합니다.

RUN 명령으로 지정한 명령은 Docker 이미지를 생성할 때 실행됩니다.

 RUN 명령

```
RUN [실행하고 싶은 명령]
```

RUN 명령에는 다음 두 가지 기술 방법이 있습니다.

1. Shell 형식으로 기술

명령의 지정을 쉘에서 실행하는 형식으로 기술하는 방법입니다. 예를 들어 apt 명령을 사용하여 Nginx를 설치할 때는 [리스트 5.22]와 같이 기술합니다.

[리스트 5.22] Shell 형식의 RUN 명령

```
# Nginx의 설치
RUN apt-get install -y nginx
```

이것은 Docker 컨테이너 안에서 /bin/sh -c를 사용하여 명령을 실행했을 때와 똑같이 작동합니다. Docker 컨테이너에서 실행할 기본 쉘을 변경하고 싶을 때는 SHELL 명령을 사용합니다.

참조 기본 쉘 설정(SHELL 명령) ➡ p.186

2. Exec 형식으로 기술

Shell 형식으로 명령을 기술하면 /bin/sh에서 실행되지만, Exec 형식으로 기술하면 쉘을 경유하지 않고 직접 실행합니다. 따라서 명령 인수에 $HOME과 같은 환경변수를 지정할 수 없습니다. Exec 형식에서는 실행하고 싶은 명령을 JSON 배열로 지정합니다.

또한 다른 쉘을 이용하고 싶을 때는 RUN 명령에 쉘의 경로를 지정한 후 실행하고 싶은 명령을 지정합니다. 예를 들어 /bin/bash에서 apt 명령을 사용하여 Nginx를 설치하려면 [리스트 5.23]과 같이 기술합니다.

[리스트 5.23] Exec 형식의 RUN 명령

```
# Nginx의 설치
RUN ["/bin/bash","-c", "apt-get install -y nginx"]
```

문자열을 인수로 지정할 때는 '(홑따옴표)를 사용합니다.

RUN 명령은 [리스트 5.24]와 같이 Dockerfile에 여러 개 기술할 수 있습니다.

[리스트 5.24] RUN 명령의 실행 예

```
# 베이스 이미지 설정
FROM ubuntu:latest

# RUN 명령의 실행
RUN echo 안녕하세요 Shell 형식입니다
RUN ["echo", " 안녕하세요 Exec 형식입니다 "]
RUN ["/bin/bash", "-c", "echo ' 안녕하세요 Exec 형식에서 bash를 사용해 보았습니다 ' "]
```

RUN 명령은 기술된 내용에 따라 순차적으로 실행됩니다. docker build 명령으로 이 Dockerfile로부터 이미지를 생성하면 [리스트 5.25]와 같은 로그가 출력됩니다.

[리스트 5.25] RUN 명령의 실행 로그

```
$ docker build -t run-sample .
Sending build context to Docker daemon 1.307 GB
Step 1/4 : FROM ubuntu:latest
---> 0458a4468cbc
Step 2/4 : RUN echo 안녕하세요 Shell 형식입니다
---> Running in b6ebeeef246a
안녕하세요 Shell 형식입니다
---> 134c6977ebfc
Removing intermediate container b6ebeeef246a
Step 3/4 : RUN ["echo", " 안녕하세요 Exec 형식입니다 "]
---> Running in 26081f719273
안녕하세요 Exec 형식입니다
---> ef16a09c65e0
Removing intermediate container 26081f719273
Step 4/4 : RUN ["/bin/bash", "-c", "echo ' 안녕하세요 Exec 형식에서 bash를 사용해 보았습니다' "]
---> Running in 6c13216d0903
안녕하세요 Exec 형식에서 bash를 사용해 보았습니다
---> b32a970959da
Removing intermediate container 6c13216d0903
Successfully built b32a970959da
```

로그를 확인하면 Step이라고 출력되는 부분에서 Dockerfile에 기술한 명령이 한 줄씩 실행된 다는 것을 알 수 있습니다. Dockerfile은 이 명령 한 줄마다 이미지를 생성합니다.

이미지를 생성할 때 어떤 명령이 실행되는지를 확인하기 위해 [리스트 5.26]의 docker history 명령을 실행해 봅시다.

[리스트 5.26] 이미지 구성

```
$ docker history run-sample
IMAGE          CREATED        CREATED BY                                              SIZE
b32a970959da   2 minutes ago  /bin/bash -c echo ' 안녕하세요 Exec 형식에서 bash를 사용해 보았습니다'   0 B
ef16a09c65e0   2 minutes ago  echo 안녕하세요 Exec 형식입니다                                 0 B
134c6977ebfc   2 minutes ago  /bin/sh -c echo 안녕하세요 Shell 형식입니다                       0 B
~중략~
```

실행 결과를 확인하면 Shell 형식으로 기술한 RUN 명령은 /bin/sh, Exec 형식으로 기술한 RUN 명령은 쉘을 통하지 않고 실행되는 것을 알 수 있습니다. 또한 쉘을 명시적으로 지정하고 싶을 때는 Exec 형식을 사용하면 /bin/bash를 사용하여 명령이 실행되는 것을 알 수 있습니다.

따라서 /bin/sh를 경유하여 명령을 실행하고 싶을 때는 Shell 형식으로 기술하고, 그 외의 경우는 Exec 형식으로 기술하는 것이 좋습니다.

Note 　이미지의 레이어에 대해

Dockerfile을 빌드하면 기술된 명령마다 내부 이미지가 하나씩 작성됩니다. 그래서 Dockerfile의 명령을 줄이는 방법이 몇 가지 고안되어 있습니다.

[리스트 5.B]의 예에서는 4개의 레이어가 생성됩니다.

[리스트 5.B] RUN 명령을 여러 개 지정하는 경우

```
RUN yum -y install httpd
RUN yum -y install php
RUN yum -y install php-mbstring
RUN yum -y install php-pear
```

한편 [리스트 5.C]의 예에서는 하나의 레이어만 생성됩니다.

[리스트 5.C] RUN 명령을 한 줄로 지정하는 경우

```
RUN yum -y install httpd php php-mbstring php-pear
```

이와 같이 한 줄에 쓸 수 있는 RUN 명령은 한 줄에 쓰는 것이 좋습니다. 또한 RUN 명령은 \로 줄 바꿈을 넣을 수 있습니다(리스트 5.D). 줄 바꿈을 넣으면 가독성이 향상되므로 명령을 쉽게 확인할 수 있습니다.

[리스트 5.D] RUN 명령의 줄 바꿈

```
RUN yum -y  install\
            httpd\
            php\
            php-mbstring\
            php-pear
```

 데몬 실행(CMD 명령)

RUN 명령은 이미지를 작성하기 위해 실행하는 명령을 기술하지만, 이미지를 바탕으로 생성된 컨테이너 안에서 명령을 실행하려면 CMD 명령을 사용합니다. Dockerfile에는 하나의 CMD 명령을 기술할 수 있습니다. 만일 여러 개를 지정하면 마지막 명령만 유효합니다.

예를 들어 웹 서버를 가동시키기 위해 Nginx를 설치하는 명령은 RUN 명령을, 설치한 Nginx를 데몬으로서 컨테이너 안에서 상시 작동시키기 위해서는 CMD 명령을 사용합니다.

구문 CMD 명령

```
CMD  [실행하고 싶은 명령]
```

CMD 명령은 다음 세 가지 기술 방법이 있습니다.

1. Exec 형식으로 기술

RUN 명령의 구문과 똑같습니다. Nginx를 포어그라운드에서 실행할 때는 [리스트 5.27]과 같이 기술합니다. Exec 형식은 쉘을 호출하지 않습니다. 인수는 JSON 배열로 지정합니다.

참조 명령 실행(RUN 명령) ➡ p.166

[리스트 5.27] Exec 형식의 CMD 명령

```
CMD ["nginx", "-g", "daemon off;"]
```

2. Shell 형식으로 기술

RUN 명령의 구문과 똑같습니다. Nginx를 포어그라운드에서 실행할 때는 [리스트 5.28]과 같

이 기술합니다. 쉘을 통해 실행하고 싶을 때 사용합니다. 참조 명령 실행(RUN 명령) ➔ p.166

[리스트 5.28] Shell 형식의 CMD 명령

```
CMD nginx -g 'daemon off;'
```

3. ENTRYPOINT 명령의 파라미터로 기술

나중에 설명할 ENTRYPOINT 명령의 인수로 CMD 명령을 사용할 수 있습니다. 참조 데몬 실행(ENTRYPOINT 명령) ➔ p.171

[리스트 5.29]의 Dockerfile의 예에서는 Ubuntu 16.04를 베이스 이미지로 하여 apt 명령으로 Nginx를 설치하고, Nginx를 데몬 실행합니다. 또한 웹 서버로서 액세스하기 위해 EXPOSE 명령을 사용하여 80번 포트를 지정합니다. 참조 포트 설정(EXPOSE 명령) ➔ p.185

[리스트 5.29] CMD 명령의 예

```
# 베이스 이미지 설정
FROM ubuntu:16.04

# Nginx 설치
RUN apt-get -y update && apt-get -y upgrade
RUN apt-get -y install nginx

# 포트 지정
EXPOSE 80

# 서버 실행
CMD ["nginx", "-g", "daemon off;"]
```

[리스트 5.30]의 명령으로 Dockerfile로부터 cmd-sample이라는 이름의 Docker 이미지를 생성합니다.

[리스트 5.30] Docker 이미지의 작성 예

```
$ docker build -t cmd-sample .
Sending build context to Docker daemon 1.307 GB
Step 1/5 : FROM ubuntu:16.04
---> d355ed3537e9
~중략~
Successfully built a08194837818
Successfully tagged cmd-sample:latest
```

생성한 이미지에서 컨테이너를 시작합니다. CMD 명령을 사용하여 Nginx 데몬을 시작하도록 설정되어 있으므로 [리스트 5.31]의 명령을 사용하여 80번 포트를 호스트 OS에 전송하면 컨테이너가 웹 서버로서 작동하고 있다는 것을 알 수 있습니다. **참조** 컨테이너의 네트워크 설정(docker container run) ➡ p.114

[리스트 5.31] 컨테이너 실행

```
$ docker container run -p 80:80 -d cmd-sample
```

패키지 관리 시스템

패키지 관리 시스템은 애플리케이션 설치 시에 발생하는 의존 관계를 모아서 관리하는 시스템입니다. 의존 관계란 어떤 애플리케이션을 작동시키기 위해 다른 애플리케이션이 필요해지는 관계를 말합니다. Linux에는 몇 가지 패키지 관리 시스템이 있습니다. 대표적인 패키지 관리 시스템은 다음과 같습니다.

YUM(Yellowdog Updater Modified)

CentOS나 Fedora와 같은 Red Hat 계열 디스트리뷰션에서 이용하는 패키지 관리 시스템입니다. yum 명령을 사용하여 리포지토리에서 패키지를 다운로드하여, 애플리케이션의 설치, 설치 해제, 업데이트 등을 수행합니다.

이때 패키지의 의존 관계를 확인하여 관련된 패키지를 자동으로 설치해 줍니다. OS 표준 리포지토리 외에 EPEL이나 Remi와 같은 외부 리포지토리도 이용할 수 있습니다. 최근 버전에서는 YUM의 후계자인 DNF(Dandified Yum)도 사용하고 있습니다.

APT(Advanced Packaging Tool)

Debian이나 Ubuntu와 같은 Debian 계열 디스트리뷰션에서 이용하는 패키지 관리 시스템입니다. YUM과 마찬가지로 리포지토리로부터 패키지를 다운로드하여, 애플리케이션의 설치, 설치 해제, 업데이트 등을 수행합니다. 패키지의 의존 관계를 모아서 관리할 수 있습니다. apt 명령(또는 apt-get 명령)을 사용하여 패키지를 조작합니다.

데몬 실행(ENTRYPOINT 명령)

ENTRYPOINT 명령에서 지정한 명령은 Dockerfile에서 빌드한 이미지로부터 Docker 컨테이너를 시작하기 때문에 docker container run 명령을 실행했을 때 실행됩니다.

구문 ENTRYPOINT 명령

```
ENTRYPOINT [실행하고 싶은 명령]
```

ENTRYPOINT 명령은 다음 두 가지 기술 방법이 있습니다.

1. Exec 형식으로 기술

Run 명령의 구문과 똑같습니다. Nginx를 포어그라운드에서 실행할 때는 [리스트 5.32]와 같이 기술합니다. **참조** 명령 실행(RUN 명령) ➡ p.166

[리스트 5.32] Exec 형식의 ENTRYPOINT 명령

```
ENTRYPOINT ["nginx", "-g", "daemon off;"]
```

2. Shell 형식으로 기술

Run 명령의 구문과 똑같습니다. Nginx를 포어그라운드에서 실행할 때는 [리스트 5.33]과 같이 기술합니다. **참조** 명령 실행(RUN 명령) ➡ p.166

[리스트 5.33] Shell 형식의 ENTRYPOINT 명령

```
ENTRYPOINT nginx -g 'daemon off;'
```

ENTRYPOINT 명령과 CMD 명령의 차이는 docker container run 명령 실행 시의 동작에 있습니다. CMD 명령의 경우는 컨테이너 시작 시에 실행하고 싶은 명령을 정의해도 docker container run 명령 실행 시에 인수로 새로운 명령을 지정한 경우 이것을 우선 실행합니다.

ENTRYPOINT 명령에서 지정한 명령은 반드시 컨테이너에서 실행되는데, 실행 시에 명령 인수를 지정하고 싶을 때는 CMD 명령과 조합하여 사용합니다. ENTRYPOINT 명령으로는 실행하고 싶은 명령 자체를 지정하고 CMD 명령으로는 그 명령의 인수를 지정하면, 컨테이너를 실행했을 때의 기본 작동을 결정할 수 있습니다.

[리스트 5.34]의 예에서는 ENTRYPOINT 명령으로 top 명령을 실행합니다. 그리고 CMD 명령으로 갱신 간격인 -d 옵션을 10초로 지정합니다. 그러면 이 이미지로부터 작성된 컨테이너는 top 명령이 반드시 실행되는데, 이때 CMD 명령에서 지정한 옵션을 사용하여 실행 시의 인수를 임의로 docker container run 명령 실행 시로 지정할 수 있습니다.

[리스트 5.34] ENTRYPOINT 명령과 CMD 명령을 조합한 예

```
# Docker 이미지 취득
FROM ubuntu:16.04

# top 실행
ENTRYPOINT ["top"]
CMD ["-d", "10"]
```

이 Dockerfile을 바탕으로 sample이라는 이미지를 작성하고 docker container run 명령을 실행한 예는 [리스트 5.35]와 같습니다.

[리스트 5.35] docker container run 명령의 예

```
CMD 명령에서 지정한 10초 간격으로 갱신하는 경우
$ docker container run -it sample

2초 간격으로 갱신하는 경우
$ docker container run -it sample -d 2
```

CMD 명령은 docker container run 명령 실행 시에 덮어 쓸 수 있다는 구조 때문에 가능한 것입니다.

빌드 완료 후에 실행되는 명령(ONBUILD 명령)

ONBUILD 명령은 그 다음 빌드에서 실행할 명령을 이미지 안에 설정하기 위한 명령입니다. 예를 들어 Dockerfile에 ONBUILD 명령을 사용하여 어떤 명령을 실행하도록 설정하여 빌드하고 이미지를 작성합니다. 그리고 그 이미지를 다른 Dockerfile에서 베이스 이미지로 설정하여 빌드했을 때 ONBUILD 명령에서 지정한 명령을 실행시킬 수 있습니다. 그림으로 나타내면 **그림 5.8** 과 같은 흐름이 됩니다.

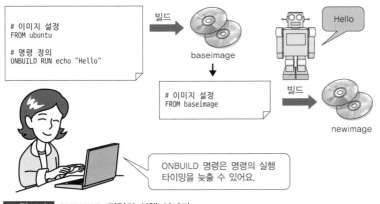

그림 5.8 ONBUILD 명령의 실행 이미지

ONBUILD 명령의 구문은 다음과 같습니다.

구문 ONBUILD 명령

```
ONBUILD [실행하고 싶은 명령]
```

ONBUILD 명령은 자신의 Dockerfile로부터 생성한 이미지를 베이스 이미지로 한 다른 Dockerfile을 빌드할 때 실행하고 싶은 명령을 기술합니다(그림 5.9).

구체적으로는 이 ONBUILD 명령을 사용하여 웹 애플리케이션의 실행 환경을 구축합니다. 이 샘플 코드는 아래에서 공개하고 있습니다.

WEB https://github.com/asashiho/dockertext2/tree/master/chap05/onbuild

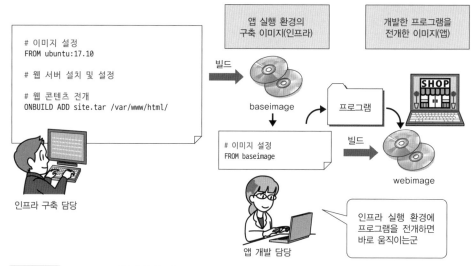

그림 5.9 ONBUILD 명령의 운용 예

예를 들면 웹 시스템을 구축할 때 OS 설치 및 환경 설정이나 웹 서버 설치 및 각종 플러그인 설치 등과 같은 인프라 환경 구축과 관련된 부분을 베이스 이미지로 작성합니다. 이때 ONBUILD 명령으로 이미지 안에 개발한 프로그램을 전개하는 명령(ADD나 COPY 명령 등)을 지정합니다.

애플리케이션 개발자는 애플리케이션의 구축 부분을 코딩하고 이미 작성이 끝난 베이스 이미지를 바탕으로 한 이미지를 작성합니다. 이 이미지 안에는 프로그래밍이 끝난 업무 애플리케이션이 전개됩니다.

스텝 1 베이스 이미지 작성

먼저 Ubuntu 17.10을 베이스 이미지로 하여 웹 서버의 실행 환경을 작성합니다.

RUN 명령으로 Nginx를 설치하고, 데몬을 실행하도록 CMD 명령을 지정합니다. 그리고 웹 콘텐츠(website.tar)를 /var/www/html 아래에 배치하는 명령을 ONBUILD 명령으로 지정합니다. Dockerfile은 [리스트 5.36]과 같습니다.

[리스트 5.36] 베이스 이미지 작성(Dockerfile.base)

```
# 베이스 이미지 설정
FROM ubuntu:17.10

# Nginx 설치
RUN apt-get -y update && apt-get -y upgrade
RUN apt-get -y install nginx

# 포트 지정
EXPOSE 80

# 웹 콘텐츠 배치
ONBUILD ADD website.tar /var/www/html/

# Nginx 실행
CMD ["nginx", "-g", "daemon off;"]
```

이 Dockerfile을 Dockerfile.base라는 이름으로 하고, [리스트 5.37]의 명령으로 이미지를 빌드합니다. docker build 명령을 사용하여 파일명을 지정할 때는 -f 옵션 다음에 파일명을 지정합니다.

[리스트 5.37] 베이스 이미지 빌드

```
$ docker build -t web-base -f Dockerfile.base .
Sending build context to Docker daemon 645.1kB
Step 1/6 : FROM ubuntu:17.10
17.10: Pulling from library/ubuntu
d26cfb4142fa: Pull complete
~중략~
Step 5/6 : ONBUILD add website.tar /var/www/html/
---> Running in 09d2b96b972b
---> 0ffa82864385
~중략~
Successfully built ab6f4910e6c1
```

┃ 스텝 2 ┃ 웹 콘텐츠 개발

웹 서버를 작동시키기 위한 인프라 실행 환경이 완성되었으므로 그 다음은 웹 콘텐츠를 구축합니다. 샘플로서 HTML 파일이나 CSS 파일, 그림 파일 등을 website라는 이름으로 하여 tar 명령을 사용하여 하나로 모읍니다. 콘텐츠의 내용은 디렉토리 구성을 포함해도 상관없습니다.

┃ 스텝 3 ┃ 웹 서버용 이미지 작성

그 다음은 웹 서버 실행용 이미지를 작성합니다. 이 이미지에는 스텝 1 에서 작성한 베이스 이미지를 FROM 명령으로 지정합니다.

Dockerfile은 [리스트 5.38]과 같습니다.

[리스트 5.38] 웹 서버용 이미지 작성(Dockerfile)

```
# Docker 이미지 취득
FROM web-base
```

이 Dockerfile을 빌드하면 ONBUILD 명령에서 지정한 웹 콘텐츠를 이미지에 추가하는 처리가 실행되므로 그림 5.10 과 같은 폴더로 구성합니다.

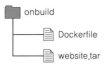

```
onbuild
   ├── Dockerfile
   └── website.tar
```

그림 5.10 웹 콘텐츠 배치

이 Dockerfile을 [리스트 5.39]의 명령으로 빌드합니다. 이로써 photoview-image라는 이름의 이미지가 생성됩니다.

[리스트 5.39] 웹 서버용 이미지 빌드

```
$ docker build -t photoview-image .
Sending build context to Docker daemon 4.543MB
Step 1/1 : FROM web-base
# Executing 1 build trigger...
---> 0e2c1822d255
Successfully built 0e2c1822d255
```

스텝 4 웹 서버용 컨테이너 시작

스텝 1 에서 웹 서버를 작동시키기 위한 실행 환경과 스텝 2 에서 웹 콘텐츠의 전개가 되었으므로 생성된 이미지를 바탕으로 컨테이너를 시작합니다(리스트 5.40).

[리스트 5.40] 웹 서버용 컨테이너 시작

```
$ docker container run -d -p 80:80 photoview-image
```

브라우저에서 아래 주소로 액세스하면 로컬에 있는 애플리케이션이 전개되는 것을 알 수 있습니다(그림 5.11).

WEB http://localhost/

그림 5.11 웹 콘텐츠 전개

이와 같이 인프라 구축과 관련된 이미지 작성과 애플리케이션 전개와 관련된 이미지 생성을 나눌 수 있습니다.

또한 이미지에 ONBUILD 명령이 설정되어 있는지 아닌지는 docker image inspect 명령으로 확인할 수 있습니다. 예를 들어 작성한 web-base라는 이미지에 ONBUILD 명령이 설정되어 있는지를 확인하려면 [리스트 5.41]의 명령을 실행합니다. 참조 이미지 상세 정보 확인(docker image inspect) ➡ p.99

[리스트 5.41] 이미지의 상세 정보 확인

```
$ docker image inspect --format="{{ .Config.OnBuild }}" web-base
[ADD website.tar /var/www/html/]
```

NOTE ONBUILD 명령을 사용한 팀 개발의 예

애플리케이션 개발 현장에서는 한 사람이 모든 것을 개발하는 일은 드물며, 여러 사람이 팀으로 협력하면서 진행하는 경우가 많습니다. 팀 멤버가 각각 Dockerfile을 작성하고 이미지를 작성한다면 Docker를 도입했는데도 애플리케이션 실행 환경이 제각각이 될 우려가 있습니다.

그래서 개발팀 안에 실행 환경 Dockerfile을 작성할 담당자를 정한 후 그 담당자가 OS/미들웨어의 설치나 설정, 라이브러리의 검증이나 도입 등을 하고 베이스가 되는 Dockerfile을 만듭니다.

웹 콘텐츠 개발자는 이 베이스가 되는 Dockerfile을 바탕으로 각자 개발한 소스코드를 전개하여 테스트를 하면, 팀 멤버 전원이 똑같은 실행 환경에서 개발과 테스트를 진행할 수 있습니다(그림 5.C).

베이스가 되는 Dockerfile을 작성하는 담당자는 인프라 기술과 애플리케이션 개발 기술 모두 정통한 엔지니어가 적임자입니다. 팀 개발을 할 때의 개발 폴리시가 정해져 있는 경우는 그 룰 안에 베이스가 되는 Dockerfile을 바탕으로 하는 이미지로부터 생성한 컨테이너에서 테스트한다는 것을 정해두는 것도 좋습니다.

또한 Dockerfile은 Git을 사용하여 팀 내에서 공유하고 버전을 관리할 수 있으므로 설령 Dockerfile을 작성하는 담당자가 정해져 있어도 그 사람에게 의존해 버릴 가능성이 낮아집니다.

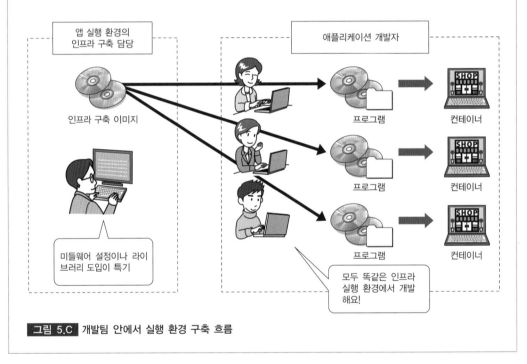

그림 5.C 개발팀 안에서 실행 환경 구축 흐름

🐳 시스템 콜 시그널의 설정(STOPSIGNAL 명령)

컨테이너를 종료할 때에 송신하는 시그널을 설정하려면 STOPSIGNAL 명령을 사용합니다. STOPSIGNAL 명령의 구문은 다음과 같습니다.

구문 STOPSIGNAL 명령

```
STOPSIGNAL [시그널]
```

STOPSIGNAL 명령에는 시그널 번호(9 등) 또는 시그널명(SIGKILL 등)을 지정할 수 있습니다.

🐳 컨테이너의 헬스 체크 명령(HEALTHCHECK 명령)

컨테이너 안의 프로세스가 정상적으로 작동하고 있는지를 체크하고 싶을 때는 HEALTHCHECK 명령을 사용합니다.

구문 HEALTHCHECK 명령

```
HEALTHCHECK [옵션] CMD 실행할 명령
```

지정할 수 있는 옵션

옵션	설명	기본값
--interval=n	헬스 체크 간격	30s
--timeout=n	헬스 체크 타임아웃	30s
--retries=N	타임아웃 횟수	3

HEALTHCHECK 명령에서는 Docker에 대해 컨테이너의 상태를 어떻게 확인(테스트)할지를 설정합니다.

예를 들어 5분마다 가동 중인 웹 서버의 메인 페이지(http://localhost/)를 3초 안에 표시할 수 있는지 없는지를 확인하려면 Dockerfile에 [리스트 5.42]와 같이 지정합니다.

[리스트 5.42] HEALTHCHECK 명령의 예

```
HEALTHCHECK --interval=5m --timeout=3s CMD curl -f http://localhost/ || exit 1
```

헬스 체크의 결과는 docker container inspect 명령으로 확인할 수 있습니다(리스트 5.43).

[리스트 5.43] HEALTHCHECK 확인

```
$ docker container inspect webap

[
    {
        "Id": "445838f073736d586ebf914cca5051576b866b6a1a30b9311d2fbdd8dd61a854",
        "Created": "2017-06-30T07:14:11.60682Z",
~중략~
            "Health": {
                "Status": "healthy",
                "FailingStreak": 0,
                "Log": [
                    {
                        "Start": "2017-06-30T07:19:14.240717Z",
                        "End": "2017-06-30T07:19:14.3615324Z",
                        "ExitCode": 0,
                        "Output": "
~중략~
                    }
                ]
        }
    },
]
```

5.5 환경 및 네트워크 설정

Dockerfile 안에서 이용할 수 있는 환경변수나 컨테이너 안에서의 작업 디렉토리를 지정할 수 있습니다. 이를 구현하는 명령에 대해 설명합니다.

환경변수 설정(ENV 명령)

Dockerfile 안에서 환경변수를 설정하고 싶을 때는 ENV 명령을 사용합니다. ENV 명령은 다음 두 서식 중 하나로 기술합니다.

구문 ENV 명령

```
ENV [key] [value]
```

```
ENV [key]=[value]
```

환경변수를 지정하는 방법은 다음 두 가지 방법이 있습니다.

1. key value 형으로 지정하는 경우

단일 환경변수에 하나의 값을 설정합니다. 첫 번째 공백 앞을 key로 설정하면 그 이후는 모두 문자열로서 취급합니다. 공백이나 따옴표와 같은 문자를 포함한 것도 문자로 취급합니다.

예를 들어 표 5.2 와 같은 값을 설정할 때는 [리스트 5.44]의 ENV 명령을 기술합니다.

표 5.2 환경변수 설정

키 명	값
myName	"Shiho ASA"
myOrder	Gin Whisky Calvados
myNickName	miya

[리스트 5.44] key value로 지정하는 경우의 ENV 명령

```
ENV myName "Shiho ASA"
ENV myOrder Gin Whisky Calvados
ENV myNickName miya
```

이 명령을 실행하면 명령별로 Docker 이미지를 만듭니다. 이 예에서는 ENV 명령이 3줄에 걸쳐 있으므로 3개의 Docker 이미지를 겹쳐서 만들게 됩니다.

2. key=value로 지정하는 경우

한 번에 여러 개의 값을 설정할 때는 환경변수를 key=value로 지정합니다(리스트 5.45).

[리스트 5.45] key=value 형식으로 지정하는 경우의 ENV 명령

```
ENV  myName="Shiho ASA" \
     myOrder=Gin\ Whisky\ Calvados \
     myNickName=miya
```

여기서는 하나의 ENV 명령으로 여러 개의 값을 설정하므로 만들어지는 Docker 이미지는 하나입니다.

변수 앞에 \를 추가하면 이스케이프 처리를 할 수 있습니다. 예를 들어 \$myName은 $myName이라는 리터럴로 치환할 수 있습니다.

ENV 명령으로 지정한 환경변수는 컨테이너 실행 시의 docker container run 명령의 --env 옵션을 사용하면 변경할 수 있습니다.

작업 디렉토리 지정(WORKDIR 명령)

Dockerfile에서 정의한 명령을 실행하기 위한 작업용 디렉토리를 지정하려면 WORKDIR 명령을 설정합니다.

 WORKDIR 명령

```
WORKDIR [작업 디렉토리 경로]
```

WORKDIR 명령은 Dockerfile에 쓰여 있는 다음과 같은 명령을 실행하기 위한 작업용 디렉토리를 지정합니다.

- RUN 명령
- CMD 명령
- ENTRYPOINT 명령
- COPY 명령
- ADD 명령

만일 지정한 디렉토리가 존재하지 않으면 새로 작성합니다. 또한 WORKDIR 명령은 Dockerfile 안에서 여러 번 사용할 수 있습니다. 상대 경로를 지정한 경우는 이전 WORKDIR 명령의 경로에 대한 상대 경로가 됩니다. 예를 들어 Dockerfile에서 [리스트 5.46]과 같이 지정하면 마지막 줄 실행 후 /first/second/third가 출력됩니다.

[리스트 5.46] 절대 경로/상대 경로를 사용한 WORKDIR 명령

```
WORKDIR /first
WORKDIR second
WORKDIR third
RUN ["pwd"]
```

WORKDIR 명령에는 ENV 명령에서 지정한 환경변수를 사용할 수 있습니다. 예를 들어 Dockerfile에서 [리스트 5.47]과 같이 지정하면 마지막 줄 실행 후 /first/second가 출력됩니다.

[리스트 5.47] WORKDIR 명령으로 환경변수를 사용한 예

```
ENV DIRPATH /first
ENV DIRNAME second
WORKDIR $DIRPATH/$DIRNAME
RUN ["pwd"]
```

사용자 지정(USER 명령)

이미지 실행이나 Dockerfile의 다음과 같은 명령을 실행하기 위한 사용자를 지정할 때는 USER 명령을 사용합니다.

- RUN 명령
- CMD 명령
- ENTRYPOINT 명령

USER 명령은 다음과 같은 서식으로 기술합니다.

 USER 명령

```
USER [사용자명/UID]
```

USER 명령에서 지정하는 사용자는 RUN 명령으로 미리 작성해 놓을 필요가 있다는 점에 주의하기 바랍니다.

예를 들어 [리스트 5.48]의 예에서는 RUN 명령으로 asa라는 사용자를 작성한 후, USER 명령에서 asa를 설정하고 두 번째 RUN 명령을 asa라는 계정에서 실행하고 있습니다.

[리스트 5.48] USER 명령의 예

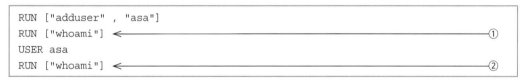
```
RUN ["adduser" , "asa"]
RUN ["whoami"]  ←────────────────────────────────────①
USER asa
RUN ["whoami"]  ←────────────────────────────────────②
```

이 Dockerfile을 빌드하면 [리스트 5.49]와 같은 결과가 나옵니다. 첫 번째 whoami 명령(①)은 root이지만, 두 번째 whoami 명령(②)은 USER 명령으로 지정한 asa로 되어 있는 것을 알 수 있습니다. whoami 명령은 사용자명을 표기하기 위한 Linux 명령입니다.

[리스트 5.49] USER 명령의 실행 결과

```
~중략~
Step 3 : RUN whoami
---> Running in f7291bb17fd4
root
---> 98a159d3ad8f
Removing intermediate container f7291bb17fd4
```

```
Step 4 : USER asa
---> Running in 9bfc3b6e0495
---> c426b5567df6
Removing intermediate container 9bfc3b6e0495
Step 5 : RUN whoami
---> Running in 713d90759f11
asa
---> 21839aace141
Removing intermediate container 713d90759f11
Successfully built 21839aace141
```

 라벨 지정(LABEL 명령)

이미지에 버전 정보나 작성자 정보, 코멘트 등과 같은 정보를 제공할 때는 LABEL 명령을 사용합니다.

 LABEL 명령

```
LABEL <키 명>=<값>
```

[리스트 5.50]은 LABEL 명령을 사용하여 이미지에 정보를 설정하는 예입니다.

[리스트 5.50] LABEL 명령의 예

```
LABEL maintainer "Shiho ASA<asashiho@mail.asa.seoul>"
LABEL title="WebAP"
LABEL version="1.0"
LABEL description="This image is WebApplicationServer"
```

이 명령을 바탕으로 Dockerfile을 빌드하여 생성된 sample이라는 이름의 이미지의 상세 정보를 확인하면, [리스트 5.51]과 같이 LABEL 명령으로 지정한 정보가 설정되어 있는 것을 알 수 있습니다. 참조 이미지 상세 정보 확인(docker image inspect) ➡ p.99

[리스트 5.51] 이미지의 상세 정보

```
$ docker image inspect --format="{{ .Config.Labels }}" label-sample
map[title:WebAP version:1.0 description:This image is WebApplicationServer ➡
maintainer:"Shiho ASA<asashiho@mail.asa.seoul>"]
```

또한 구 버전(1.13 이전)의 Docker에서는 Dockerfile의 작성자를 기술할 때 MAINTAINER 명령을 사용했었지만, 이 명령은 현재 권장하지 않으므로 LABEL 명령을 사용하기 바랍니다.

포트 설정(EXPOSE 명령)

컨테이너의 공개 포트 번호를 지정할 때는 EXPOSE 명령을 사용합니다.

 구문 EXPOSE 명령

```
EXPOSE <포트 번호>
```

EXPOSE 명령은 Docker에게 실행 중인 컨테이너가 listen하고 있는 네트워크를 알려줍니다. 또한 docker container run 명령의 -p 옵션을 사용할 때 어떤 포트를 호스트에 공개할지를 정의합니다.

예를 들어 8080 포트를 공개하기 위한 EXPOSE 명령은 [리스트 5.52]와 같습니다.

[리스트 5.52] EXPOSE 명령의 예

```
EXPOSE 8080
```

 ## Dockerfile 내 변수의 설정(ARG 명령)

Dockerfile 안에서 사용할 변수를 정의할 때는 ARG 명령을 사용합니다. 이 ARG 명령을 사용하면 변수의 값에 따라 생성되는 이미지의 내용을 바꿀 수 있습니다.

환경변수인 ENV와는 달리 이 변수는 Dockerfile 안에서만 사용할 수 있습니다.

 구문 ARG 명령

```
ARG <이름> [=기본값]
```

예를 들어 [리스트 5.53]과 같이 하면 ARG 명령으로 'YOURNAME'이라는 변수를 정의한 Dockerfile을 작성할 수 있습니다.

[리스트 5.53] ARG 명령의 예

```
# 변수의 정의
ARG YOURNAME="asa"
RUN echo $YOURNAME
```

이 Dockerfile을 빌드할 때 --build-arg 옵션을 붙여 ARG 명령에서 지정한 'YOURNAME'에 'shiho'라는 값을 설정하고 [리스트 5.54]의 명령을 실행합니다. 로그를 확인하면 변수에 값이 설정되어 Dockerfile 안에서 이용할 수 있다는 것을 알 수 있습니다.

[리스트 5.54] ARG 명령 실행

```
$ docker build . --build-arg YOURNAME=shiho
~중략~
Step 2/3 : ARG YOURNAME="asa"
---> Running in 3c188609fb07
---> 42e8a66cbb24
Step 3/3 : RUN echo $YOURNAME
---> Running in 802dc70241a0
shiho
---> 2127eff49b78
Successfully built 2127eff49b78
```

또한 --build-arg 옵션을 붙이지 않고 docker build 명령을 실행했을 때는 [리스트 5.55]와 같이 ARG 명령에서 지정한 기본값(위 예의 경우는 'asa')이 전개됩니다.

[리스트 5.55] ARG 명령 실행

```
$ docker build .
~중략~
Step 2/3 : ARG YOURNAME="asa"
---> Running in 3c188609fb07
---> 42e8a66cbb24
Step 3/3 : RUN echo $YOURNAME
---> Running in df6da50c83ed
asa
---> cfff7b3f94ee
Successfully built 2127eff49b78
```

 ## 기본 쉘 설정(SHELL 명령)

쉘 형식으로 명령을 실행할 때 기본 쉘을 설정하려면 SHELL 명령을 사용합니다. SHELL 명령을 지정하지 않았을 때 Linux의 기본 쉘은 ["/bin/sh", "-c"], Windows는 ["cmd", "/S", "/C"]이 됩니다.

 구문 SHELL 명령

```
SHELL ["쉘의 경로", "파라미터"]
```

[리스트 5.56]은 기본 쉘을 /bin/bash로 변경하여 RUN 명령을 실행한 예입니다.

[리스트 5.56] RUN 명령 실행

```
# 기본 쉘 지정
SHELL ["/bin/bash", "-c"]

# RUN 명령 실행
RUN echo hello
```

SHELL 명령을 지정하면 그 쉘은 그 이후에 Dockerfile 안에서 Shell 형식으로 지정한 RUN 명령이나 CMD 명령, ENTRYPOINT 명령에서 유효해집니다.

5.6 파일 설정

여기서는 Dockerfile에서 파일을 다룰 때 사용하는 명령을 설명하겠습니다.

 파일 및 디렉토리 추가(ADD 명령)

이미지에 호스트상의 파일이나 디렉토리를 추가할 때는 ADD 명령을 사용합니다.

 ADD 명령

```
ADD <호스트의 파일 경로> <Docker 이미지의 파일 경로>
```

```
ADD ["<호스트의 파일 경로>" "<Docker 이미지의 파일 경로>"]
```

ADD 명령은 호스트상의 파일이나 디렉토리, 원격 파일을 Docker 이미지 안으로 복사합니다. 예를 들어 호스트상의 host.html를 이미지 안의 /docker_dir/에 추가하려면 [리스트 5.57]과 같이 지정합니다.

[리스트 5.57] ADD 명령의 예

```
ADD host.html /docker_dir/
```

추가하고 싶은 호스트의 파일 경로에는 Dockerfile의 디렉토리 내부를 지정하기 바랍니다. 호스트의 파일 경로에는 와일드카드와 Go 언어의 filepath.Match 룰과 일치하는 패턴을 사용할 수 있습니다(리스트 5.58).

[리스트 5.58] ADD 명령에 사용하는 패턴 예

```
# [hos]로 시작하는 모든 파일을 추가
ADD hos* /docker_dir/

# [hos]+임의의 한 문자 룰에 해당하는 파일을 추가
ADD hos?.txt /docker_dir/
```

Docker 이미지 안의 파일은 절대 경로로 지정하거나 WORKDIR 명령에서 지정한 디렉토리를 기점으로 한 경로로 지정합니다. 예를 들어 WORKDIR 명령에서 /docker_dir을 지정하고, /docker_dir 안의 web이라는 디렉토리에 host.html을 복사하려면 [리스트 5.59]의 명령을 실행합니다.

[리스트 5.59] WORKDIR 명령과 ADD 명령의 예

```
WORKDIR /docker_dir
ADD host.html web/
```

생성된 이미지를 바탕으로 컨테이너를 시작하고 확인하면 /docker_dir/web 아래에 host.html 파일이 추가되어 있는 것을 알 수 있습니다(리스트 5.60).

[리스트 5.60] WORKDIR 명령과 ADD 명령의 실행 결과

```
# pwd
/docker_dir
# ls -l
-rwxr-xr-x 1 root root 16 Jun 26 01:06 host.html
```

이미지에 추가하고 싶은 파일이 원격 파일 URL인 경우, 추가한 파일은 퍼미션이 600(사용자만 읽기 쓰기 가능)이 됩니다(리스트 5.61). 만일 취득한 원격 파일이 HTTP Last-Modified 헤더를 갖고 있다면 추가된 파일에서 mtime의 값으로 사용됩니다.

또한 ADD 명령은 인증을 지원하지 않기 때문에 원격 파일의 다운로드에 인증이 필요한 경우는 RUN 명령에서 wget 명령이나 curl 명령을 사용하기 바랍니다. 참조 명령 실행(RUN 명령) ➜ p.166

HTTP Last-Modified 헤더

용어

HTTP에서 콘텐츠의 데이터를 마지막으로 갱신한 날짜(Last-Modified)의 타임스탬프를 말합니다.

[리스트 5.61] ADD 명령에서 원격 파일 추가

```
ADD http://www.wings.msn.to/index.php /docker_dir/web/
```

[리스트 5.61]을 실행하면 http://www.wings.msn.to/index.php를 다운로드하여 Docker 이미지 안의 /docker_dir/web/index.php로 퍼미션이 600인 파일이 추가됩니다. 실행 결과는 [리스트 5.62]와 같습니다.

[리스트 5.62] ADD 명령에서 원격 파일을 추가한 실행 결과

```
$ docker build -t sample .
Sending build context to Docker daemon 2.275MB
Step 1/2 : FROM ubuntu:16.04
---> d355ed3537e9
Step 2/2 : ADD http://www.wings.msn.to/index.php /docker_dir/web/
Downloading 45.89kB
---> 768045dc9358
Removing intermediate container 2b2bf5cda9fa
Successfully built 768045dc9358
```

또한 이미지 안의 파일 지정이 파일(마지막이 슬래시가 아님)일 때는 URL로부터 파일을 다운로드하여 지정한 파일명을 추가합니다.

이미지 안의 파일 지정이 디렉토리(마지막이 슬래시)일 때는 파일명은 URL로 지정한 것이 됩니다.

호스트의 파일이 tar 아카이브거나 압축 포맷(gzip, bzip2 등)일 때는 디렉토리로 압축을 풉니다. 단, 원격 URL로부터 다운로드한 리소스는 압축이 풀리지 않으므로 주의하기 바랍니다.

note   **빌드에 불필요한 파일 제외**

Docker에서 빌드를 하면 빌드를 실행한 디렉토리 아래에 있는 모든 파일이 Docker 데몬으로 전송됩니다. 그렇기 때문에 빌드에서 제외하고 싶은 파일이 있는 경우는 '.dockerignore'이라는 이름의 파일 안에 해당 파일명을 기술하기 바랍니다. 여러 개의 파일을 지정할 때는 줄 바꿈을 해서 파일명을 나열합니다.

예를 들어 [리스트 5.E]와 같이 빌드 컨텍스트상에 Dockerfile과 Dummyfile을 저장하고, '.dockerignore' 안에 Dummyfile을 지정합니다.

[리스트 5.E] 제외 파일 지정

```
$ ls -la
total 12
drwxr-sr-x    2 docker    staff     100 Jun 11 00:35 ./
drwxr-sr-x    6 docker    staff     180 Jun 10 23:16 ../
-rw-r--r--    1 docker    staff      10 Jun 11 00:30 .dockerignore
-rw-r--r--    1 docker    staff     136 Jun 11 00:33 Dockerfile
-rw-r--r--    1 docker    staff       6 Jun 11 00:31 dummyfile

$ cat .dockerignore
dummyfile
```

이 환경에서 [리스트 5.F]의 Dockerfile을 만듭니다. Dockerfile 안에는 dummyfile을 이미지에 포함시키는 ADD 명령을 기술합니다.

[리스트 5.F] Dockerfile 작성

```
# 베이스 이미지 지정
FROM ubuntu:latest

# 더미 파일 배치
ADD dummyfile /tmp/dummyfile
```

그 다음 docker build 명령을 실행하여 sample이라는 이름의 이미지를 만듭니다(리스트 5.G).

[리스트 5.G] Dockerfile 작성

```
$ docker build -t sample .
Sending build context to Docker daemon 3.072 kB
Sending build context to Docker daemon
Step 1/2 : FROM ubuntu:latest
---> 0458a4468cbc
Step 2/2 : ADD dummyfile /tmp/dummyfile
ADD failed: stat /var/lib/docker/tmp/docker-builder166832226/dummyfile: ➡
no such file or directory
```

로그를 확인하면 dummyfile이 존재하지 않기 때문에 오류가 발생한다는 것을 알 수 있습니다. .dockerignore 파일을 설정해 두면 빌드에 불필요한 파일이 전송되지 않기 때문에 처리 속도가 빨라집니다. 이와 같이 불필요한 파일은 Docker의 빌드 대상에서 제외하는 설정을 해 두는 것이 좋습니다.

파일 복사(COPY 명령)

이미지에 호스트상의 파일이나 디렉토리를 복사할 때는 COPY 명령을 사용합니다.

 COPY 명령

```
COPY <호스트의 파일 경로> <Docker 이미지의 파일 경로>
```

```
COPY ["<호스트의 파일 경로>" "<Docker 이미지의 파일 경로>"]
```

ADD 명령과 COPY 명령은 매우 비슷합니다. ADD 명령은 원격 파일의 다운로드나 아카이브의 압축 해제 등과 같은 기능을 갖고 있지만, COPY 명령은 호스트상의 파일을 이미지 안으로 '복사하는' 처리만 합니다. 이 때문에 단순히 이미지 안에 파일을 배치하기만 하고 싶을 때는 COPY 명령을 사용합니다.

COPY 명령의 구문은 ADD 명령과 똑같습니다. 참조 파일 및 디렉토리 추가(ADD 명령) ➜ p.187

Note Dockerfile의 저장 위치

Dockerfile로부터 이미지를 만들 때 docker build 명령은 Dockerfile을 포함하는 디렉토리(서브디렉토리를 포함한다)를 모두 Docker 데몬으로 전송합니다.

예를 들어 시스템의 루트 디렉토리를 소스 리포지토리로 사용한 경우는 루트 디렉토리의 모든 콘텐츠를 Docker 데몬으로 전송하기 때문에 처리가 느려집니다.

그래서 Dockerfile의 저장 위치는 빈 디렉토리를 만들고 거기에 Dockerfile을 놓아두고 이미지를 작성하는 방법을 권장합니다.

Docker의 빌드에 필요 없는 파일은 Dockerfile과 똑같은 디렉토리에 두지 않도록 주의하는 것이 좋습니다.

볼륨 마운트(VOLUME 명령)

이미지에 볼륨을 할당하려면 VOLUME 명령을 사용합니다.

구문　VOLUME 명령

```
VOLUME ["/마운트 포인트"]
```

VOLUME 명령은 지정한 이름의 마운트 포인트를 작성하고, 호스트나 그 외 다른 컨테이너로부터 볼륨의 외부 마운트를 수행합니다. 설정할 수 있는 값은 VOLUME ["/var/log/"]와 같은 JSON 배열, 또는 VOLUME /var/log나 VOLUME /var/log /var/db와 같은 여러 개의 인수로 된 문자열을 지정할 수 있습니다.

컨테이너는 영구 데이터를 저장하는 데는 적합하지 않습니다. 그래서 영구 저장이 필요한 데이터는 컨테이너 밖의 스토리지에 저장하는 것이 좋습니다.

영구 데이터는 Docker의 호스트 머신상의 볼륨에 마운트하거나 공유 스토리지를 볼륨으로 마운트 하는 것이 가능합니다.

제 2 부
기본편

제 **6** 장

Docker 이미지 공개

Docker 이미지를 개발자끼리 서로 공유하면 라이브러리의 버전 차이나 미들웨어의 구성 등과 같은 환경에 의존하는 일 없이 똑같은 환경에서 애플리케이션을 개발할 수 있습니다. 이와 같이 Docker 이미지를 공유하는 장치를 제공하는 것이 Docker 레지스트리입니다. 이 장에서는 Docker의 공식 레지스트리인 'Docker Hub'의 개요 및 프로젝트 안으로만 공개를 제한하는 프라이빗 레지스트리를 구축하는 방법에 대해 설명하겠습니다.

6.1  Docker 이미지의 자동 생성 및 공개

5장에서 설명한 Dockerfile을 GitHub 등에서 관리하고 Docker Hub와 연결하면 Dockerfile로부터 자동으로 Docker 이미지를 생성하고 공개할 수 있습니다. 여기서는 Dockerfile을 바탕으로 Docker 이미지를 자동으로 생성하는 방법을 설명합니다.

Automated Build의 흐름

Docker Hub에는 버전 관리 툴인 GitHub 및 Bitbucket과 연결하여 Dockerfile로부터 Docker 이미지를 자동으로 생성하는 'Automated Build' 기능이 있습니다. 이 기능은 GitHub 또는 Bitbucket에서 관리되는 Dockerfile을 바탕으로 Docker 이미지를 자동으로 빌드하는 기능을 말합니다(그림 6.1).

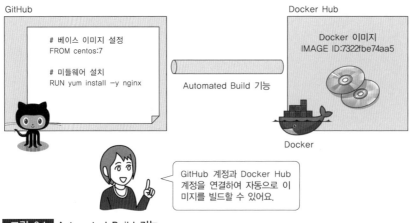

그림 6.1 Automated Build 기능

Bitbucket

Bitbucket은 Atlassian이 제공하는 버전 관리를 위한 리포지토리 서비스입니다. 유료 계정과 무료 계정을 제공하며, 무료 계정의 경우 5 유저까지라면 비공개 리포지토리를 무제한으로 만들 수 있는 것이 특징입니다.

GitHub에 공개하기

작성한 Dockerfile을 GitHub에서 공개합니다. 애플리케이션의 소스코드 관리와 똑같은 절차로 리포지토리를 만들어 Dockerfile을 공개합니다. 이때 반드시 Dockerfile이라는 파일로 리포지토리에 공개하기 바랍니다(그림 6.2).

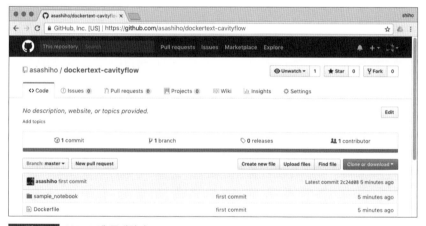

그림 6.2 GitHub에 공개하기

여기서는 샘플로서 아래의 Dockerfile을 이용하여 환경을 구축하고 있습니다.

WEB https://github.com/asashiho/dockertext-cavityflow

Docker Hub의 링크 설정

Docker Hub에 로그인합니다. Docker Hub와 GitHub를 연결하기 위해 Docker Hub의 메인 화면에서 계정 버튼을 클릭하고 [Settings] → [Linked Accounts & Services]를 클릭합니다. 여기서는 GitHub와 연결하므로 [Link GitHub] 버튼을 클릭합니다(그림 6.3).

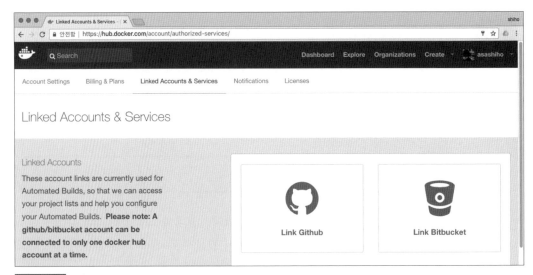

그림 6.3 Docker Hub와 GitHub 계정의 연결

그 다음 GitHub의 계정과의 연결 방법을 물어보므로 'Public and Private (Recommended)'를 선택합니다(**그림 6.4**). 이것을 선택하면 GitHub의 프라이빗 리포지토리에서도 자동으로 빌드를 할 수 있습니다. 또한 'Limited Access'를 선택한 경우는 퍼블릭 리포지토리 외에서는 수동으로 빌드해야 합니다.

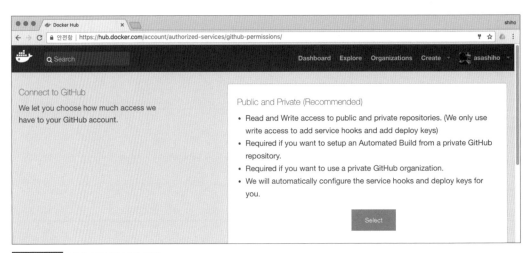

그림 6.4 계정 연결 방식의 선택

[Select] 버튼을 클릭하면 GitHub 계정과 연결됩니다. 또한 계정 연결을 해제하고 싶을 때는 [Unlink GitHub] 버튼을 클릭합니다(**그림 6.5**).

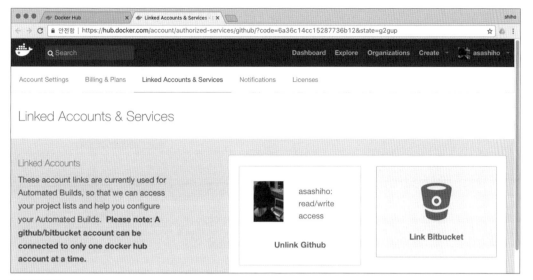

그림 6.5 계정 연결의 완료

Git과 GitHub

용어

Git은 프로그램의 소스코드 등의 변경 이력을 기록 및 추적하기 위한 분산형 버전 관리 시스템 입니다. Linux 커널 개발의 소스코드 관리를 위해 만들어졌는데, 현재는 수많은 개발 프로젝트 에서 도입하고 있습니다.

GitHub는 Git을 이용하여 인터넷상에 프로그램 코드 등을 저장 및 공개할 수 있는 웹 서비스 입니다. 소스코드의 버전 관리 외에도 SNS 기능 등을 갖고 있는 것이 특징입니다. GitHub는 Docker나 Kubernetes를 비롯한 수많은 오픈소스 프로젝트 개발에서 이용하고 있습니다.

 Dockerfile의 빌드

GitHub상의 Dockerfile을 바탕으로 하여 Docker Hub에서 이미지를 생성합니다.

먼저 Docker Hub에 로그인한 상태에서 [Create] 버튼을 클릭합니다(**그림 6.6**). 리스트 메뉴 에서 [Create Automated Build]를 클릭합니다.

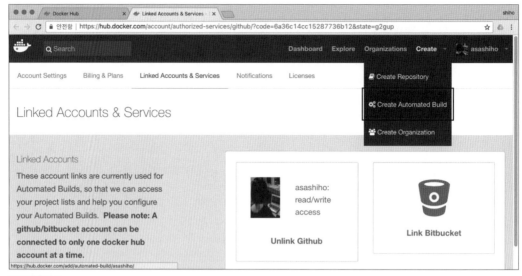

그림 6.6 Docker Hub에서 Automated Build 리포지토리 작성

그 다음 Dockerfile이 공개되어 있는 GitHub의 계정을 선택합니다. 계정을 선택하면 공개되어 있는 소스코드의 리포지토리가 표시되므로 리포지토리를 선택합니다. 이 예에서는 GitHub 상의 'asashiho'라는 계정이 공개하고 있는 'dockertextcavityflow'라는 리포지토리를 선택하고 있습니다.

그 다음은 만들 Docker 이미지의 정보를 등록하는 화면이 나오므로 다음과 같이 필요한 정보를 등록합니다(**그림 6.7**).

1. Repository Namespace & Name(필수)

Docker 이미지의 이름공간이 됩니다. 여기서는 로그인 계정을 선택합니다.

Docker Hub에서 이미지를 공개할 때의 이름입니다. 리포지토리명은 3~30문자까지의 영어 소문자와 숫자, 또는 _(언더바), -(하이픈), .(닷)을 사용할 수 있습니다.

2. Visibility(필수)

[Public]으로 설정하면 Docker 이미지가 공개되어 누구나 이용할 수 있습니다. [Private]으로 설정하면 한정된 멤버만 이용할 수 있습니다. 이번에는 'Public'으로 합니다.

3. Short Description(필수)

이미지에 대한 간단한 설명을 기술합니다.

설정이 끝나면 [Create] 버튼을 클릭합니다. 리포지토리 화면으로 이동하므로 거기서 [Build Settings]를 클릭합니다.

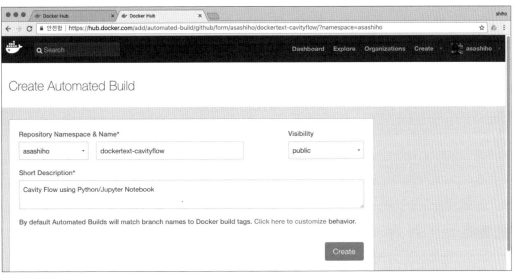

그림 6.7 Docker Hub에서 Automated Build 리포지토리 작성

여기서 Docker 이미지의 태그를 설정합니다(**그림 6.8**). latest는 최신 버전이라는 것을 의미합니다. 태그는 여러 개 포함시킬 수도 있습니다. 이 예와 같이 1.0과 같은 버전을 붙일 것을 권장합니다. [Trigger] 버튼을 클릭하면 빌드가 시작됩니다.

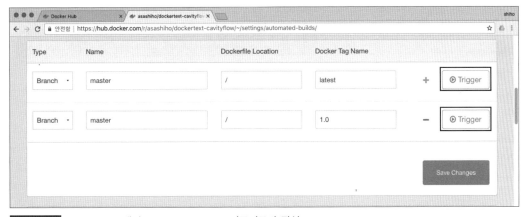

그림 6.8 Docker Hub에서 Automated Build 리포지토리 작성

빌드의 진척 상황은 [Build Details] 탭에서 확인할 수 있습니다(**그림 6.9**).

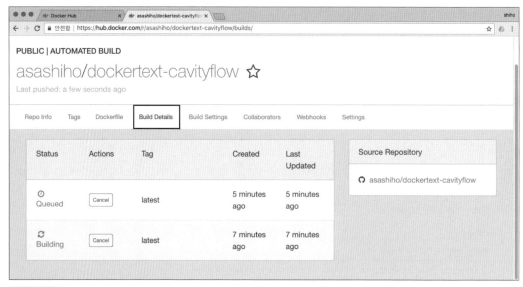

그림 6.9 빌드의 진척 상황 확인

이로써 GitHub상의 Dockerfile을 바탕으로 Docker 이미지가 만들어지고, Docker Hub상에 공개됩니다. Docker 이미지의 빌드에는 몇 분에서 몇 십 분 걸리는 경우가 있습니다.

빌드가 완료되면 Docker Hub 리포지토리에 이미지가 추가됩니다.

또한 Docker Hub 리포지토리의 [Dockerfile] 탭을 확인하면 빌드한 Dockerfile을 확인할 수 있습니다(**그림 6.10**).

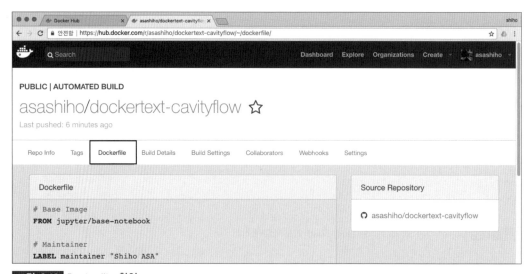

그림 6.10 Dockerfile 확인

또한 Docker Hub의 [Build Settings]에서 [When active, builds will happen automatically on pushes.]에 선택 표시를 하면 Dockerfile을 저장하고 있는 GitHub의 내용이 갱신된 경우 Docker 이미지의 빌드가 자동으로 일어납니다(그림 6.11).

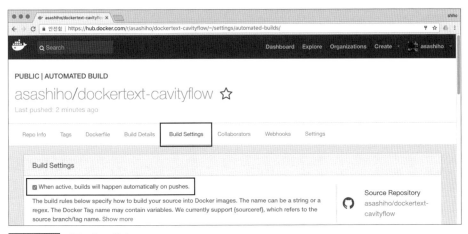

그림 6.11 자동 빌드 설정

이것으로 Docker Hub의 Automated Build 기능을 사용하여 'dockertext-cavityflow'라는 이름의 이미지가 생성되고 인터넷 상에서 공유됩니다.

 Docker 이미지 확인

이제 작성한 Docker 이미지를 확인하고, 이 이미지를 사용하여 컨테이너를 실행시켜 봅시다. 먼저 Docker Hub에서 이미지를 다운로드합니다. 이번에는 asashiho라는 계정으로 dockertext-cavityflow라는 이름의 이미지를 만들었으므로 [리스트 6.1]의 명령을 실행합니다. 계정명과 이미지명은 Docker Hub에 등록한 내용에 맞춰 적절히 수정하기 바랍니다. 참조 이미지 다운로드(docker image pull) ➡ p.96

[리스트 6.1] Docker 이미지 취득(docker image pull 명령)

```
$ docker image pull asashiho/dockertext-cavityflow
Using default tag: latest
latest: Pulling from asashiho/dockertext-cavityflow
e0a742c2abfd: Pull complete
~중략~
c630c6e06ad7: Pull complete
Digest: sha256:f5f0960a09ef80fe86d2e03837f79e27f6a266b35a5971192f3fdf0e2b7d31ed
Status: Downloaded newer image for asashiho/dockertext-cavityflow:latest
```

Docker Hub에서 다운로드한 파일을 docker image ls 명령을 사용하여 확인합니다(리스트 6.2). **참조** 이미지 목록 표시(docker image ls) ➡ p.97

[리스트 6.2] 이미지 확인

```
$ docker image ls
REPOSITORY                        TAG      IMAGE ID       CREATED         SIZE
asashiho/dockertext-cavityflow    latest   a64233ab9cce   15 minutes ago  1.63GB
```

이미지의 상세 정보를 확인하려면 docker image inspect 명령을 실행합니다(리스트 6.3). docker image inspect 명령을 실행하면 리포지토리의 태그를 확인할 수 있습니다.

[리스트 6.3] 이미지의 상세 정보

```
$ docker image inspect --format="{{ .RepoTags }}" asashiho/dockertext-cavityflow
[asashiho/dockertext-cavityflow:latest]
```

이것으로 Docker Hub의 Automated Build 기능을 사용하여 Dockerfile로부터 이미지를 자동 생성했습니다. **참조** 이미지 상세 정보 확인(docker image inspect) ➡ p.99

6.2 Docker Registry를 사용한 프라이빗 레지스트리 구축

Docker 이미지에는 인터넷상에 공개하고 싶지 않은 정보가 포함되는 경우도 있습니다. 여기서는 Docker 이미지를 일원 관리하기 위한 레지스트리를 로컬 환경에 구축하여 관리하는 방법에 대해 살펴보겠습니다.

로컬 환경에 Docker 레지스트리 구축하기

Docker의 공식 레지스트리인 Docker Hub에는 Ubuntu나 CentOS와 같은 Linux 배포판의 기본 기능을 제공하는 공식 베이스 이미지나 여러 뜻있는 사람들이 작성한 다양한 용도의 이미지 등이 많이 배포되어 있습니다.

이러한 Docker 레지스트리를 프라이빗 네트워크 안에서 구축하려면 Docker Store에 공개되어 있는 공식 이미지인 'registry'를 사용합니다(**그림 6.12**).

● **registry** **WEB** https://store.docker.com/images/registry

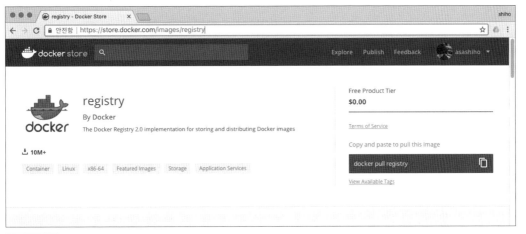

그림 6.12 registry 이미지의 상세 정보

registry는 Version 0 계열과 Version 2 계열, 이 두 개의 버전이 있습니다. Version 0 계열은 Python, Version 2 계열은 Go 언어로 구축되어 있으며, 이 둘은 호환성이 없으므로 주의하기 바랍니다. 특별한 요구사항이 없는 경우는 Version 2 계열을 이용하는 것이 좋습니다.

이제 이 registry 이미지를 사용하여 프라이빗 네트워크 환경 안에 Docker 레지스트리를 구축하는 방법을 살펴봅시다. 이 Docker 레지스트리는 프라이빗 네트워크 안에서만 이미지를 공개할 수 있습니다. docker search 명령으로 registry를 확인하면 [리스트 6.4]와 같습니다.

[리스트 6.4] registry 검색

```
$ docker search registry
NAME        DESCRIPTION                                STARS   OFFICIAL   AUTOMATED
registry    The Docker Registry 2.0 implementation for... 1700  [OK]
```

이 registry를 docker image pull 명령을 사용하여 로컬 환경에 다운로드합니다(리스트 6.5).

[리스트 6.5] registry 다운로드

```
$ docker image pull registry
Using default tag: latest
latest: Pulling from library/registry
81033e7c1d6a: Pull complete
~중략~
Digest: sha256:672d519d7fd7bbc7a448d17956ebeefe225d5eb27509d8dc5ce67ecb4a0bce54
Status: Downloaded newer image for registry:latest
```

다운로드가 끝나면 [리스트 6.6]의 docker image ls 명령으로 확인합니다.

[리스트 6.6] registry 이미지 확인

```
$ docker image ls registry
REPOSITORY          TAG          IMAGE ID          CREATED          SIZE
registry            latest       d1fd7d86a825      3 weeks ago      33.5MB
```

그 다음 다운로드한 registry 이미지를 바탕으로 레지스트리용 컨테이너를 시작합니다. 컨테이너를 시작하려면 docker container run 명령을 사용합니다(리스트 6.7). 레지스트리는 5000번 포트를 사용하므로 -p 옵션을 사용하여 포트를 전송합니다. ▇참조▇ 컨테이너의 네트워크 설정 (docker container run) ➡ p.114

[리스트 6.7] registry 컨테이너 시작

```
$ docker container run -d -p 5000:5000 --name registry registry
```

docker container ls 명령을 사용하여 [리스트 6.8]과 같이 컨테이너의 시작을 확인합니다. ▇참조▇ 가동 컨테이너 목록 표시(docker container ls) ➡ p.119

[리스트 6.8] registry 컨테이너 확인

```
$ docker container ls
CONTAINER ID    IMAGE      ~중략~   STATUS           PORTS                      NAMES
2a912a0de982    registry   ~중략~   Up 14 seconds    0.0.0.0:5000->5000/tcp     registry
```

이것으로 프라이빗 레지스트리가 구축되었습니다.

Docker 이미지 업로드

업로드하기 위한 이미지를 만들려면 [리스트 6.9]와 같은 Dockerfile을 만듭니다. 샘플에서는 Jupyter Notebook의 베이스 이미지에 Numpy / SciPy / Sympy / Matplotlib라는 4개의 라이브러리를 설치하고 있습니다.

[리스트 6.9] Dockerfile

```
# Base Image
FROM jupyter/base-notebook

# Configure environment
ENV CONDA_DIR=/opt/conda

# Install Jupyter Notebook and Hub
RUN conda install --quiet --yes \
        'numpy=1.13.*' \
```

```
        'scipy=0.19.*' \
        'sympy=1.1.*' \
        'matplotlib=2.1.*' \
        && conda clean -tipsy && \
        fix-permissions $CONDA_DIR
        ~중략~
```

※ 이 Dockerfile은 샘플의 chap06에 있습니다. **WEB** https://github.com/asashiho/dockertext2

이 Dockerfile을 [리스트 6.10]의 명령으로 빌드하여 docker-science라는 이름의 이미지를 만듭니다.

[리스트 6.10] Dockerfile 빌드

```
$ docker build -t docker-science .

Sending build context to Docker daemon 2.048kB
Step 1/3 : FROM jupyter/base-notebook
latest: Pulling from jupyter/base-notebook
~중략~
Successfully built 186ac198fcdf
Successfully tagged docker-science:latest
```

프라이빗 네트워크 안의 Docker 레지스트리에 업로드하려면 다음 규칙을 사용하여 이미지에 태그를 붙여야 합니다. **참조** 이미지의 태그 설정(docker image tag) → p.101

구문 태그 이름(Docker 레지스트리)

```
docker image tag [로컬의 이미지명] [업로드할 레지스트리의 주소:포트 번호]/[이미지명]
```

예를 들어 로컬에 작성한 'docker-science'라는 이름의 이미지를 localhost의 5000번 포트에서 작동하는 레지스트리에 'docker-jupyter'라는 이름으로 업로드하고 싶을 때는 [리스트 6.11]과 같이 설정합니다.

[리스트 6.11] 태그 설정 예

```
$ docker image tag docker-science localhost:5000/docker-jupyter

$ docker image ls
REPOSITORY                      TAG      IMAGE ID       ~중략~    SIZE
docker-science                  latest   186ac198fcdf   ~중략~    1.73GB
localhost:5000/docker-jupyter   latest   186ac198fcdf   ~중략~    1.73GB
```

docker image ls 명령으로 이미지를 확인하면 'localhost:5000/ docker-jupyter'라는 태그
가 붙은 이미지가 만들어진 것을 확인할 수 있습니다. 그리고 이 이미지의 IMAGE ID는 원래의
'docker-science'와 똑같다는 것을 알 수 있습니다. 즉, 실체는 동일한 이미지를 가리킨다는 것
입니다.

그 다음 이 이미지를 docker image push 명령을 사용하여 프라이빗 레지스트리에 업로드합
니다(리스트 6.12). **참조** 이미지 업로드(docker image push) ➜ p.105

[리스트 6.12] 이미지 업로드

```
$ docker image push localhost:5000/docker-jupyter
The push refers to a repository [localhost:5000/docker-jupyter]
68177698d48b: Preparing
~중략~
sha256:766aca0e61a74781e5cf087943bc7403089f84c8d4dc2b625a40f2884729d5e7 size: 4283
```

이것으로 이미지 업로드가 완료되었으므로 로컬에 저장되어 있는 이미지를 [리스트 6.13]의 명
령을 사용하여 일단 삭제합니다.

[리스트 6.13] 이미지 삭제

```
$ docker image rm localhost:5000/docker-jupyter
$ docker image rm docker-science
```

이제 로컬 환경에서는 이미지가 없어지고 localhost의 5000번 포트에서 작동하는 레지스트리
에 이미지가 등록되었습니다. **참조** 이미지 삭제(docker image rm) ➜ p.103

Docker 이미지의 다운로드와 작동 확인

프라이빗 레지스트리상에 있는 이미지를 로컬 환경으로 다운로드하려면 docker image
pull 명령을 실행합니다. 예를 들어 localhost의 5000번 포트에서 작동하는 레지스트리로부터
'docker-jupyter'라는 이름의 이미지를 다운로드할 때는 [리스트 6.14]의 명령을 실행합니다.
참조 이미지 다운로드(docker image pull) ➜ p.96

[리스트 6.14] 이미지 다운로드

```
$ docker image pull localhost:5000/docker-jupyter
Using default tag: latest
latest: Pulling from docker-jupyter
~중략~
Digest: sha256:766aca0e61a74781e5cf087943bc7403089f84c8d4dc2b625a40f2884729d5e7
Status: Downloaded newer image for localhost:5000/docker-jupyter:latest
```

다운로드가 끝나면 docker image ls 명령을 사용하여 확인합니다(리스트 6.15). **참조** 이미지
목록 표시(docker image ls) ➡ p.97

[리스트 6.15] 이미지 목록 표시

```
$ docker image ls
REPOSITORY                      TAG      IMAGE ID        ~중략~      SIZE
localhost:5000/docker-jupyter   latest   186ac198fcdf    ~중략~      1.63GB
```

작동 확인을 위해 [리스트 6.16]의 명령을 실행하고 프라이빗 레지스트리로부터 다운로드한 이
미지를 사용하여 컨테이너를 시작합니다.

[리스트 6.16] 작동 확인

```
$ docker container run -it -p 8888:8888 localhost:5000/docker-jupyter

Execute the command: jupyter notebook
~중략~
[I 02:23:05.518 NotebookApp] The Jupyter Notebook is running at:
[I 02:23:05.518 NotebookApp] http://[all ip addresses on your system]:8888/?t➡
oken=22e7002d66d672e7a04413fc98a5985e6ffa1ad9f3cafe00
[I 02:23:05.519 NotebookApp] Use Control-C to stop this server and shut down ➡
all kernels (twice to skip confirmation).
[C 02:23:05.520 NotebookApp]

    Copy/paste this URL into your browser when you connect for the first time,
    to login with a token:
        http://localhost:8888/?token=22e7002d66d672e7a04413fc98a5985e6ffa1ad9➡
f3cafe00
```

브라우저에서 콘솔에 표시된 URL(**예** http://localhost:8888/?token=22e700~cafe00)을 엽
니다. 그러면 **그림 6.13** 과 같이 Jupyter Notebook에 액세스할 수 있다는 것을 알 수 있습니다.

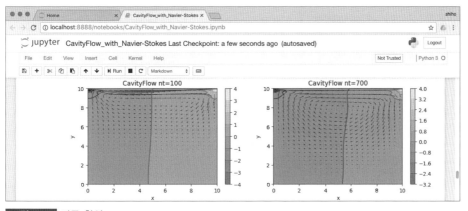

그림 6.13 작동 확인

여기서 주의할 점은 프라이빗 레지스트리에서는 Docker 이미지를 영구 데이터로 관리할 필요가 있다는 점입니다.

Docker에서는 호스트 머신에 볼륨을 공유함으로써 영구 데이터를 일원 관리할 수 있습니다. 하지만 이 데이터를 관리하려면 신뢰성이 높고 용량이 충분한 스토리지를 마련해야 합니다. 또한 만일의 장애에 대비해 다중화 구성을 검토할 필요가 있으며, 정기적으로 데이터 백업이나 서버 감시 등과 같은 운용도 필요합니다.

6.3 클라우드 서비스를 사용한 프라이빗 레지스트리 구축

Docker 이미지는 인프라 구성 요소에서 애플리케이션의 개발 환경 및 실행 모듈도 포함하기 때문에 용량이 큰 것도 있습니다. 이런 이미지를 모두 개발용 클라이언트 PC나 온프레미스 환경에서 관리하려면 비용과 시간이 많이 듭니다. 퍼블릭 클라우드에는 Docker 이미지를 프라이빗으로 관리할 수 있는 매니지드 서비스가 제공되므로 이것을 이용하는 것이 좋습니다.

Google Cloud Platform(이후 GCP)은 Docker 이미지를 프라이빗으로 관리할 수 있는 'Google Container Registry'를 제공하고 있습니다(그림 6.14). 이 서비스는 GCP의 오브젝트 스토리지 서비스인 'Google Cloud Storage'를 데이터 저장 장소로 사용하고 있습니다.

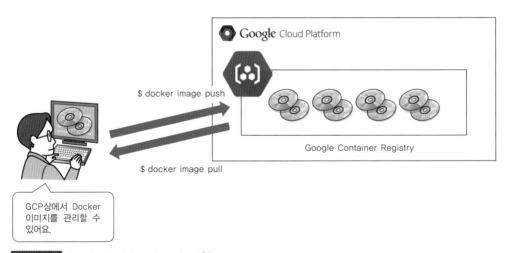

그림 6.14 Google Container Registry 개요

참조 Google Cloud Platform의 컨테이너 관련 서비스➡p.270
참조 Google Cloud Platform 사용법(부록) ➡p.339

여기서는 Google Container Registry를 사용하여 Dockerfile로부터 생성한 독자적인 Docker 이미지를 관리하는 방법을 설명하겠습니다.

 ## Google Container Registry 준비하기

Google Container Registry를 이용하려면 API 사용을 허가해야 합니다. 브라우저에서 GCP 의 웹 콘솔에 로그인하고 [API 및 서비스] → [라이브러리]를 선택합니다(**그림 6.15**).

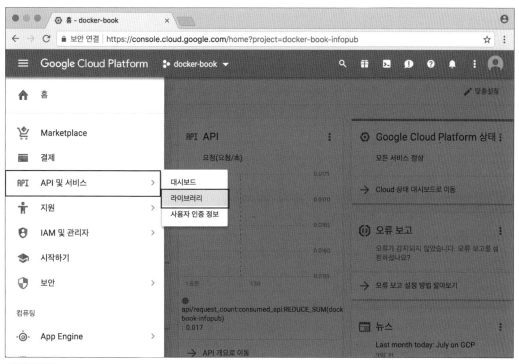

그림 6.15 Google Cloud Platform의 웹 콘솔

여기서 'Google Container Registry'를 검색하여 API 설정을 엽니다(**그림 6.16**).

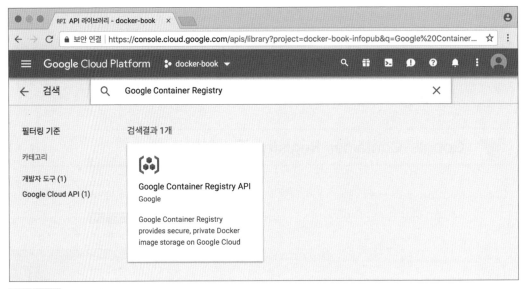

그림 6.16 API 검색

'Google Container Registry' 액세스 권한 설정 화면이 표시되면 [사용 설정] 버튼을 클릭합니다(**그림 6.17**). 이것으로 웹 콘솔에서의 사전 준비는 끝났습니다.

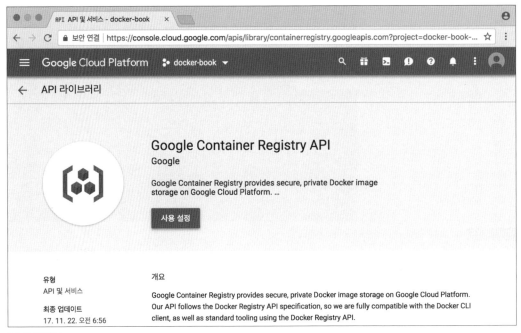

그림 6.17 Google Container Registry API의 사용 설정

Docker 이미지의 업로드

Google Container Registry의 준비가 끝났으므로 여기로 Docker 이미지를 업로드합니다. Docker 이미지를 업로드할 때는 태그를 설정합니다.

Google Container Registry에 업로드하기 위해서는 다음과 같은 규칙으로 이미지에 태그를 붙여야 합니다.

 태그 이름(Google Container Registry)

```
docker tag [로컬의 이미지명] [Google Container Registry의 호스트명]/[프로젝트 ID]/[이미지명]
```

Google Container Registry의 호스트명은 이미지의 저장 위치에 따라 다음 세 개 중 하나를 선택합니다.

- us.gcr.io 미국
- eu.gcr.io 유럽
- asia.gcr.io 아시아

예를 들어 로컬에 있는 'docker-science'라는 이름의 Docker 이미지를 GCP 프로젝트 ID가 'docker-book'이고, 아시아에 'docker-jupyter'라는 이름으로 업로드하는 경우, Docker 이미지에 대해 [리스트 6.17]의 명령으로 태그를 설정합니다.

[리스트 6.17] 태그 설정

```
$ docker tag docker-science asia.gcr.io/docker-book/docker-jupyter

$ docker image ls
REPOSITORY                                    TAG      IMAGE ID      ~중략~  SIZE
asia.gcr.io/docker-book/docker-jupyter        latest   4494af2eced3  ~중략~  1.73GB
docker-science                                latest   4494af2eced3  ~중략~  1.73GB
```

docker image ls 명령을 사용하여 이미지를 확인합니다. 그러면 'asia.gcr.io/docker-book/dockerjupyter'라는 태그가 붙은 이미지가 만들어진 것을 확인할 수 있습니다. 이 이미지의 IMAGE ID는 원래의 'docker-science'와 똑같다는 것을 알 수 있습니다. 즉, 실체는 동일한 이미지를 가리킵니다.

이와 같이 태그를 설정한 이미지를 Google Container Registry에 업로드합니다. 업로드하려면 [리스트 6.18]의 gcloud 명령을 사용합니다. gcloud 명령으로 Docker를 조작할 때는 명령 옵션으로 '--'가 필요하므로 주의하기 바랍니다.

[리스트 6.18] 이미지 업로드

```
$ gcloud docker -- push asia.gcr.io/docker-book/docker-jupyter
```

또한 클라이언트 PC에서 gcloud 명령을 실행하려면 미리 Google Cloud SDK를 설치하고 인증을 받을 필요가 있습니다. 참조 Google Cloud SDK 설치 ➜ p.350

이미지가 업로드되었는지 아닌지는 GCP의 웹 콘솔에서 [홈] → [Container Registry]를 클릭하여 확인합니다. 그림 6.18 과 같이 업로드한 'docker-jupyter'라는 이미지가 업로드된 것을 확인할 수 있습니다.

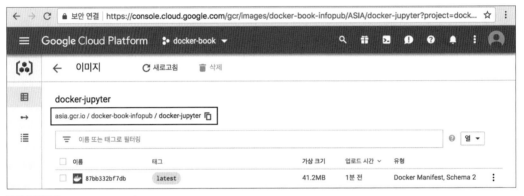

그림 6.18 Docker 이미지 확인

이미지 업로드가 완료되었으므로 로컬에 저장되어 있는 이미지는 [리스트 6.19]의 명령을 사용하여 일단 삭제합니다. 또한 GCP의 프로젝트명과 ID 'docker-book'은 환경에 따라 바꿔 지정하기 바랍니다.

[리스트 6.19] 이미지 삭제

```
$ docker image rm asia.gcr.io/docker-book/docker-jupyter
$ docker image rm docker-science
```

이제 로컬 환경에서 이미지가 삭제되었습니다. 참조 이미지 삭제(docker image rm) ➜ p.103

Docker 이미지의 다운로드와 작동 확인

Google Container Registry 상에 있는 이미지를 로컬 환경으로 다운로드하려면 gcloud 명령을 실행합니다. 예를 들어 좀 전에 작성한 GCP의 프로젝트 ID가 'docker-book'인 아시아 'asia.

gcr.io'에서 관리되고 있는 'docker-jupyter'라는 이름의 이미지를 다운로드하는 경우, [리스트 6.20]의 명령을 실행합니다.

[리스트 6.20] 이미지 다운로드

```
$ gcloud docker -- pull asia.gcr.io/docker-book/docker-jupyter

Using default tag: latest
latest: Pulling from docker-book/docker-jupyter
e0a742c2abfd: Pulling fs layer
~중략~
Digest: sha256:52f349ae151e2472f463df9e5b68f388cd5e535e10adb1cd2a806385639f2218
Status: Downloaded newer image for asia.gcr.io/docker-book/docker-jupyter:latest
```

다운로드가 끝나면 docker image ls 명령으로 확인합니다(리스트 6.21). **참조** 이미지 목록 표시(docker image ls) ➡ p.97

[리스트 6.21] 이미지 목록 표시

```
$ docker image ls
REPOSITORY                                  TAG      IMAGE ID       ~중략~   SIZE
asia.gcr.io/docker-book/docker-jupyter      latest   4494af2eced3   ~중략~   1.73GB
```

이것으로 Google Container Registry로부터 다운로드가 완료되었습니다. 이와 같이 Docker Hub와 똑같은 요령으로 클라우드상의 프라이빗 레지스트리에서 Docker 이미지를 관리할 수 있습니다.

작동 확인을 위해 [리스트 6.22]의 명령을 실행하여 프라이빗 레지스트리에서 다운로드한 이미지를 사용하여 컨테이너를 시작합니다. 로컬 환경에서 작성했을 때와 똑같이 문제없이 컨테이너가 시작된다는 것을 알 수 있습니다.

[리스트 6.22] 작동 확인

```
$ docker container run -it -p 8888:8888 asia.gcr.io/docker-book/docker-jupyter
```

이번 샘플의 이미지는 Python에 의한 과학기술계산을 위해 필요한 라이브러리와 브라우저에서 인터랙티브하게 개발할 수 있는 Jupyter Notebook 등의 툴을 움직이는 것을 사용했습니다. 이 이미지의 용량은 약 1.7GB로 매우 크지만, 프라이빗한 Docker 이미지를 퍼블릭 클라우드에서 관리함으로써 프로그래머는 스토리지의 운용이라는 힘든 작업에서 해방됩니다. 또한 라이브러리의 버전도 포함한 구성 관리가 가능하므로 로컬 PC든 클라우드든 온프레미스 서버든 상관없이 똑같은 환경에서 계산 처리를 수행할 수 있다는 장점이 있습니다.

또한 개발팀 내에서 이미지를 공유할 수 있으므로 멤버가 각기 다른 환경에서 계산을 수행하는 일은 없습니다. Docker Hub와는 달리 프라이빗한 환경에서 Docker 이미지를 공유할 수 있기 때문에 자사에서 개발한 라이브러리 등을 공유하는 일도 가능합니다. 이로써 여러 조건을 바꿔 반복해서 수행해야 하는 수치 해석 등과 같은 계산 처리를 효율적으로 진행할 수 있습니다.

Google Cloud Platform을 사용한 멀티호스트 환경에서 Docker 컨테이너를 운용하는 자세한 방법에 대해서는 9장에서 설명합니다.

NOTE **Raspberry Pi에서 Docker/Kubernetes를 움직여보자**

Raspberry Pi(라즈베리 파이)는 ARM 프로세서를 탑재한 싱글보드 컴퓨터입니다. Raspberry Pi는 Linux, Windows10 IoT Core, RISC OS 등과 같은 OS가 작동합니다. 이 Raspberry Pi에서도 Docker를 작동시킬 수 있습니다.

단, Raspberry Pi는 ARM 프로세서이므로 x86 프로세서용 Docker 이미지는 사용할 수 없습니다. Raspberry Pi에서 이용할 수 있는 Docker 이미지에는 'rpi-'라는 이름이 붙어 있습니다(리스트 6.A).

[리스트 6.A] Raspberry Pi에서 이용할 수 있는 Docker 이미지 검색

```
$ docker search rpi
NAME                  DESCRIPTION                              STARS OFFICIAL AUTOMATED
resin/rpi-raspbian    Base image for the Raspberry Pi. Contains ... 85
hypriot/rpi-node      RPi-compatible Docker Image with Node.js   22
sdhibit/rpi-raspbian  Base raspbian image for ARM hard float boa... 16              [OK]
~중략~
```

필자의 집에는 여러 개의 Raspberry Pi를 사용한 Kubernetes 클러스터를 구축해 놓고 있습니다(**그림 6.A**). 이 환경에서 TensorFlow에 의한 딥러닝의 모델 작성 및 OpenFOAM에 의한 수치 해석 등을 하고 있습니다.

그림 6.A Raspberry Pi를 사용한 Kubernetes 클러스터

제 3 부
실행 환경 구축편

제 **7** 장

여러 컨테이너의 운용 관리

Docker에서 움직이는 웹 애플리케이션을 제품 환경에서 운용할 때는 애플리케이션 서버, 로그 서버, 프록시 서버 등과 같이 여러 개의 컨테이너들을 연계하여 작동시킵니다. 여기서는 여러 개의 컨테이너를 운용 관리하는 방법에 대해 설명합니다.

7.1 여러 컨테이너 관리의 개요

웹 시스템의 실행 환경은 웹 서버, 프록시 서버 등과 같이 역할이 다른 여러 개의 서버를 연계하여 작동시키는 것이 일반적입니다. 그래서 Docker에서 여러 개의 컨테이너를 연계시켜 운용 관리할 때 알아두어야 할 기초 지식에 대해 설명하겠습니다.

웹 3계층 시스템 아키텍처

애플리케이션을 가동시키려면 여러 개의 서버에 기능과 역할을 분할하여 인프라의 전체 구성을 정합니다. 이것을 인프라 아키텍처라고 합니다. 아키텍처는 우리말로 '설계 사상'이라는 뜻입니다.

대규모 웹 시스템의 경우 몇 개의 서브 시스템/기능으로 나누어 시스템을 개발하는 경우가 많기 때문에 애플리케이션 개발 기술 및 플랫폼 기술에 정통한 IT 아키텍트를 중심으로 인프라의 처리 방식을 결정합니다.

웹 3계층 아키텍처는 웹 애플리케이션의 대표적인 인프라 아키텍처 중 하나로, 웹 시스템의 서버들을 역할별로 다음 3개로 나누는 설계 사상을 말합니다.

▌ 프론트 서버

클라이언트의 웹 브라우저가 보낸 HTTP 요청을 받아, HTTP 응답을 반환하는 서버 기능을 가집니다. 이 서버 기능은 웹 프론트 서버 또는 그냥 웹 서버라고 합니다.

웹 서버의 기능은 미들웨어로 구축하는 경우도 있으며, 오픈소스인 Nginx, Microsoft의 IIS(Internet Information Services) 등이 있습니다. 요청의 처리가 메인 업무이므로 부하가 높은 경우는 스케일러블하게 처리 대수를 늘리고, 로드밸런서 등과 같은 기기를 사용하여 부하분산을 합니다.

애플리케이션 서버

애플리케이션 서버는 업무 처리를 실행하는 서버입니다. 결제 처리, 수주 처리 등 애플리케이션의 처리를 실행하는 프로그램의 실행 환경이 됩니다. 애플리케이션 서버 기능도 프론트 서버 기능과 마찬가지로 미들웨어로 구축하는 경우도 있습니다.

데이터베이스(DB) 서버

데이터베이스 서버는 영구 데이터를 관리하기 위한 서버입니다. 애플리케이션의 처리 실행에서 발생하는 영구 데이터는 RDBMS(Relational Database Management System) 기능을 갖고 있는 미들웨어에서 관리됩니다. 주요 RDBMS로는 오픈소스인 MySQL이나 PostgreSQL, Oracle의 Oracle Database 등이 있습니다. 또한 NoSQL은 RDBMS와는 다른 새로운 방식을 총칭하는 것입니다. 병렬분산처리나 유연한 스키마 설정 등이 특징이며, 주요 방식으로는 KVS(Key-Value 스토어)나 도큐먼트 지향 데이터베이스(도큐먼트 데이터베이스) 등이 있습니다. 대량의 데이터 축적이나 병렬처리가 특기이기 때문에 많은 사용자의 액세스를 처리할 필요가 있는 온라인 시스템 등에서 널리 이용되고 있습니다. 오픈소스인 Redis나 MongoDB 등이 유명합니다.

영구 데이터는 높은 가용성이 요구되기 때문에 클러스터링과 같은 기술로 다중화하는 경우가 많습니다. 또한 만일의 장애에 대비하여 데이터의 백업이나 원격지 보관 등과 같은 대책이 필요합니다. 데이터베이스를 조작하는 처리는 부하가 걸리는 경우도 있으므로 시스템 전체의 병목 부분이 되는 경우도 있습니다. 그래서 운용 상황에 따라 OS나 미들웨어의 파라미터 설정의 변경과 같은 퍼포먼스 튜닝이 필요합니다.

대부분의 웹 시스템은 이 웹 3계층 아키텍처 구성을 취하고 있습니다(그림 7.1). 논리적인 분할이므로 부하가 적은 시스템에서는 동일한 노드 상에서 실행하는 것도 가능하며, 클라우드 시스템 등에서 실행시킬 때는 부하에 따른 오토스케일 기능을 사용하는 것이 좋습니다.

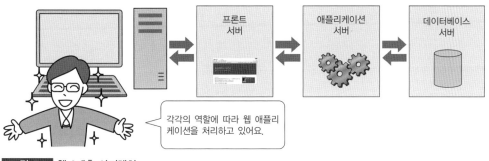

각각의 역할에 따라 웹 애플리케이션을 처리하고 있어요.

그림 7.1 웹 3계층 아키텍처

영구 데이터의 관리

시스템을 운용하다 보면 다양한 데이터가 생성되고 축적됩니다. 이러한 데이터는 프로그램이 종료되어도 스토리지와 같은 기억장치에 저장됩니다. 이러한 데이터를 영구 데이터라고 하는데, 시스템의 가동 시간에 따라 증감하거나 변화해 간다는 특징이 있습니다. 그런데 스토리지의 저장 영역에는 한계가 있으며 고장 등으로 데이터가 소멸될 가능성도 있기 때문에 이러한 영구 데이터를 적절히 관리할 필요가 있습니다.

데이터의 백업 및 복원

서버의 장애에 대비해 데이터를 백업합니다. 데이터베이스 안에는 업무에 대한 기밀 정보도 포함되어 있으므로 보안 대책이나 적절한 운용 규칙을 정할 필요가 있습니다. 백업은 테이프 디바이스와 같은 물리 매체인 경우도 있는가 하면 클라우드상의 스토리지 서비스를 이용하는 경우도 있습니다. 또한 재해에 대비하여 원격지에 보관하는 경우도 있습니다. 그리고 글로벌하게 사업을 전개하는 퍼블릭 클라우드 서비스를 이용함으로써 해외의 데이터센터에 백업을 저가로 보관할 수도 있습니다.

로그 수집

시스템이나 애플리케이션은 각 서버상에 저장하는 경우도 있지만 여러 개의 서버로 된 분산 환경에서 통합 감시를 하는 경우는 로그 수집 전용 서버를 마련하는 것이 일반적입니다. 또한 사용자 인증 시의 액세스 로그 등은 보안의 감사 로그로서 장기 저장이 의무화되는 경우도 있습니다. Unix 계열 OS의 경우 syslogd라는 데몬을 사용하여 커널이나 애플리케이션으로부터 수집한 로그를 관리합니다.

Docker는 컨테이너를 사용하여 서버 기능을 제공합니다. 컨테이너는 필요에 따라 생성하거나 파기하는 운용에 적합하며, 하나의 컨테이너에는 하나의 프로세스를 구성해 두는 것이 대원칙입니다.

그래서 애플리케이션의 실행 모듈이나 각종 라이브러리의 모듈, 미들웨어의 설정 파일 등은 서버 프로세스가 작동하는 컨테이너 안에 저장하고, 시스템 가동 후에 생성되는 영구 데이터에 대해서는 별도의 인프라 아키텍처를 검토하는 것이 바람직합니다.

NOTE 컨테이너에서 영구 데이터를 다룰 때 주의점

웹 시스템에서는 데이터 스토어에 고객 정보나 매출 정보와 같은 중요한 데이터가 저장됩니다. 이러한 데이터는 사라지면 매우 곤란하기 때문에 미션 크리티컬 시스템이라 불리는 시스템은 대부분 다중 구성을 하거나 만일의 장애나 사고에 대비하고 있습니다. 또한 원격지에 백업이나 세대 관리 등도 하는 것이 일반적입니다. 인프라 구축이나 운용에서 가장 어려운 점은 바로 이러한 영구 데이터의 관리에 있다고 해도 과언이 아닙니다.

한편 Docker 컨테이너는 웹 프론트 서버와 같이 트래픽의 증감 등에 맞춰 필요할 때 실행하고 필요 없어지면 파기시킨다는 일회성 운용에 적합합니다.

그 때문에 컨테이너 안은 중요한 영구 데이터를 저장하는 데는 적합하지 않습니다. 따라서 인프라 전체의 아키텍처나 엄격한 운용 규칙 등에 맞춰 어떤 시스템을 컨테이너에서 운용할지를 검토할 필요가 있습니다. 예를 들면 미션 크리티컬 시스템을 컨테이너에서 운용하는 것이 적절한지 숙고하는 것이 중요합니다.

Docker의 기능으로서는 데이터 전용 컨테이너에서 데이터를 관리하는 방법이나 로컬 호스트를 마운트하여 영구 데이터를 저장해 두는 방법 등이 있습니다. 어떤 방법이든 데이터의 증가량이나 I/O량은 어느 정도인지, 데이터를 어느 정도로 다중화할지, 어떤 운용으로 백업/복원을 해야 할지를 정해 두는 것이 필요합니다.

Docker는 애플리케이션 실행 환경의 측면에서 보면 트래픽의 변동이 큰 대규모 웹 시스템이나 여러 디바이스로부터 데이터를 처리할 필요가 있는 IoT, 머신 리소스를 유효하게 활용하여 대량의 처리를 단시간에 하는 과학기술계산 분야 등에서 위력을 발휘합니다. 이 때문에 비용 절감을 목적으로 기존 시스템을 이전하는 용도보다 지금까지 없었던 새로운 시스템을 검토하거나 도입하는 용도에 더 적합합니다.

Docker는 애플리케이션 환경과 인프라 환경을 모아서 구성 관리를 할 수 있는 Dockerfile, Docker 이미지, Docker 레지스트리를 사용함으로써 애플리케이션의 이식성이 올라간다는 큰 장점을 갖고 있습니다. 따라서 애플리케이션 개발 환경/테스트 환경이나 데모 환경 등 높은 이식성이 요구되는 경우부터 검토해 갈 것을 권장합니다. Docker는 도입만 하면 기존의 시스템의 문제점을 모두 해결하는 그런 '만능 카드'가 아니므로, 시스템 전체를 조감하여 적재적소에 Docker를 도입하기 바랍니다.

chap 1
chap 2
chap 3
chap 4
chap 5
chap 6
chap 7
chap 8
chap 9
chap 10
부록

Docker Compose

웹 시스템에서는 여러 개의 Docker 컨테이너가 협력하면서 작동합니다. Docker Compose 는 여러 컨테이너를 모아서 관리하기 위한 툴입니다(**그림 7.2**). Docker Compose는 'docker-compose.yml'라는 파일에 컨테이너의 구성 정보를 정의함으로써 동일 호스트상의 여러 컨테이너를 일괄적으로 관리할 수 있습니다.

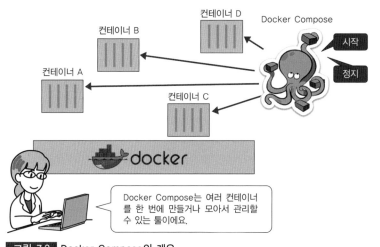

그림 7.2 Docker Compose의 개요

● **Docker Compose** **WEB** https://docs.docker.com/compose/

Compose 정의 파일은 웹 애플리케이션의 의존관계(데이터베이스, 큐, 캐시, 애플리케이션 등)를 모아서 설정할 수 있습니다. 이 정의 파일을 바탕으로 docker-compose 명령을 실행하면 여러 개의 컨테이너를 모아서 시작하거나 정지할 수 있습니다. 또한 컨테이너의 구성 정보를 YAML 형식의 파일로 관리할 수 있으므로 지속적 디플로이나 지속적 인티그레이션 프로세스에 있어서 자동 테스트를 할 때의 환경 구축에도 그대로 이용할 수 있습니다.

7.2 웹 애플리케이션을 로컬에서 움직여 보자

이제 Docker Compose를 사용하여 **그림 7.3** 과 같은 구성의 웹 애플리케이션의 실행 환경을 구축해 봅시다.

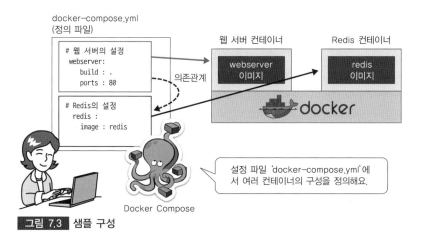

그림 7.3 샘플 구성

Compose 구성 파일의 작성

Docker Compose는 구성 정보를 정의 파일에서 설정합니다. 이 파일을 작성해 봅시다.

[1] 샘플 애플리케이션의 복제

GitHub에 샘플 코드를 공개해 놓고 있으므로 [리스트 7.1]의 명령을 실행하여 복제(클론)합니다. 이미 6장에서 복제한 경우는 그것을 사용하기 바랍니다.

[리스트 7.1] 샘플 앱의 복제

```
$ git clone https://github.com/asashiho/dockertext2
$ cd dockertext2/chap07/
```

샘플 애플리케이션의 디렉토리 구성은 **그림 7.4** 와 같습니다.

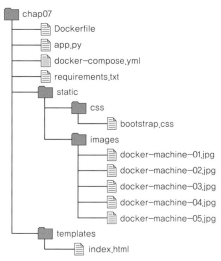

그림 7.4 샘플 애플리케이션의 디렉토리 구성

[2] Compose 정의 파일 확인

Docker Compose에서는 Compose 정의 파일에 구성 정보를 정의합니다. [리스트 7.2]의 명령을 실행하여 샘플 애플리케이션의 Compose 정의 파일을 확인합니다.

[리스트 7.2] Compose 정의 파일 확인

```
$ cat docker-compose.yml
version: '3.3'
services:
    # WebServer config  ←──── webserver 서비스
    webserver:
      build: .
      ports:
        - "80:80"
      depends_on:
        - redis

    # Redis config  ←──── redis 서비스
    redis:
      image: redis
```

Compose 정의 파일의 맨 앞에는 버전을 지정합니다. 이번에는 집필 시의 최신 버전인 '3.3'을 지정합니다. 샘플 애플리케이션의 구성에서는 'webserver'와 'redis'라는 이름의 서비스 2개를 정의하고 있습니다.

webserver 서비스는 커런트 디렉토리에 있는 Dockerfile에 정의한 구성의 이미지를 빌드 (build:)하고, 외부에 대해 80번 포트를 공개(port:)하여 컨테이너를 시작합니다. 또한 이 컨테이너는 redis 서비스에 의존(depends_on:)하고 있습니다.

redis 서비스는 Docker Hub에 공개되어 있는 Redis의 공식 이미지인 'redis'의 버전 4.0을 베이스 이미지(image:)로 하여 컨테이너를 시작하고 있습니다.

 여러 Docker 컨테이너 시작

이제 [리스트 7.3]의 명령을 실행하여 정의한 2개의 컨테이너를 시작합니다. Docker Compose에서는 각각의 컨테이너를 작동시키기 위한 이미지의 다운로드나 빌드를 하나의 명령으로 모두 실행합니다.

[리스트 7.3] 샘플 애플리케이션의 컨테이너 시작

```
$ docker-compose up

Creating network "dockertextphotoviewcompose_default" with the default driver
Pulling redis (redis:4.0)...
4.0: Pulling from library/redis
Digest: sha256:07e7b6cb753f8d06a894e22af30f94e04844461ab6cb002c688841873e5e5116
Status: Downloaded newer image for redis:4.0

~중략~
Building webserver
Step 1/10 : FROM python:3.6
3.6: Pulling from library/python
~중략~

Successfully built dea621d72315
Successfully tagged dockertextphotoviewcompose_webserver:latest

~중략~
Creating dockertextphotoviewcompose_redis_1 ...
Creating dockertextphotoviewcompose_redis_1 ... done
Creating dockertextphotoviewcompose_webserver_1 ...
Creating dockertextphotoviewcompose_webserver_1 ... done
Attaching to dockertextphotoviewcompose_redis_1, dockertextphotoviewcompose_➡
webserver_1
redis_1     | 1:C 15 Oct 01:42:09.479 # oO0OoO00oO00o Redis is starting
oO0OoO00oO00o
redis_1     | 1:C 15 Oct 01:42:09.481 # Redis version=4.0.2, bits=64, commit=➡
00000000, modified=0, pid=1, just started
redis_1     | 1:M 15 Oct 01:42:09.501 * Running mode=standalone, port=6379.
redis_1     | 1:M 15 Oct 01:42:09.504 * Ready to accept connections

~중략~
webserver_1 | * Running on http://0.0.0.0:80/ (Press CTRL+C to quit)
webserver_1 | * Restarting with stat
webserver_1 | * Debugger is active!
webserver_1 | * Debugger PIN: 232-241-027
```

로그를 확인해 보면 먼저 Docker Hub로부터 redis 서비스에서 사용할 redis:4.0의 이미지가 다운로드됩니다. 그 다음 webserver에서 사용할 이미지가 Dockerfile을 바탕으로 빌드됩니다. 그리고 준비가 끝난 redis 서비스의 컨테이너를 시작하고, 계속해서 webserver 서비스의 컨테이너가 시작됩니다.

브라우저에서 로컬 머신의 80번 포트인 아래 주소로 액세스하면 샘플 애플리케이션이 정상적으로 시작된 것을 알 수 있습니다(**그림 7.5**).

WEB http://localhost/

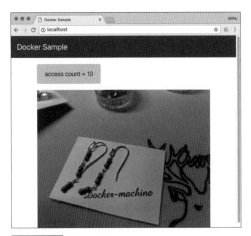

그림 7.5 작동 확인

가동 중인 컨테이너의 상태를 확인할 때는 다른 터미널에서 다음 명령을 실행하기 바랍니다
(리스트 7.4).

[리스트 7.4] 컨테이너 확인

```
$ docker-compose ps
    Name                       Command            State          Ports
-------------------------------------------------------------------------
chap07_redis_1        docker-entrypoint.sh redis ...   Up      6379/tcp
chap07_webserver_1    python /usr/src/app/app.py       Up      0.0.0.0:80->80/tcp
```

컨테이너를 확인하면 redis 컨테이너와 webserver 컨테이너가 각각 하나씩 실행되고 있다는
것을 알 수 있습니다.

 ## 여러 Docker 컨테이너 정지

Docker Compose에서 관리하고 있는 컨테이너들을 정지시킬 때는 [리스트 7.5]의 명령을 실
행합니다.

[리스트 7.5] 컨테이너 정지

```
$ docker-compose stop
Stopping chap07_webserver_1 ... done
Stopping chap07_redis_1      ... done
```

브라우저에서 조금 전의 http://localhost/에 액세스하면 서비스가 정지된 것을 알 수 있습니다. Docker Compose에서 이용한 리소스를 삭제하려면 [리스트 7.6]의 명령을 실행합니다.

[리스트 7.6] 리소스 삭제

```
$ docker-compose down
Removing chap07_webserver_1 ... done
Removing chap07_redis_1     ... done
Removing network chap07_default
```

이와 같이 여러 의존관계에 있는 컨테이너들(이번 예에서는 2개의 컨테이너)을 모아서 관리할 수 있는 것이 Docker Compose입니다. 다음 섹션에서는 Docker Compose의 자세한 사용법에 대해 설명하겠습니다.

7.3 Docker Compose를 사용한 여러 컨테이너의 구성 관리

여러 컨테이너를 실행시킬 때 컨테이너마다 구성이나 시작/정지를 관리하자면 운용이 번잡해집니다. 여기서는 여러 컨테이너를 일괄 관리할 수 있는 'Docker Compose'의 구성 관리 파일인 'docker-compose.yml'을 작성하는 방법에 대해 설명하겠습니다.

docker-compose.yml의 개요

Docker Compose는 'docker-compose.yml'이라는 Compose 정의 파일에 시스템 안에서 가동하는 여러 서버들의 구성을 모아서 정의합니다. 이 정의 파일은 YAML 형식으로 기술합니다.

용어

YAML

YAML은 구조화된 데이터를 표현하기 위한 데이터 포맷입니다. YAML은 Python과 같이 들여쓰기로 데이터의 계층 구조를 나타냅니다. 들여쓰기는 탭이 아니라 반각 스페이스를 사용합니다. 누가 써도 읽기 쉽기 때문에 설정 파일 등에 많이 이용됩니다.

YAML에서는 데이터의 맨 앞에 '-'를 붙이면 배열을 나타낼 수 있습니다. '-' 다음에는 반드시 반각 스페이스를 넣기 바랍니다.

Compose 정의 파일에는 여러 컨테이너의 설정 내용을 모아서 하나의 파일에 기술합니다. 확장자는 '.yaml'이어도 상관없습니다. 이 Compose 정의 파일에는 관리하고 싶은 컨테이너의 서비스(services:), 네트워크(networks:), 볼륨(volumes:)을 정의합니다.

또한 Compose 정의 파일은 버전에 따라 기술할 수 있는 항목이 다릅니다. 이 책에서는 집필 당시의 최신 버전인 '3.3'을 기준으로 설명하겠습니다. 버전을 지정할 때는 Compose 정의 파일의 맨 앞에 다음과 같이 정의합니다. 버전을 명시적으로 지정하지 않았을 때는 '1.0'으로 작동합니다. 또한 여러 개의 Compose 정의 파일이나 확장 서비스를 사용하는 경우는 각 파일에서 동일한 버전을 사용해야 하므로 주의하기 바랍니다.

```
version: '3.3'
```

현재 지정할 수 있는 Compose 정의 파일의 버전과 DockerEngine의 버전과의 관계는 **표 7.1** 과 같습니다.

표 7.1 버전 관계

Compose 정의 파일의 버전	Docker Engine의 버전
3.3	17.06.0
3.2	17.04.0
3.1	1.13.1
3.0	1.13.0
2.3	17.06.0
2.2	1.13.0
2.1	1.12.0
2.0	1.10.0
1.0	1.9.1

[리스트 7.7]의 예에서는 webserver라는 서비스와 redis라는 이름의 서비스를 만들고 들여쓰기를 하여 각각의 컨테이너의 상세 정보를 설정하고 있습니다. 또한 '#' 이후는 주석을 나타내므로 알기 쉬운 설명을 넣어 둘 것을 권장합니다.

[리스트 7.7] Compose 정의 파일의 예

```
# 버전을 지정
version: "3"
```

```
# 서비스 정의
services:
  webserver:
    image: ubuntu
    ports:
      - "80:80"
    networks:
      - webnet

  redis:
    image: redis
    networks:
      - webnet

# 네트워크 정의
networks:
  webnet:

# 데이터 볼륨 정의
volumes:
  data-volume:
```

 ## 이미지 지정(image)

Docker 컨테이너의 바탕이 되는 베이스 이미지를 지정하려면 image를 사용합니다. image에는 이미지의 이름 또는 이미지 ID 중 하나를 지정합니다.

[리스트 7.8]의 예에서는 webserver라는 이름의 이미지의 베이스 이미지를 'ubuntu'로 지정하고 있습니다. 베이스 이미지는 로컬 환경에 있으면 그것을 사용하고, 로컬 환경에 없으면 Docker Hub로부터 자동으로 다운로드합니다.

이미지의 태그를 지정하지 않은 경우는 최신 버전(latest)이 다운로드됩니다. 제품 환경에서 사용할 때는 태그를 지정하여 버전을 고정시켜 두기 바랍니다.

[리스트 7.8] 이미지의 태그를 지정하지 않는 경우

```
services:
webserver:
    image: ubuntu
```

공식 이미지뿐만 아니라 Docker Hub에 공개되어 있는 이미지는 모두 지정할 수 있습니다.

[리스트 7.9]의 예에서는 Docker Hub의 asashiho라는 사용자가 작성한 'dockersample'의 버전 1.0 이미지를 베이스 이미지로 지정하고 있습니다.

[리스트 7.9] 이미지의 태그를 지정한 경우

```
services:
webserver:
    image: asashiho/dockersample:1.0
```

 ## 이미지 빌드(build)

이미지의 작성을 Dockerfile에 기술하고 그것을 자동으로 빌드하여 베이스 이미지로 지정할 때는 build를 지정합니다. build에는 Dockerfile의 파일 경로를 지정합니다.

예를 들면 sample이라는 디렉토리 안에 docker-compose.yml과 Dockerfile을 **그림 7.6** 과 같이 배치합니다.

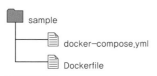
sample
    docker-compose.yml
    Dockerfile

그림 7.6 디렉토리 구성

build에는 docker-compose.yml이 있는 디렉토리를 커런트 디렉토리로 했을 때의 Dockerfile의 위치를 지정합니다(리스트 7.10).

[리스트 7.10] build 지정

```
services:
    webserver:
        build: .  # 피리어드로 커런트 디렉토리를 나타낸다.
```

그 다음 Dockerfile을 준비합니다(리스트 7.11). 여기서는 작동 확인을 위해 FROM 명령으로 Ubuntu의 베이스 이미지를 지정하기만 했습니다.

[리스트 7.11] Dockerfile 작성

```
FROM ubuntu
```

이 상태에서 [리스트 7.12]의 docker-compose 명령을 실행하면 docker-compose.yml 안에서 지정한 Dockerfile이 자동으로 빌드되어 컨테이너가 생성됩니다. **참조** 여러 컨테이너 생성 (up) ➡ p.237

[리스트 7.12] 컨테이너 생성

```
$ docker-compose up --build
Building webserver
Step 1/1 : FROM ubuntu
---> 747cb2d60bbe
Successfully built 747cb2d60bbe
Successfully tagged sample_webserver:latest
Starting sample_webserver_1
Attaching to sample_webserver_1
```

임의의 이름으로 된 Dockerfile을 빌드할 때는 'dockerfile'을 지정합니다. 이때 Dockerfile이 있는 디렉토리의 경로나 Git 리포지토리의 URL을 'context'로 지정합니다. [리스트 7.13]의 예에서는 '/data'에 저장되어 있는 'Dockerfile-alternate'라는 이름의 Dockerfile을 빌드하고 있습니다. 또한 파일 경로는 상대 경로로도 지정할 수 있습니다.

[리스트 7.13] Dockerfile과 컨텍스트 지정

```
services:
  webserver:
    build:
      context: /data
      dockerfile: Dockerfile-alternate
```

또한 Docker 이미지를 빌드할 때에 인수를 args로 지정할 수 있습니다. [리스트 7.14]의 예에서는 projectno=1 및 user=asa라는 값을 빌드 시의 변수로 전달하고 있습니다. bool 연산자 (true/false/yes/no)를 사용하는 경우는 따옴표로 둘러싸기 바랍니다. 또한 변수의 값은 Docker Compose를 실행하는 머신 위에서만 유효합니다.

[리스트 7.14] 빌드 시의 인수 지정

```
services:
  webserver:
    build:
      args:
        projectno: 1
        user: asa
```

 컨테이너 안에서 작동하는 명령 지정(command/entrypoint)

컨테이너에서 작동하는 명령은 command로 지정합니다(리스트 7.15). 베이스 이미지에서 지정되어 있을 때는 그 명령을 덮어씁니다. **참조** 여러 컨테이너 생성(up) ➡ p.237

229

[리스트 7.15] 컨테이너 안에서 작동하는 명령 지정

```
command: /bin/bash
```

또한 entrypoint를 덮어쓸 수도 있습니다. entrypoint는 [리스트 7.16]과 같이 나열할 수 있습니다.

[리스트 7.16] entrypoint 지정

```
entrypoint:
    - php
    - -d
    - memory_limit=-1
```

 ## 컨테이너 간 연결(links)

다른 컨테이너에 대한 링크 기능을 사용하여 연결하고 싶을 때는 links를 사용하여 연결할 컨테이너명을 설정합니다. 예를 들어 logserver라는 이름의 컨테이너와 링크시키고 싶을 때는 [리스트 7.17]과 같이 지정합니다. 또한 컨테이너명과는 별도로 앨리어스명을 붙이고 싶을 때는 '서비스명:앨리어스명'으로 지정합니다.

[리스트 7.17] 링크 지정

```
links:
    - logserver
    - logserver:log01
```

또한 서비스 간의 의존관계는 depends_on을 사용하여 지정할 수 있습니다. depends_on은 서비스를 시작하는 순서도 지정할 수 있습니다.

 ## 컨테이너 간 통신(ports/expose)

컨테이너가 공개하는 포트는 ports로 지정합니다. '호스트 머신의 포트 번호:컨테이너의 포트 번호'를 지정하거나, 컨테이너의 포트 번호만 지정합니다. 또한 컨테이너의 포트 번호만 지정한 경우는 호스트 머신의 포트는 랜덤한 값으로 설정됩니다.

YAML은 xx:yy 형식을 시간으로 해석하므로 포트 번호를 설정할 때는 반드시 [리스트 7.18]의 예와 같이 겹따옴표로 둘러싸서 문자열로 정의하기 바랍니다.

[리스트 7.18] 공개 포트 지정

```
ports:
  - "3000"
  - "8000:8000"
  - "49100:22"
  - "127.0.0.1:8001:8001"
```

호스트 머신에 대한 포트를 공개하지 않고 링크 기능을 사용하여 연결하는 컨테이너에게만 포트를 공개할 때는 expose를 지정합니다(리스트 7.19).

로그 서버와 같이 호스트 머신에서 직접 액세스하지 않고 웹 애플리케이션 서버 기능을 갖고 있는 컨테이너를 경유해서만 액세스하고 싶은 경우 등에 사용합니다.

[리스트 7.19] 컨테이너 내부에만 공개하는 포트 지정

```
expose:
  - "3000"
  - "8000"
```

 ## 서비스의 의존관계 정의(depends_on)

여러 서비스의 의존관계를 정의할 때는 depends_on을 지정합니다. 예를 들어 webserver 컨테이너를 시작하기 전에 db 컨테이너와 redis 컨테이너를 시작하고 싶을 때는 [리스트 7.20]과 같이 정의합니다. depends_on을 사용하여 webserver 컨테이너가 db 컨테이너와 redis 컨테이너에 각각 의존하고 있다는 것을 정의합니다.

[리스트 7.20] 의존관계 지정

```
services:
  webserver:
    build: .
    depends_on:
      - db
      - redis
  redis:
    image: redis
  db:
    image: postgres
```

여기서 주의할 점은 depends_on은 컨테이너의 시작 순서만 제어할 뿐 컨테이너상의 애플리케이션이 이용 가능해 질 때까지 기다리고 제어를 하지 않는다는 점입니다. 즉, 의존관계에 있는 데이터베이스 서비스의 준비가 끝날 때까지 기다리는 것은 아니기 때문에 애플리케이션 측에서 이에 대한 대책을 세울 필요가 있습니다.

컨테이너 환경변수 지정(environment/env_file)

컨테이너 안의 환경변수를 지정할 때는 environment를 지정합니다. YAML 배열 형식 또는 해시 형식 중 하나로 변수를 지정합니다(리스트 7.21).

[리스트 7.21] 환경변수 지정

```
# 배열 형식으로 지정
environment:
  - HOGE=fuga
  - FOO
# 해시 형식으로 지정
environment:
  HOGE: fuga
  FOO:
```

설정하고 싶은 환경변수의 수가 많을 때는 다른 파일에서 환경변수를 정의하고 그 파일을 읽어 들일 수도 있습니다. 환경변수 파일을 읽어 들일 때는 env_file을 지정합니다.

그림 7.7 과 같이 docker-compose.yml과 동일한 디렉토리에 envfile이라는 이름의 파일을 작성합니다(리스트 7.22).

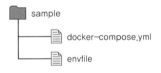

그림 7.7 디렉토리 구성

[리스트 7.22] envfile

```
HOGE=fuga
FOO=bar
```

이것을 docker-compose.yml에서 읽어 들이려면 [리스트 7.23]과 같이 지정합니다.

[리스트 7.23] 환경변수 파일 읽어 들이기

```
env_file: envfile
```

또한 환경변수를 정의한 파일은 여러 개를 읽어 들일 수도 있습니다. 파일의 지정은 다음과 같이 YAML 배열 형식으로 지정합니다. 파일의 경로 지정은 상대 경로든 절대 경로든 상관없습니다.

[리스트 7.24]의 예에서는 커런트 디렉터리의 envfile1과 커런트 디렉터리 아래의 app 디렉터리 안에 있는 envfile2와 /tmp에 있는 envfile3, 이 세 개의 환경변수 파일을 읽어 들이고 있습니다.

[리스트 7.24] 여러 개의 환경변수 파일 읽어 들이기

```
env_file:
    - ./envfile1
    - ./app/envfile2
    - /tmp/envfile3
```

또한 애플리케이션 안에서 사용하는 API 키와 같은 비밀정보의 관리는 컨테이너 오케스트 레이션 툴의 기능을 사용하는 것이 좋습니다. **참조** 애플리케이션의 설정 정보 관리(ConfigMap, Secrets) ➡ p.297

컨테이너 정보 설정(container_name/labels)

Docker Compose로 생성되는 컨테이너에 이름을 붙일 때는 container_name을 지정합니다. 예를 들어 webserver라는 이름으로 정의한 컨테이너에 web-container라는 이름을 붙일 때는 [리스트 7.25]와 같이 docker-compose.yml을 작성합니다. 단, Docker 컨테이너명은 고유해야 하므로 커스텀명을 지정하면 여러 컨테이너로 스케일할 수 없어집니다.

[리스트 7.25] 컨테이너명 지정

```
container_name: web-container
```

컨테이너에 라벨을 붙일 때는 labels를 지정합니다(리스트 7.26). 여러 개의 라벨을 붙일 때는 YAML의 배열 또는 해시 형식 중 하나로 변수를 지정합니다.

[리스트 7.26] 컨테이너 라벨 설정

```
# 배열 형식으로 지정
labels:
  - "com.example.description=Accounting webapp"
  - "com.example.department=Finance"
# 해시 형식으로 지정
labels:
  com.example.description: "Accounting webapp"
  com.example.department: "Finance"
```

설정한 라벨을 확인할 때는 docker-compose config 명령을 사용합니다.

컨테이너 데이터 관리(volumes/volumes_from)

컨테이너에 볼륨을 마운트할 때는 volumes를 지정합니다. [리스트 7.27]의 예에서는 /var/lib/mysql을 마운트하고 있습니다. 호스트 측에서 마운트할 경로를 지정하려면 호스트의 디렉토리 경로:컨테이너의 디렉토리 경로를 지정합니다.

[리스트 7.27] 볼륨 지정

```
volumes:
  - /var/lib/mysql
  - cache/:/tmp/cache
```

또한 [리스트 7.28]과 같이 볼륨 지정 뒤에 ro를 지정하면 볼륨을 읽기 전용으로 마운트할 수 있습니다. 설정 파일이 저장된 볼륨 등과 같이 쓰기를 금지하고 싶은 경우에 지정하기 바랍니다.

[리스트 7.28] 읽기 전용 볼륨 지정

```
volumes:
  - ~/configs:/etc/configs/:ro
```

다른 컨테이너로부터 모든 볼륨을 마운트할 때는 volumes_from에 컨테이너명을 지정합니다. 예를 들어 log라는 이름의 컨테이너로 마운트할 때는 [리스트 7.29]와 같이 설정합니다.

[리스트 7.29] 볼륨 마운트 지정

```
volumes_from:
  - log
```

7.4 Docker Compose를 사용한 여러 컨테이너의 운용

여기서는 Docker Compose가 제공하는 운용 명령에 대해 설명하겠습니다.

Docker Compose의 버전 확인

Docker Compose는 Docker for Mac 또는 Docker for Windows에 미리 설치되어 있습니다. [리스트 7.30]의 명령을 실행하면 Docker Compose의 버전 정보를 확인할 수 있습니다.

[리스트 7.30] Docker Compose의 버전 확인

```
$ docker-compose --version
docker-compose version 1.14.0, build c7bdf9e3
```

> **Note** Compose 정의 파일의 지정
>
> 커런트 디렉토리 안에 docker-compose.yml 파일이 없는 상태에서 docker-compose up 명령을 실행하면 [리스트 7.A]와 같이 '정의 파일을 찾을 수 없습니다'라는 오류 메시지가 표시됩니다.
>
> **[리스트 7.A]** docker-compose up 명령의 오류 메시지
>
> ```
> docker $ docker-compose up
> ERROR:
>   Can't find a suitable configuration file in this directory or any
>   parent. Are you in the right directory?
>
>   Supported filenames: docker-compose.yml, docker-compose.yaml
> ```
>
> Docker Compose에서 지원되는 정의 파일의 이름은 다음 중 하나입니다. 이 파일명 이외의 경우는 명령의 -f 옵션을 사용하여 정의 파일명을 지정할 필요가 있습니다.
>
> - docker-compose.yml
> - docker-compose.yaml

 ## Docker Compose의 기본 명령

Docker Compose의 명령(docker-compose)에는 몇 가지 서브 명령이 있습니다. 주요 서브 명령은 표 7.2 와 같습니다.

표 7.2 Docker Compose의 주요 서브 명령

서브 명령	설명
up	컨테이너 생성/시작
ps	컨테이너 목록 표시
logs	컨테이너 로그 출력
run	컨테이너 실행
start	컨테이너 시작
stop	컨테이너 정지
restart	컨테이너 재시작
pause	컨테이너 일시 정지
unpause	컨테이너 재개
port	공개 포트 번호 표시
config	구성 확인
kill	실행 중인 컨테이너 강제 정지
rm	컨테이너 삭제
down	리소스 삭제

docker-compose 명령은 docker-compose.yml을 저장한 디렉토리에서 실행됩니다. 만일 커런트 디렉토리 이외의 장소에 docker-compose.yml을 놓아 둔 경우는 -f 옵션으로 파일 경로를 지정하기 바랍니다(리스트 7.31).

[리스트 7.31] docker-compose.yml을 바탕으로 컨테이너 생성/시작

```
$ docker-compose -f ./sample/docker-compose.yml up
```

서브 명령 다음에 컨테이너명을 지정하면 해당 컨테이너만을 조작할 수 있습니다. 예를 들어 webserver라는 이름의 컨테이너만 정지시키고 싶을 때는 [리스트 7.32]의 명령을 실행합니다.

[리스트 7.32] 특정 컨테이너 조작

```
$ docker-compose stop webserver
```

이제 서브 명령의 자세한 사용법에 대해 설명하겠습니다.

여러 컨테이너 생성(up)

작성한 docker-compose.yml을 바탕으로 여러 개의 컨테이너를 생성하여 시작할 때는 docker-compose up 명령을 사용합니다.

이 명령의 구문은 다음과 같습니다.

구문 docker-compose up 명령

```
docker-compose up [옵션] [서비스명 .]
```

지정할 수 있는 주요 옵션

옵션	설명
-d	백그라운드에서 실행한다.
--no-deps	링크 서비스를 시작하지 않는다.
--build	이미지를 빌드한다.
--no-build	이미지를 빌드하지 않는다.
-t, --timeout	컨테이너의 타임아웃을 초로 지정(기본 10초)한다.
--scale SERVICE=서비스 수	서비스 수를 지정한다.

[리스트 7.33]과 같이 docker-compose.yml을 작성합니다. 이것은 Nginx가 베이스 이미지인 serverA와 Redis가 베이스 이미지인 serverB, 이 두 개의 컨테이너로 구성되어 있습니다.

[리스트 7.33] docker-compose.yml

```
version: '3.3'

services:
  server_a:
    image: nginx

  server_b:
    image: redis
```

이 docker-compose.yml에 정의된 2개의 컨테이너를 시작하려면 [리스트 7.34]의 명령을 실행합니다. 컨테이너를 정지시킬 때는 Ctrl + C를 누릅니다.

[리스트 7.34] 여러 컨테이너의 일괄 생성 및 시작

```
$ docker-compose up
Creating sample_server_b_1 ...
Creating sample_server_a_1 ...
Creating sample_server_b_1
Creating sample_server_b_1 ... done
Attaching to sample_server_a_1, sample_server_b_1
```

컨테이너를 백그라운드에서 실행시킬 때는 -d 옵션을 지정합니다(리스트 7.35). -d 옵션으로 시작하면 프롬프트 화면으로 돌아갑니다.

[리스트 7.35] 여러 컨테이너를 백그라운드로 시작

```
$ docker-compose up -d
```

컨테이너 시작 시에 Dockerfile을 빌드하고 싶을 때는 --build 옵션을 지정합니다(리스트 7.36).

[리스트 7.36] Docker 이미지 빌드

```
$ docker-compose up --build
```

컨테이너를 생성할 개수를 지정할 때는 docker-compose up 명령에서 --scale 옵션을 사용합니다.

 docker-compose up 명령

```
docker-compose up --scale [서비스명=수]
```

예를 들어 docker-compose.yml에 server_a와 server_b라는 2개의 정의가 있고, server_a의 컨테이너를 10개, server_b의 컨테이너를 20개 시작시키고 싶을 때는 [리스트 7.37]의 명령을 실행합니다.

[리스트 7.37] 컨테이너 개수 지정

```
$ docker-compose up --scale server_a=10 --scale server_b=20
Starting sample_server_a_1... done
~중략~
Creating and starting 10... done
Starting sample_server_b_1... done
~중략~
Creating and starting 20... done
```

여러 컨테이너 확인(ps/logs)

Docker Compose에서는 여러 개의 컨테이너가 연결되어 작동합니다. 이러한 컨테이너들의 목록을 표시할 때는 docker-compose ps 명령을 사용합니다(리스트 7.38).

[리스트 7.38] 여러 컨테이너의 상태 확인

```
$ docker-compose ps
  Name                        Command                State    Ports
--------------------------------------------------------------------
sample_server_a_1     nginx -g daemon off;           Up       80/tcp
sample_server_b_1     docker-entrypoint.sh redis ... Up       6379/tcp
```

명령을 실행하면 시작되어 있는 컨테이너의 이름, 실행되고 있는 명령, 스테이터스, 포트를 확인할 수 있습니다. 또한 [리스트 7.39]와 같이 -q 옵션을 지정하면 컨테이너 ID만 표시됩니다.

[리스트 7.39] 컨테이너 ID 확인

```
$ docker-compose ps -q
f2b9856d412af5b71f9062b8090a671625c4b8d1db547a80b6216ff5290b4b2b
ff362c7e54ccbe37a499c577798e17964bc28c9ee02c163ff8e9a198251c05d0
```

또한, Docker Compose를 사용하여 시작한 경우도 보통의 Docker 명령을 사용할 수 있습니다. [리스트 7.40]은 docker container ls 명령을 사용하여 컨테이너의 상태를 확인하는 예입니다. **참조** 가동 컨테이너 목록 표시(docker container ls) ➡ p.119

[리스트 7.40] Docker 명령을 사용한 컨테이너 확인

```
$ docker container ls
CONTAINER ID    IMAGE    COMMAND               STATUS          PORTS       NAMES
0f16ce2565a3    redis    "docker-entrypoint..."  Up 45 minutes   6379/tcp    sample_server_b_1
aa45e39b87fc    nginx    "nginx -g 'daemon ..."  Up 45 minutes   80/tcp      sample_server_a_1
```

컨테이너의 로그를 확인하려면 docker-compose logs 명령을 사용합니다(리스트 7.41).

[리스트 7.41] Docker 명령을 사용한 로그 확인

```
$ docker-compose logs
Attaching to sample_server_b_1, sample_server_a_1
server_b_1  | 1:C 12 Oct 04:55:40.944 # oO0OoO0OoO0Oo Redis is starting oO0OoO0OoO0Oo
server_b_1  | 1:C 12 Oct 04:55:40.944 # Redis version=4.0.2, bits=64, commit=00000000, modified=0, pid=1, just started
~중략~
```

239

컨테이너에서 명령 실행(run)

Docker Compose로 시작한 컨테이너에서 임의의 명령을 실행하고 싶을 때는 docker-compose run 명령을 사용합니다.

[리스트 7.42]의 명령은 docker-compose up 명령을 사용하여 시작한 server_a라는 이름의 컨테이너에서 /bin/bash를 실행하는 예입니다.

[리스트 7.42] 컨테이너에서 명령 실행

```
$ docker-compose run server_a /bin/bash

root@a68d85ef8707:/#
```

 ## 여러 컨테이너 시작/정지/재시작(start/stop/restart)

Docker Compose를 사용하면 여러 개의 서비스를 일괄적으로 시작/일시 정지/정지/재시작할 수 있습니다. 각각의 명령은 [리스트 7.43]과 같습니다.

[리스트 7.43] 컨테이너 일괄 시작/정지/재시작

```
$ docker-compose start
Starting server_a ... done
Starting server_b ... done

$ docker-compose stop
Stopping sample_server_b_1 ... done
Stopping sample_server_a_1 ... done

$ docker-compose restart
Restarting sample_server_b_1 ... done
Restarting sample_server_a_1 ... done
```

특정 컨테이너만을 조작하고 싶을 때는 명령의 인수에 컨테이너명을 지정합니다. 예를 들어 server_a라는 이름의 서비스만을 재시작할 때는 [리스트 7.44]의 명령을 실행합니다.

[리스트 7.44] 특정 컨테이너 재시작

```
$ docker-compose restart server_a
Restarting sample_server_a_1 ... done
```

여러 컨테이너 일시 정지/재개(pause/unpause)

Docker Compose를 사용하면 여러 개의 서비스를 일괄적으로 일시 정지/재개할 수 있습니다. 각각의 명령은 [리스트 7.45]와 같습니다.

[리스트 7.45] 컨테이너 일시 정지/재개

```
$ docker-compose pause
Pausing server_a ... done
Pausing server_b ... done

$ docker-compose unpause
Unpausing server_a ... done
Unpausing server_b ... done
```

 ## 서비스의 구성 확인(port/config)

서비스의 공개용 포트를 확인할 때는 docker-compose port 명령을 사용합니다.
이 명령의 구문은 다음과 같습니다.

 구문 docker-compose port 명령

```
docker-compose port [옵션] <서비스명> <프라이빗 포트 번호>
```

지정할 수 있는 주요 옵션

옵션	설명
--protocol=proto	프로토콜. tcp 또는 udp
--index=index	컨테이너의 인덱스 수

예를 들어 webserver라는 이름의 서비스의 80번 포트에 할당되어 있는 설정을 확인하려면 [리스트 7.46]의 명령을 실행합니다.

[리스트 7.46] 공개 포트 확인

```
$ docker-compose port webserver 80
0.0.0.0:80
```

또한, Compose의 구성을 확인할 때는 docker-compose config 명령을 사용합니다. [리스트 7.47]의 명령을 실행하면 Compose 구성 파일의 내용을 확인할 수 있습니다.

[리스트 7.47] 구성 확인

```
$ docker-compose config
services:
  redis:
    image: redis
  webserver:
    image: nginx
    ports:
    - 80:80/tcp
version: '3.3'
```

 ## 여러 컨테이너 강제 정지/삭제(kill/rm)

실행 중인 컨테이너를 강제로 정지시킬 때는 docker-compose kill 명령을 사용합니다. 이 명령을 사용하면 컨테이너에게 시그널을 송신할 수 있습니다.

시그널이란 프로세스 간의 연락을 주고받기 위한 장치로 Linux 커널에 내장되어 있습니다. 실행 중인 프로세스의 처리를 멈추고 다른 프로세스를 처리하고 싶은 경우나 프로세스를 강제 종료시키고 싶을 때에 사용합니다.

예를 들어 [리스트 7.48]의 명령을 실행하면 컨테이너에게 SIGINT를 송신합니다.

[리스트 7.48] 컨테이너에 시그널 송신

```
$ docker-compose kill -s SIGINT
Killing sample_server_b_1 ... done
Killing sample_server_a_1 ... done
```

옵션을 지정하지 않고 docker-compose kill을 실행하면 SIGKILL이 송신됩니다. SIGKILL은 프로세스를 강제로 종료시키는 것입니다.

생성한 여러 컨테이너를 삭제할 때는 docker-compose rm 명령을 실행합니다. 명령을 실행하면 [리스트 7.49]와 같이 정말로 삭제해도 좋은지 확인 메시지가 표시되므로 y 또는 N을 입력합니다. 또한 -f 옵션을 지정하면 확인 메시지를 표시하지 않고 강제적으로 삭제합니다.

[리스트 7.49] 여러 컨테이너 일괄 삭제

```
$ docker-compose rm
Going to remove sample_server_b_1, sample_server_a_1
Are you sure? [yN] y
Removing sample_server_b_1 ... done
Removing sample_server_a_1 ... done
```

그 외 다른 명령에 대한 자세한 내용은 아래의 공식 사이트를 참조하기 바랍니다.

● **Docker Compose 명령**　　**WEB** https://docs.docker.com/compose/reference/

NOTE　　**Linux의 시그널**

Linux에서는 프로그램을 실행할 때 파일에 쓰여 있는 프로그램을 읽어 들여 메모리상에 배치합니다. 이 메모리상에 배치된 프로그램이 실행되면 '프로세스'가 됩니다. 그리고 이 프로세스에 대해 명령을 송신할 수 있는데, 이 명령을 시그널이라고 합니다. 시그널은 POSIX.1–1990라는 규격으로 정의되어 있습니다.

주요 Linux의 시그널은 **표 7.A** 와 같습니다.

표 7.A Docker Compose의 주요 서브 명령

시그널	설명
SIGHUP	프로그램 재시작
SIGINT	키보드로 인터럽트. Ctrl+C로 송신할 수 있다.
SIGQUIT	키보드에 의한 중지. Ctrl+\로 송신할 수 있다.
SIGTERM	프로세스 정상 종료
SIGKILL	프로세스 강제 종료
SIGSTOP	프로세스 일시 정지

지원하는 시그널의 종류는 kill -l 명령으로 확인할 수 있습니다.

여러 리소스의 일괄 삭제(down)

Compose 정의 파일을 바탕으로 docker-compose up 명령으로 생성한 컨테이너나 Docker 이미지를 모아서 삭제할 때는 docker-compose down 명령을 사용합니다. docker-compose down 명령은 실행 중인 컨테이너를 정지시키고, Docker 이미지, 네트워크, 데이터 볼륨을 일괄적으로 삭제합니다.

이 명령의 구문은 다음과 같습니다.

 구문 docker-compose down 명령

```
docker-compose down [옵션]
```

지정할 수 있는 주요 옵션

옵션	설명
--rmi all	모든 이미지를 삭제
--rmi local	커스텀 태그가 없는 이미지만 삭제
-v, --volumes	Compose 정의 파일의 데이터 볼륨을 삭제

예를 들어 [리스트 7.50]의 명령을 실행하면 Compose 정의 파일에서 지정한 컨테이너를 정지시키고 모든 이미지를 삭제합니다.

[리스트 7.50] 여러 이미지 삭제

```
$ docker-compose down --rmi all
Stopping sample_webserver_1 ... done
Stopping sample_redis_1     ... done
Removing sample_webserver_1 ... done
Removing sample_redis_1     ... done
Removing network sample_default
Removing image nginx
Removing image redis
```

제 3 부
실행 환경 구축편

제 **8** 장

멀티호스트 환경에서
Docker 실행 환경 구축

◆ **8.1** 멀티호스트 환경에서 컨테이너 관리의 개요

◆ **8.2** 웹 애플리케이션을 서비스 공개해 보자

◆ **8.3** Docker Machine을 사용한 실행 환경 구축

Docker에서 작동하는 웹 애플리케이션을 제품 환경에서 운용할 때는 애플리케이션이 사양대로 올바르게 작동할 뿐만 아니라 서비스 이용자가 항상 이용할 수 있도록 운용 관리를 해야 합니다. 이러한 컨테이너 기반은 보통 멀티호스트 환경으로 구축합니다. 이 장에서는 멀티호스트 환경에 있어서 Docker의 실행 환경을 구축하기 위한 기초 지식과 방법에 대해 설명합니다.

8.1 멀티호스트 환경에서 컨테이너 관리의 개요

웹 시스템의 실행 환경은 웹 서버, 프록시 서버, 데이터 스토어 등 역할이 다른 여러 개의 서버 기능이 연계되어 작동합니다. 제품 환경에서 이용자에게 서비스를 제공할 때는 여러 개의 물리 서버나 여러 개의 가상 머신(VM)으로 구성된 멀티호스트 환경으로 서비스를 제공하는 것이 일반적입니다. 여기서는 Docker를 멀티호스트 환경에서 운용 관리할 때 알아두어야 할 기초 지식을 설명하겠습니다.

멀티호스트 환경과 클러스터링

지금까지 이 책에서 다뤄온 Docker 환경에서는 동일 호스트상에 Docker를 설치하고, 그 위에서 몇 개의 컨테이너를 가동시켜 서버를 작동시켰습니다(**그림 8.1**). 이미지의 작성이나 컨테이너의 시작 등은 호스트 머신에 설치된 Docker가 수행하고, 여러 개의 Docker를 일원 관리할 때는 Docker Compose를 사용하여 애플리케이션의 실행 환경을 구축했습니다. 따라서 이 호스트에서 장애가 발생하면 서비스가 정지됩니다.

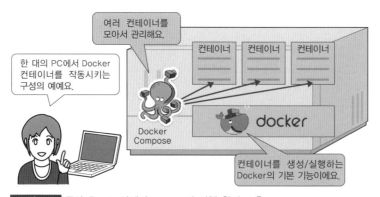

그림 8.1 동일 호스트 상에서 Docker의 실행 환경 구축

대규모 웹 시스템에서 서비스 정지는 단순한 비즈니스 기회의 상실뿐만 아니라 기업의 사회적 신용을 잃게 할 우려가 있습니다. 그래서 만일에 시스템의 일부에서 장애가 발생해도 서비스가 정지되지 않도록 만드는 장치가 필요합니다.

이를 구현하는 기술 중 하나로 클러스터링이 있습니다. 클러스터링은 여러 대의 서버나 하드웨어를 모아서 한 대처럼 보이게 하는 기술을 말합니다.

일반적으로 클러스터링을 하면 다음 두 가지 시스템 특성이 향상됩니다.

▌가용성(Availability)

시스템에 있어서 가용성이란 시스템이 계속해서 가동될 수 있는 능력을 말합니다. 서버의 오류나 하드웨어의 고장 등이 발생해도 다른 정상적인 서버나 하드웨어가 대신해서 처리를 계속함으로써 높은 신뢰성을 얻을 수 있습니다.

▌확장성(Scalability)

고부하로 인한 시스템 다운을 피하기 위해 여러 대의 컴퓨터를 클러스터화하여 처리를 분산시킴으로써 높은 처리 성능을 얻을 수 있습니다. 클라우드의 가상 머신의 경우는 오토스케일 기능이 제공되는 경우도 있습니다.

Docker를 사용하면 단일 호스트 머신에서뿐만 아니라 여러 대의 호스트 머신 상에서 Docker를 작동시켜서 높은 가용성과 확장성을 가진 애플리케이션 실행 환경을 구축할 수 있습니다. 이와 같이 멀티호스트 환경에서 컨테이너들의 클러스터링을 수행하기 위한 툴을 컨테이너 오케스트레이션 툴이라고 합니다.

또한 멀티호스트 환경에서 컨테이너를 작동시키는 경우는 컨테이너의 장애나 호스트 머신의 가동 상황 등을 감시하는 장치를 생각해 둘 필요가 있습니다. 컨테이너 실행 환경을 지원하는 통합 감시 툴이나 클라우드에 의한 감시 서비스 등이 Docker를 지원하고 있으므로 이것들을 이용하는 것이 좋습니다.

Docker Machine이란?

Docker Machine은 호스트 머신/클라우드/가상 환경 등에 Docker의 실행 환경을 만들 수 있는 커맨드라인 툴입니다(　그림 8.2　).

● **Docker Machine**　**WEB** https://docs.docker.com/machine/

아래 GitHub 상에서 현재도 개발이 활발히 진행 중입니다.

WEB https://github.com/docker/machine

이 책의 집필 시점에서 지원하고 있는 주요 환경은 다음과 같습니다.

- Amazon Web Services
- Microsoft Azure
- Digital Ocean
- Exoscale
- Google Compute Engine
- Microsoft Hyper-V
- OpenStack
- Rackspace
- IBM SoftLayer
- Oracle VirtualBox
- VMware

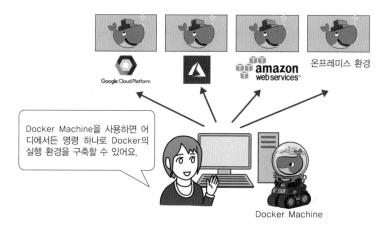

그림 8.2 Docker Machine 환경

8.2 웹 애플리케이션을 서비스 공개해 보자

7장에서 소개한 Docker Compose를 사용한 웹 애플리케이션의 실행 환경에서는 로컬 PC에 애플리케이션을 전개했기 때문에 로컬 PC에서만 액세스할 수 있었습니다. 그래서 이 장에서는 작성한 웹 애플리케이션을 퍼블릭 클라우드인 Google Cloud Platform(이후 GCP)의 가상 머신 Google Compute Engine(이후 GCE)을 사용하여 인터넷상에 서비스를 공개해 봅시다. 서비스를 공개하기 위한 Docker의 실행 환경은 Docker Machine을 사용하여 구축하므로 Docker Machine에서 어떤 일을 할 수 있는지, 그 개요를 살펴보겠습니다.

여기서는 구체적으로 그림 8.3 과 같은 구성으로 된 Docker 실행 환경을 만들 것입니다.

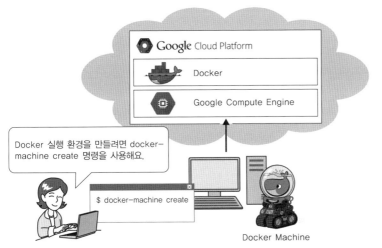

그림 8.3 Docker Machine을 사용한 실행 환경 구축

Docker 실행 환경 작성

Docker Machine을 사용하여 클라우드 서비스인 GCP의 가상 머신 기능을 제공하는 GCE에 Docker 실행 환경을 만들 것입니다. 그러므로 Google Cloud Platform 계정을 미리 취득하고, GCP 프로젝트를 작성해 놓기 바랍니다. 여기서는 'docker-book'이라는 이름의 프로젝트 안에 Docker 실행 환경을 만들겠습니다. Google Compute Engine을 이용하려면 API의 사용을 허가해야 합니다. 브라우저에서 GCP의 웹 콘솔에 로그인한 후, [API 및 서비스] → [라이브러리]를 선택합니다. 'Google Compute Engine API'의 액세스 권한 설정 화면이 표시되면 [사용 설정] 버튼을 클릭합니다. 또한 PC에 미리 Google Cloud SDK를 설치해 두기 바랍니다. 참조 Cloud SDK 설치하기 ➡ p.350

[리스트 8.1]의 명령은 'docker-book'이라는 이름의 GCP 프로젝트를 설정하고, GCP 프로젝트명을 환경변수 PROJECT_ID에 설정하는 예입니다. 이 GCP 프로젝트명은 환경에 따라 달라지며 이미 존재하고 있는 이름(ID)이므로 반드시 임의의 다른 이름으로 바꾸기 바랍니다.

[리스트 8.1] GCP 프로젝트 설정

```
$ gcloud config set project docker-book
$ PROJECT_ID=$(gcloud config list project --format "value(core.project)")

$ echo $PROJECT_ID
docker-book
```

[리스트 8.2]의 Docker Machine 명령을 실행하면 'gcp-host'라는 이름의 GCE 인스턴스가 시작됩니다.

[리스트 8.2] GCE에서 실행 환경 작성

```
$ docker-machine create --driver google \
  --google-project $PROJECT_ID \
  --google-zone asia-northeast1-a \
  --google-machine-type f1-micro \
  --google-tags 'http-server' \
  --google-machine-image https://www.googleapis.com/compute/v1/projects/ubun➠
tu-os-cloud/global/images/family/ubuntu-1604-lts \
  gcp-host

Running pre-create checks...
(gcp-host) Check that the project exists
(gcp-host) Check if the instance already exists
Creating machine...
~중략~
Provisioning with ubuntu(systemd)...
Installing Docker...
~중략~
Docker is up and running!
To see how to connect your Docker Client to the Docker Engine running on this
virtual machine, run: docker-machine env gcp-host
```

GCP 관련 옵션

이 명령의 예에서는 다음과 같은 옵션을 지정하고 있습니다.

--driver 옵션

GCE상에 실행 환경을 구축하므로 드라이버에 'google'이라는 값을 지정합니다.

--google-project 옵션

GCP에서는 프로젝트라는 단위로 리소스를 관리합니다. Docker 실행 환경을 구축하는 프로젝트를 지정합니다. 여기서는 환경변수 PROJECT_ID에서 설정한 프로젝트명을 사용하고 있습니다. 또한 환경변수를 참조하고 싶을 때는 변수 앞에 '$'를 붙입니다.

--google-zone 옵션

인스턴스를 생성할 리전(region)을 지정합니다. 예를 들어 한국의 경우는 'asia-northeast1-a'를 지정합니다. 이 명령 옵션을 지정하지 않은 경우는 미국 중부인 'us-central1-a'로 인스턴스가 생성됩니다.

GCP의 리전 목록에 대해서는 아래의 공식 사이트를 참조하기 바랍니다.

> **WEB** https://cloud.google.com/compute/docs/regions-zones/regions-zones

--google-machine-type 옵션

GCE 인스턴스의 머신 타입을 지정합니다. 머신 타입에 따라 가상 CPU나 메모리의 크기, 시간당 요금이 달라집니다. 이번에는 'f1-micro'로 지정하겠습니다.

GCE의 머신 타입 목록에 대해서는 아래의 공식 사이트를 참조하기 바랍니다.

> **WEB** https://cloud.google.com/compute/docs/machine-types

--google-tags 옵션

GCE 인스턴스에 설정할 태그를 지정합니다. 여러 개 설정할 때는 콤마로 구분합니다. 인스턴스에 대해 외부에서 HTTP(80번 포트)를 열기 위해 'http-server' 태그를 지정하기 바랍니다.

--google-machine-image 옵션

GCE 인스턴스의 머신 이미지를 지정합니다. 지정할 수 있는 이미지는 아래의 공식 사이트에서 확인할 수 있습니다.

> **WEB** https://cloud.google.com/compute/docs/images#image_families

이번 예에서는 아래와 같이 Ubuntu 16.04의 이미지를 지정하고 있습니다.

https://www.googleapis.com/compute/v1/projects/ubuntu-os-cloud/global/images/family/ubuntu-1604-lts

그 외에도 시작할 GCE 인스턴스의 디스크 크기나 IP 주소 등을 지정할 수 있는 옵션이 있습니다. docker-machine 명령의 옵션에 대한 자세한 내용은 아래를 참조하기 바랍니다.

> **WEB** https://docs.docker.com/machine/drivers/gce/

Docker 실행 환경 확인

GCE 인스턴스의 시작에는 몇 분 정도 시간이 걸립니다. GCE상에 작성한 Docker 실행 환경의 상태를 확인할 때는 [리스트 8.3]의 명령을 실행합니다.

[리스트 8.3] Docker 실행 환경 확인

```
$ docker-machine ls
NAME        ACTIVE  DRIVER  STATE    URL                          SWARM   DOCKER      ERRORS
gcp-host    -       google  Running  tcp://35.187.196.87:2376             v18.02.0-ce
```

명령의 실행 결과를 보면 'gcp-host'의 스테이터스가 'Running'으로 되어 있으므로 올바르게 가동되고 있다는 것을 알 수 있습니다. 이 인스턴스에 액세스하기 위한 IP 주소(예 35.187.196.87)가 표시되므로 확인해 보겠습니다.

GCP의 매니지먼트 콘솔 상에서도 GCE 인스턴스가 실행되고 있다는 것을 확인할 수 있습니다(그림 8.4).

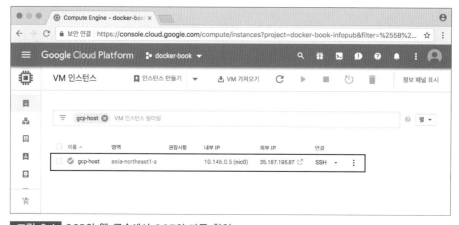

그림 8.4 GCP의 웹 콘솔에서 GCE의 가동 확인

 웹 애플리케이션 전개

이제 GCE상에 Docker 실행 환경이 마련되었으므로 웹 애플리케이션을 전개합니다.

먼저 [리스트 8.4]의 명령을 실행하여 작성한 'gcp-host'라는 이름의 GCE 인스턴스에 SSH로 액세스합니다.

[리스트 8.4] GCE상의 실행 환경에 대한 액세스

```
$ docker-machine ssh gcp-host
Welcome to Ubuntu 16.04.3 LTS (GNU/Linux 4.13.0-1008-gcp x86_64)

  * Documentation: https://help.ubuntu.com
  * Management: https://landscape.canonical.com
  * Support: https://ubuntu.com/advantage

Get cloud support with Ubuntu Advantage Cloud Guest:
  http://www.ubuntu.com/business/services/cloud

14 packages can be updated.
10 updates are security updates.
```

로컬에서 SSH로 연결하고 있기 때문에 프롬프트가 'docker-user@gcp-host:~'로 바뀝니다. 이 GCE의 인스턴스에 애플리케이션을 전개합니다. Docker Hub에서 샘플 애플리케이션이 작동하는 Docker 이미지를 취득하고 컨테이너를 시작합니다.

[리스트 8.5]의 예에서는 Docker Hub에 있는 'asashiho/photoview-image'라는 이름의 이미지를 다운로드하고 'webserver'라는 이름의 컨테이너를 시작하고 있습니다.

[리스트 8.5] 컨테이너 시작

```
docker-user@gcp-host:~/ $ sudo docker container run --name webserver -it -p ➡
80:80 asashiho/photoview-image

Unable to find image 'asashiho/photoview-image:latest' locally
latest: Pulling from asashiho/photoview-image
85b1f47fba49: Pull complete
~중략~
4fbe3c2cdc6a: Pull complete
Digest: sha256:b2c35e41de502b98245ebdbb055066f375670e87e018dac7ffb9967103128f36
Status: Downloaded newer image for asashiho/photoview-image:latest
```

웹 서버가 시작되면 브라우저에서 GCE 인스턴스에 액세스합니다. 액세스할 곳은 좀 전에 확인한 IP 주소(예 http://35.200.46.40/)가 됩니다. 전개한 웹 애플리케이션이 작동하고 있다는 것을 알 수 있습니다(그림 8.5). 여기서는 샘플로 아래의 Dockerfile을 이용하여 환경을 구축하고 있습니다.

WEB https://github.com/asashiho/photoview-image

그림 8.5 작동 확인

애플리케이션을 정지시킬 때는 (Ctrl)+(C)를 누릅니다.

또한 SSH로 연결한 GCE의 가상 머신에서 연결을 해제할 때는 exit 명령을 실행합니다.

 ## Docker 실행 환경 삭제

작성한 Docker 실행 환경을 삭제하려면 Docker-machine rm 명령을 사용합니다. 예를 들어 작성한 gcp-host라는 이름의 환경을 삭제할 때는 로컬 머신에서 [리스트 8.6]의 명령을 실행합니다. 정말로 삭제할지를 물어보므로 'y'를 입력하고 (Enter)를 누릅니다.

[리스트 8.6] 실행 환경 삭제

```
$ docker-machine rm gcp-host

About to remove gcp-host
WARNING: This action will delete both local reference and remote instance.
Are you sure? (y/n): y
(gcp-host) Deleting instance.
(gcp-host) Waiting for instance to delete.
(gcp-host) Deleting disk.
(gcp-host) Waiting for disk to delete.
Successfully removed gcp-host
```

이번 예에서는 Docker Machine으로 GCE에 Docker 실행 환경을 구축했지만, Digital Ocean

이나 VMware와 같은 다른 환경에 구축할 때도 이 docker-machine 명령을 사용하여 구축할 수 있습니다. 다른 환경의 경우는 지정할 수 있는 옵션이 다르므로 자세한 방법은 공식 사이트를 참조하기 바랍니다.

또한 Amazon Web Services 및 Microsoft Azure를 사용할 때는 'Docker Cloud'가 제공됩니다.

8.3 Docker Machine을 사용한 실행 환경 구축

이제 Docker Machine을 사용하여 Docker의 실행 환경을 구축할 때의 명령에 대해 자세히 살펴봅시다.

Docker Machine의 기본 명령

Docker Machine은 Docker for Mac 또는 Docker for Windows에 미리 설치되어 있습니다. [리스트 8.7]의 명령을 실행하면 Docker Machine의 버전 정보를 확인할 수 있습니다.

[리스트 8.7] Docker Machine의 버전 확인

```
$ docker-machine --version
docker-machine version 0.13.0, build 9ba6da9
```

이 콘솔 상에서 Docker Machine의 명령을 실행해 갑니다. Docker Machine 명령(docker-machine)의 주요 서브 명령은 표 8.1 과 같습니다.

표 8.1 Docker Machine의 서브 명령

서브 명령	설명	서브 명령	설명
create	실행 환경 작성	restart	실행 환경 재시작
ls	실행 환경 목록 표시	scp	실행 환경에서 파일 다운로드
status	실행 환경 상태 표시	rm	실행 환경 삭제
url	실행 환경 URL 표시	kill	실행 환경 강제 정지
ssh	실행 환경에 대한 SSH 연결	ip	실행 환경 IP 주소 확인
start	실행 환경 시작	inspect	실행 환경 정보 확인
stop	실행 환경 정지		

실행 환경 작성(create)

실행 환경을 작성하려면 docker-machine create 명령을 사용합니다. 어떤 클라우드/가상 머신에 만들지는 --driver 옵션으로 지정합니다.
이 명령의 구문은 다음과 같습니다.

구문 docker-machine create 명령

```
docker-machine create --driver <드라이버명> <작성할 Docker 머신명>
```

--driver 옵션에서 지정할 수 있는 드라이버

드라이버명	작성할 환경	공식 사이트
amazonec2	Amazon Web Services EC2	https://docs.docker.com/machine/drivers/aws/
azure	Microsoft Azure	https://docs.docker.com/machine/drivers/azure/
digitalocean	DigitalOcean	https://docs.docker.com/machine/drivers/digitalocean/
exoscale	Exoscale	https://docs.docker.com/machine/drivers/exoscale/
generic	일반 VM/물리 서버	https://docs.docker.com/machine/drivers/generic/
google	Google Compute Engine	https://docs.docker.com/machine/drivers/gce/
hyper-v	Microsoft Hyper-V	https://docs.docker.com/machine/drivers/hyper-v/
openstack	OpenStack	https://docs.docker.com/machine/drivers/openstack/
rackspace	Rackspace	https://docs.docker.com/machine/drivers/rackspace/
softlayer	IBM SoftLayer	https://docs.docker.com/machine/drivers/soft-layer/
virtualbox	Oracle VirtualBox	https://docs.docker.com/machine/drivers/virtualbox/
vmwarevcloudair	VMware vCloud Air	https://docs.docker.com/machine/drivers/vm-cloud/
vmwarevsphere	VMware vSphere	https://docs.docker.com/machine/drivers/vsphere/

--driver 옵션의 값에 따라 지정할 수 있는 값이 달라집니다.
예를 들어 Microsoft가 제공하는 클라우드 서비스인 Microsoft Azure상에 Docker 실행 환경을 만들고 싶은 경우는 --driver 옵션으로 'azure'를 지정하고, 계속해서 **표 8.2** 의 옵션을 지정합니다.

표 8.2 azure 드라이버에서 이용할 수 있는 옵션

옵션	설명	기본값
--azure-subscription-id	Azure 서브스크립션 ID(필수)	–
--azure-image	Azure 이미지명	UbuntuServer:16.04.0-LTS:latest
--azure-docker-port	Docker가 사용할 포트	2376
--azure-location	Azure의 로케이션	westus
--azure-size	Azure의 VM 종별	Standard_A2
--azure-ssh-name	SSH 서버명	docker-user

--driver 옵션에서 지정할 수 있는 항목은 헬프 명령으로 확인할 수 있습니다. [리스트 8.8]은 Azure의 --driver 옵션의 헬프를 표시한 예입니다.

[리스트 8.8] Docker Machine 드라이버의 헬프 확인

```
$ docker-machine create --driver azure --help
Usage: docker-machine create [OPTIONS] [arg...]

Create a machine

Description:
    Run 'docker-machine create --driver name' to include the create flags for 6
that driver in the help text.

Options:

--azure-dns A unique DNS label for the public IP address [$AZURE_DNS_LABEL]

--azure-docker-port "2376" Port number for Docker engine [$AZURE_DOCKER_PORT]
~중략~
```

Docker Machine에서 이용할 수 있는 드라이버는 앞으로도 늘어갈 것입니다. 아래 사이트에 목록이 있으므로 만일 현시점에서 지원하지 않는 경우는 정기적으로 확인을 해보면 좋을 것입니다.

● Docker Machine에서 이용할 수 있는 드라이버 목록
  WEB https://docs.docker.com/machine/drivers/

실행 환경 목록 표시(ls/status/url)

Docker Machine에서 관리하고 있는 실행 환경의 목록을 표시하려면 docker-machine ls 명령을 사용합니다.

이 명령의 구문은 다음과 같습니다.

 구문 docker-machine ls 명령

```
docker-machine ls [옵션]
```

지정할 수 있는 주요 옵션

옵션	설명
--quiet, -q	머신명만 표시한다.
--filter	표시할 머신을 필터링한다.

docker-machine ls 명령의 표시 항목

항목	설명
NAME	머신명
ACTIVE	상태
DRIVER	사용 중인 드라이버
STATE	스테이터스(Running|Paused|Saved|Stopped|Stopping|Starting|Error)
URL	액세스 URL
SWARM	Docker Swarm의 매니저명
DOCKER	Docker 버전
ERRORS	오류

--filter 옵션을 사용하면 표시할 정보를 필터링할 수 있습니다. 필터링할 내용은 key=value의 형식으로 지정합니다. 필터 조건은 여러 개 지정할 수 있습니다. 예를 들어 VirtualBox상에서 작동하고 있는 호스트 중에서 STATE의 상태가 Running(실행 중)인 것만을 표시하고 싶을 때는 [리스트 8.9]의 명령을 실행합니다.

[리스트 8.9] 실행 환경 목록 표시

```
$ docker-machine ls --filter driver=virtualbox --filter state=Running
NAME    ACTIVE   DRIVER       STATE     URL                         SWARM   DOCKER       ERRORS
host1   -        virtualbox   Running   tcp://192.168.99.100:2376           v17.09.0-ce
host2   -        virtualbox   Running   tcp://192.168.99.101:2376           v17.09.0-ce
```

또한 머신의 스테이터스를 확인하려면 docker-machine status 명령도 사용할 수 있습니다. 예를 들어 host1이라는 이름의 Docker 실행 환경의 스테이터스를 확인하려면 [리스트 8.10]의 명령을 실행합니다.

[리스트 8.10] 실행 환경의 스테이터스 확인

```
$ docker-machine status host1
Running
```

머신의 URL을 확인하려면 docker-machine url 명령을 사용합니다. 예를 들어 host1이라는 이름의 Docker 실행 환경의 URL을 확인하려면 [리스트 8.11]의 명령을 실행합니다.

[리스트 8.11] 실행 환경의 URL 확인

```
$ docker-machine url host1
tcp://192.168.99.100:2376
```

 ## 실행 환경에 대한 SSH 연결(ssh)

Docker Machine에서 작성한 실행 환경에 SSH로 연결하려면 docker-machine ssh 명령을 사용합니다.
이 명령의 구문은 다음과 같습니다.

 구문 docker-machine ssh 명령

```
docker-machine ssh 머신명
```

[리스트 8.12] ssh 연결

```
$ docker-machine ssh host1
```

또한 연결을 해제하려면 exit 명령을 실행합니다.

실행 환경 시작/정지/재시작(start/stop/restart)

실행 환경을 시작/정지/재시작할 때는 다음과 같이 docker-machine 명령에 start/stop/restart 서브 명령을 지정합니다.

예를 들어 host1이라는 이름의 실행 환경을 조작하려면 [리스트 8.13]의 명령을 실행합니다.

[리스트 8.13] 실행 환경 시작/정지/재시작

```
$ docker-machine start host1
Starting "host1"...
(host1) Check network to re-create if needed...
(host1) Waiting for an IP...
Machine "host1" was started.
Waiting for SSH to be available...
Detecting the provisioner...
Started machines may have new IP addresses. You may need to re-run the 'docker-
machine env' command.

$ docker-machine stop host1
Stopping "host1"...
Machine "host1" was stopped.

$ docker-machine restart host1
Restarting "host1"...
Starting "host1"...
(host1) Check network to re-create if needed...
(host1) Waiting for an IP...
Machine "host1" was started.
Waiting for SSH to be available...
Detecting the provisioner...
Waiting for SSH to be available...
Detecting the provisioner...
Restarted machines may have new IP addresses. You may need to re-run the
`docker-machine env` command.
```

또한 Docker의 실행 환경 작성에는 시간이 걸립니다. 명령의 실행결과에 대한 응답이 없다고 해서 그대로 두면 불필요한 가상 머신이 시작되는 경우도 있습니다.

특히 클라우드상의 가상 머신은 가동 시간에 따라 요금이 부과되는 경우가 많으므로 주의하기 바랍니다.

실행 환경으로부터 파일 다운로드(scp)

실행 환경 안의 파일을 다운로드하려면 docker-machine scp 명령을 실행합니다.

예를 들어 host1이라는 Docker 실행 환경 안에 있는 /etc/passwd라는 이름의 파일을 로컬 머신의 커런트 디렉토리로 다운로드하려면 [리스트 8.14]의 명령을 실행합니다. 커런트 디렉토리는 '.'로 나타냅니다.

[리스트 8.14] 실행 환경에서 파일 다운로드

```
$ docker-machine scp host1:/etc/passwd .
```

SCP

용 어

SCP는 SSH의 기능을 사용하여 파일을 전송하기 위한 명령입니다. SCP에서 사용하는 통신 프로토콜은 Secure Copy Protocol로, 인증 정보와 데이터를 암호화하여 네트워크로 전송합니다.

 실행 환경 삭제(rm/kill)

작성한 실행 환경을 삭제하려면 docker-machine rm 명령을 실행합니다. 작동 중인 실행 환경을 강제로 삭제할 때는 -f 옵션을 지정합니다.

예를 들어 host1이라는 이름의 실행 환경을 삭제하려면 [리스트 8.15]의 명령을 실행합니다.

[리스트 8.15] 실행 환경 삭제

```
$ docker-machine rm -f host1

About to remove host1
WARNING: This action will delete both local reference and remote instance.
Successfully removed host1
```

또한 실행 중인 머신을 강제로 정지시키고 싶을 때는 docker-machine kill 명령을 사용합니다(리스트 8.16). docker-machine stop 명령으로 정지시키지 못 했을 때 사용하기 바랍니다.

[리스트 8.16] 실행 환경 강제 정지

```
$ docker-machine kill host1
```

 ## 실행 환경 정보 확인(ip/inspect)

작성한 실행 환경의 IP 주소를 확인하려면 docker-machine ip 명령을 실행합니다.

예를 들어 host1이라는 이름의 실행 환경의 IP 주소를 확인하려면 [리스트 8.17]의 명령을 실행합니다.

[리스트 8.17] IP 주소 확인

```
$ docker-machine ip host1
192.168.99.100
```

또한 메모리나 CPU 등과 같은 구성의 상세 정보를 알고 싶을 때는 docker-machine inspect 명령을 실행하면 결과가 JSON 배열 형식으로 표시됩니다.

구문 docker-machine inspect 명령

```
docker-machine inspect [옵션] 머신명
```

예를 들어 host1이라는 이름의 실행 환경의 상세 정보를 확인하려면 [리스트 8.18]의 명령을 실행합니다.

[리스트 8.18] 실행 환경의 상세 정보 확인

```
$ docker-machine inspect host1
{
    "ConfigVersion": 3,
    "Driver": {
        "IPAddress": "192.168.99.100",
        "MachineName": "host1",
        "SSHUser": "docker",
        "SSHPort": 61859,
~중략~
```

출력 포맷을 지정할 때는 --format 옵션을 지정합니다.

예를 들어 실행 환경의 IP 주소와 SSH 연결의 사용자명을 확인하고 싶을 때는 [리스트 8.19]의 명령을 실행합니다.

[리스트 8.19] 실행 환경의 상세 정보 확인

```
$ docker-machine inspect \
        --format='{{.Driver.IPAddress}}:{{.Driver.SSHUser}}' \
        host1
192.168.99.100:docker
```

Note 〉 Mackerel을 사용한 Docker 감시

Mackerel은 Hatena사가 개발한 서버를 감시하기 위한 일본산 SaaS입니다. 클라우드상의 서버 감시와 친화성이 높으며, 감시 대상에 에이전트를 설치하기만 하면 손쉽게 감시할 수 있습니다. 에이전트로부터 수집한 데이터를 바탕으로 리소스와 같은 이용 상황을 그래프로 표시하거나 장애를 감지했을 때 메일이나 채팅 툴로 경고를 송신하는 기능 등이 풍부하기 때문에 가동 실적이 높습니다.

이 Mackerel은 Push형 아키텍처로 감시 매트릭스를 수집합니다. Mackerel에는 Docker를 감시할 수 있는 mackerel-plugin-docker가 제공됩니다. 이것을 사용하면 Docker 컨테이너의 CPU 사용률/메모리 소비량/IO 사용량을 브라우저상의 그래프로 간단히 확인할 수 있습니다.

WEB https://mackerel.io/ja/docs/entry/advanced/docker

무료로 이용할 수 있는 플랜도 있으므로 공식 사이트를 확인해 보시기 바랍니다.

𝗻𝗼𝘁𝗲 분산 시스템에서의 컨테이너 디자인 패턴

클라우드를 사용하여 Docker 실행 환경을 구축할 때는 오케스트레이션을 위한 매니지드 서비스 외에도 소스코드나 Docker 이미지의 리포지토리 및 로깅 등과 같은 여러 서비스를 조합하여 시스템을 구축하게 됩니다.

온프레미스 환경에서는 네트워크 부설/서버 기기의 도입/OS의 설정 등 물리적인 작업 및 어느 정도의 초기 비용이 필요하기 때문에 시스템의 요건에 따라 사전에 상세한 설계가 필요합니다. 하지만 클라우드를 사용한 경우는 서비스의 조합만으로 재빨리 시스템을 구축할 수 있는 것이 큰 특징입니다.

한편 클라우드만의 설계 포인트도 있습니다. 예를 들어 클라우드 서비스를 어떻게 조합하는 것이 최적인지, 영구 데이터의 특성에 맞춰 어떤 스토리지 서비스를 골라야 좋을지 등입니다. 이러한 클라우드의 특성을 고려하여 장점을 최대한 살리는 형태로 구축된 아키텍처를 클라우드 네이티브 아키텍처라고 합니다.

클라우드 네이티브 아키텍처를 실현하려면 클라우드가 제공하는 요소 기술의 기초를 이해할 것과 클라우드가 제공하는 각각의 서비스를 깊이 알고 있을 것과 더불어 실제 시스템에 어떻게 적용해 갈지를 올바르게 조감할 수 있는 능력이 필요합니다.

Docker는 대규모 분산 환경에서 수평 스케일과 애플리케이션의 이식성에 강점을 갖고 있는 툴로, 클라우드와의 친화성이 높은 것이 특징입니다. 현재는 주로 높은 트래픽으로 글로벌하게 서비스를 전개하는 BtoC에서 웹 시스템을 이용하는 것이 메인이지만, 앞으로는 수치해석으로 대표되는 과학기술계산의 대규모 병렬 분산 시스템이나 대규모 미션 크리티컬한 업무 시스템에서도 컨테이너는 중요한 요소 기술 중 하나로 이용될 것입니다.

〈Designing Distributed Systems〉이라는 책에 분산 시스템에서 컨테이너를 사용하여 애플리케이션을 실행하기 위한 디자인 패턴이 정리되어 있으므로 관심이 있으신 분은 한 번 읽어 보시기 바랍니다.

● **Designing Distributed Systems (free e-book)**

  WEB https://azure.microsoft.com/ko-kr/resources/designing-distributed-systems/en-us/

제 3 부
실행 환경 구축편

제 **9** 장

클라우드를 사용한
Docker 실행 환경 구축

Docker는 이미지만 있으면 동일한 인프라 환경에서 작동하는 애플리케이션을 가동시킬 수 있습니다. Docker를 사용하면 온프레미스부터 프라이빗 클라우드, 퍼블릭 클라우드, 하이브리드 클라우드에 이르기까지 실행 환경을 요구사항에 맞춰 자유롭게 선택할 수 있습니다. 애플리케이션에 대한 이러한 높은 이식성이 Docker의 최대 매력이라고 할 수 있습니다.

이 장에서는 그 한 예로서 Google이 제공하는 Google Cloud Platform의 매니지드 서비스인 'Google Kubernetes Engine(GKE)'를 사용한 Docker 실행 환경의 구축 절차에 대해 설명하겠습니다.

9.1  클라우드 환경에서 Docker 오케스트레이션하기

전 세계적으로 서비스를 전개하는 주요 퍼블릭 클라우드 업체는 Docker 오케스트레이션을 위한 다양한 서비스를 제공하고 있습니다. 여기서는 클라우드 환경에서 Docker를 관리하기 위한 개요에 대해 설명합니다.

분산 환경에서의 컨테이너 운용 관리

Docker 컨테이너는 개발 환경과 같이 한 대의 머신에서 가동시킬 때는 간편히 도입할 수 있습니다. 하지만 멀티호스트로 구성된 실제 환경을 클러스터 구성으로 가동시키려면 컨테이너의 시작 및 정지와 같은 조작뿐만 아니라 호스트 간의 네트워크 연결이나 스토리지 관리, 컨테이너를 어떤 호스트에서 가동시킬지와 같은 스케줄링 기능이 필요합니다(그림 9.1). 더욱이 컨테이너가 정상적으로 작동하고 있는지 아닌지를 감시할 장치도 필요합니다.

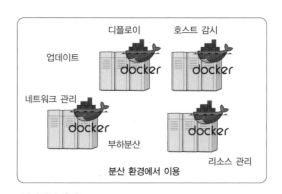

그림 9.1 분산 환경에서의 Docker 컨테이너 운용

이러한 기능을 갖추고 컨테이너를 통합 관리할 수 있는 툴을 컨테이너 오케스트레이션 툴이라고 합니다. 여기서는 대표적인 컨테이너 오케스트레이션 툴의 개요를 설명하겠습니다.

Kubernetes

Kubernetes는 미국 Google의 엔지니어를 중심으로 하는 커뮤니티에서 개발이 진행되고 있는, 오픈소스 컨테이너 오케스트레이션 툴입니다. Google뿐만 아니라 Microsoft, Red Hat, IBM 등이 개발에 참여하고 있습니다. 제공하는 기능도 풍부하고 개발 속도도 빠르며, 대규모 시스템에서의 도입 실적도 풍부하여 컨테이너 오케스트레이션 툴의 실질적 스탠다드라고 해도 과언이 아닙니다.

Docker Engine(Swarm 모드)

Docker에는 클러스터링 기능을 제공하는 Swarm 모드가 있습니다. Swarm 모드를 사용하여 여러 개의 컨테이너를 멀티호스트 환경에서 작동시키고, 그 컨테이너들을 모아서 하나의 명령으로 조작할 수 있습니다. Docker 1.12 이전 버전에서는 Docker Swarm이라는 다른 컴포넌트가 마련되어 있었지만, 현재는 Docker 본체에 클러스터링 기능이 내장되어 있습니다.

Apache Mesos, Marathon

Apache Mesos는 오픈소스 클러스터 오케스트레이션 툴입니다. 몇 백부터 몇 천 대의 호스트를 갖고 있는 대규모 클러스터도 지원할 수 있도록 설계되어 있습니다. 여러 호스트의 CPU나 메모리, 디스크를 추상화하여 하나의 리소스 풀로서 다룰 수 있는 것이 특징입니다. 단, Mesos를 사용하여 컨테이너 오케스트레이션을 가동시키려면 별도의 컨테이너 관리용 프레임워크가 필요합니다. 대표적인 프레임워크로는 Marathon이 있는데, 이름 그대로 장기간에 걸쳐 계속 작동하는 애플리케이션의 실행이나 모니터링을 할 수 있습니다.

퍼블릭 클라우드가 제공하는 매니지드 서비스

컨테이너 오케스트레이션 툴을 온프레미스 환경에 도입하려면 하드웨어나 네트워크에 대한 지식이 필요합니다. 클라우드의 가상 머신 인스턴스로 구축할 때는 하드웨어 관리에서 해방되지만, 인프라 환경 구축과 더불어 컨테이너 오케스트레이션 툴, 감시 툴의 사용법이나 시스템 운용 및 장애 대응 등 여러 분야에 걸친 인프라 기술에 관한 지식이 필요합니다.

일반적으로 클러스터 환경의 구축 및 운용은 기술적인 난이도가 높고, 이를 운용하려면 어느 정도의 실무 경험이 필요합니다. 더욱이 운용에 걸리는 부하는 시스템이 대규모일수록 커집니다. 그래서 충분한 스킬과 경험을 가진 엔지니어가 없는 경우 Docker 컨테이너를 제품 환경에서 운용할 때는 퍼블릭 클라우드가 제공하는 매니지드 서비스를 이용하는 것이 좋습니다.

매니지드 서비스를 잘 이용함으로써 인프라에 관한 깊은 지식이나 경험이 없어도 높은 가용성을 가진 클러스터 환경에서 컨테이너를 쉽게 운용할 수 있으며, 프로그래머는 본업인 애플리케이션 개발, Docker 이미지 작성 및 실행, 테스트 등과 같은 개발 업무에 주력할 수 있습니다.

여기서는 글로벌하게 서비스를 전개하고 있는 대표적인 퍼블릭 클라우드가 제공하는 컨테이너 매니지드 서비스의 개요를 설명하겠습니다.

Amazon EC2 Container Service

Amazon EC2 Container Service(이후 Amazon ECS)란 Amazon Web Services의 가상 머신 기능을 제공하는 Amazon EC2를 사용한 Docker 컨테이너 관리 서비스입니다. Amazon ECS에서는 '태스크 정의'라고 하는 JSON 템플릿을 사용하여 환경을 정의합니다. 이 태스크 정의에는 Docker의 리포지토리와 이미지, 메모리나 CPU 등과 같은 하드웨어 요구사항, 데이터 볼륨의 스토리지, 컨테이너 간 연결 등을 정의합니다. 또한 CPU나 메모리와 같은 리소스와 가용성 요구사항을 바탕으로 클러스터 전체에 컨테이너를 배치하는 스케줄러를 갖추고 있습니다. 예를 들어 실행 시간이 긴 애플리케이션이나 서비스, 배치 잡도 스케줄링할 수 있습니다.

Amazon ECS는 컨테이너에 장애가 발생했을 때도 자동으로 복구됩니다. 그래서 애플리케이션을 실행하는 데 필요한 수만큼의 컨테이너를 항상 확보할 수 있습니다. 또한 Amazon ECS는 Amazon EC2의 부하분산 기능인 Elastic Load Balancing(ELB)을 사용하여 트래픽을 컨테이너 전체로 분산시킬 수 있습니다.

애플리케이션의 전개는 태스크 정의를 새로운 버전으로 갱신하여 업로드하면 갱신된 이미지를 사용하여 새로운 컨테이너가 자동으로 시작됩니다. 그리고 오래된 버전을 실행하고 있는 컨테이너는 자동으로 정지됩니다. 또한 AWS의 감시 서비스인 Amazon CloudWatch와 연계하여 CPU나 메모리 사용의 평균값과 합계량을 감시할 수 있습니다. 그리고 컨테이너나 클러스터의 스케일을 확장 또는 축소할 때 CloudWatch 알람을 설정하여 경고를 할 수도 있습니다.

또한 AWS에서는 Kubernetes의 매니지드 서비스인 'Amazon Elastic Container Service for Kubernetes(Amazon EKS)'도 릴리스될 예정입니다.

Azure Container Service(AKS)

Azure Container Service는 Microsoft가 제공하는 Microsoft Azure의 컨테이너 매니지드 서비스로, 컨테이너 오케스트레이션 툴로 Kubernetes를 지원하고 있는 것이 특징입니다. Azure의 가상 머신을 사용하여 클러스터를 구성합니다. 또한 Docker 이미지를 프라이빗으로 관리할 수 있는 레지스트리 서비스인 Azure Container Registry도 제공하고 있습니다. AKS는 이 책의 집필 당시는 프리뷰 버전이었지만 Microsoft는 Cloud Native Computing Foundation(CNCF)에 참여하고 있으므로 앞으로 빠른 속도로 다양한 기능이 확장될 것입니다. 또한 Azure Batch Shipyard라는 과학기술계산 등의 용도로 이용되는 대규모 분산 배치 처리 기반의 일부로도 Docker가 이용되고 있습니다.

Google Kubernetes Engine(GKE)

Google Kubernetes Engine은 Google이 제공하는 Google Cloud Platform의 컨테이너 매니지드 서비스입니다. 이 책에서는 GKE로 애플리케이션의 제품 환경을 구축하는 방법을 설명하기 때문에 다음 항목에서는 Google Cloud Platform이 제공하는 서비스에 대해 설명하겠습니다.

NOTE 과학기술계산을 위한 분산 배치 처리 실행 서비스 'Amazon Batch'

Amazon Web Services에서는 풀매니지드형 분산 배치 처리 실행 서비스인 'Amazon Batch'를 제공하고 있습니다. 이 서비스는 대규모의 구조 해석이나 유체 해석 등과 같이 지금까지 슈퍼컴퓨터에서 수행하던 과학기술계산을 클라우드상의 리소스를 사용하여 수행하기 위한 서비스입니다.

Amazon Batch는 대량의 배치 잡을 실행하기 위한 클러스터 관리 기능이나 잡 스케줄러 등과 같은 기능을 갖고 있습니다. Amazon Batch는 AWS의 컨테이너 관리 서비스인 Amazon EC2 Container Service(ECS)이므로 잡은 컨테이너 상에서 실행되는 것이 큰 특징입니다. Docker Hub 또는 AWS의 매니지드형 Docker 컨테이너 레지스트리인 Amazon EC2 Container Registry(ECR)에 이미지를 저장하고, ECS 클러스터로 전개하여 실행합니다. 이와 같이 클라우드 상에서 과학기술계산과 같은 HPC(high performance computing)를 할 때도 컨테이너의 기초 지식은 빼놓을 수 없습니다.

Google Cloud Platform의 컨테이너 관련 서비스

Google Cloud Platform(이하 GCP)은 Google이 제공하는 퍼블릭 클라우드 서비스입니다 (**그림 9.2**). 가상 머신을 제공하는 'Google Compute Engine', 대규모 데이터를 다루는 'BigQuery' 등이 있습니다. GCP의 가장 큰 특징은 YouTube나 Gmail과 같은 Google 자사의 서비스를 제공하기 위해 구축된 기반과 똑같은 것을 이용할 수 있다는 데 있습니다. 특히 컨테이너를 사용한 웹 애플리케이션 실행 기반을 구축하기 위한 서비스들과 기계학습으로 대표되는 대규모 데이터를 분산 환경에서 사용하여 기계학습을 위한 서비스들이 충실하다는 점이 특징입니다.

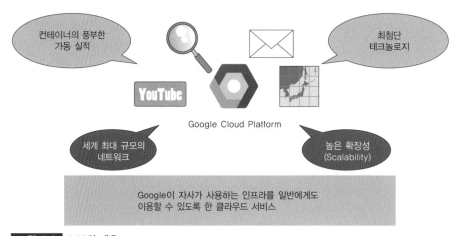

그림 9.2 GCP의 개요

GCP에서는 다양한 서비스를 제공하고 있지만 여기서는 컨테이너 실행 환경을 구축할 때 이용하는 GCP의 주요 서비스의 개요에 대해 설명하겠습니다.

Google Container Builder

Google Container Builder는 Dockerfile을 바탕으로 Docker 이미지를 GCP 상에서 작성하기 위한 커맨드 툴입니다. Dockerfile을 저장하는 소스 리포지토리에 저장된 Dockerfile로부터 이미지를 빌드하고 Container Registry로 자동으로 업로드합니다. 소스 리포지토리는 Google Cloud Source Repositories, GitHub, Bitbucket을 이용할 수 있습니다. Container Builder로 작성한 Docker 이미지의 저장 위치는 GCP의 오브젝트 스토리지 서비스인 Google Cloud Storage(유럽/아시아/미국 리전)를 지정할 수 있습니다. 스토리지에 액세스할 수 있는 사용자를 지정할 수 있기 때문에 프라이빗한 환경에서 이미지를 안전하게 관리할 수 있습니다.

Google Kubernetes Engine

Google Kubernetes Engine(이하 GKE)은 Docker 컨테이너를 관리하는 풀매니지드 서비스입니다. 사용자가 정의한 CPU나 메모리와 같은 인프라 요구사항을 바탕으로 컨테이너를 클러스터에 스케줄링하여 자동으로 관리합니다. GKE는 오픈소스 컨테이너 오케스트레이션 툴인 Kubernetes를 이용하고 있으며, Kubernetes의 클러스터 환경으로 자비로 마련하지 않아도 컨테이너 오케스트레이션을 할 수 있는 서비스입니다. 애플리케이션의 요구 변화에 맞춰 컨테이너에 할당되는 클러스터 리소스나 컨테이너 클러스터의 크기를 조정할 수 있습니다.

GKE는 Kubernetes의 kubectl 명령 또는 Cloud Console에서 조작할 수 있습니다(그림 9.3).

그림 9.3 Google Kubernetes Engine의 Cloud Console

Google Container Registry

Google Container Registry는 Docker 이미지를 GCP의 제품 안에서 관리할 수 있는 프라이빗한 레지스트리 서비스입니다(그림 9.4). Docker Registry V2 API를 사용하여 프라이빗한 레지스트리에 대해 Docker 이미지의 업로드(push)와 다운로드(pull)를 할 수 있습니다. Docker 이미지의 저장 위치는 GCP가 제공하는 오브젝트 스토리지 서비스인 Cloud Storage입니다. 이때 유럽, 아시아, 미국의 지역별 Cloud Storage 버킷 중에서 Compute Engine 인스턴스와 지리적으로 가까운 것을 지정함으로써 다운로드에 걸리는 시간을 단축시킬 수 있습니다. 또한 이미지의 아카이브를 Cloud Storage Nearline 버킷에 저장할 수 있습니다.

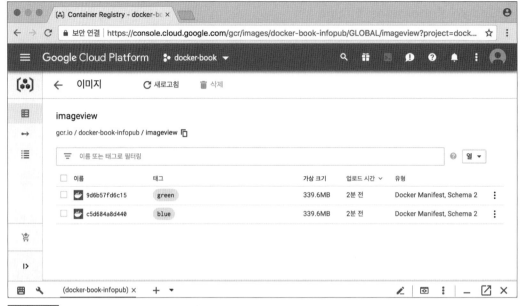

그림 9.4 Google Container Registry의 Cloud Console

9.2 Kubernetes의 개요

Kubernetes는 여러 개의 호스트를 하나로 묶어 Docker를 이용하기 위한 오케스트레이션 툴로, 분산 환경에서 '마치 한 대의 컴퓨터'처럼 투과적으로 컨테이너에 액세스할 수 있습니다. 더욱이 시스템 이용자로부터 오는 부하의 급증에 대해서도 유연하게 스케일하는 장치나 여러 개의 컨테이너를 효율적으로 통합 관리하는 장치도 있습니다. Kubernetes의 주요 기능은 다음과 같습니다.

- 여러 서버들에서의 컨테이너 관리
- 컨테이너 간 네트워크 관리
- 컨테이너의 부하분산
- 컨테이너의 감시
- 무정지로 업데이트

여기서는 Kubernetes의 개요에 대해 설명하겠습니다.

Kubernetes의 서버 구성

지금까지 이 책에서 설명한 내용은 한 대의 서버 상에서 Docker를 작동시키기 위한 방법이었지만, Kubernetes를 사용한 실행 환경에서는 여러 다른 역할을 가진 서버가 작동하는 것이 가장 다른 점입니다. Kubernetes의 전체 이미지는 그림 9.5 와 같은데, 분산된 서버들이 협력하면서 각각의 처리를 수행합니다. 이러한 덩어리를 Kubernetes 클러스터라고 합니다.

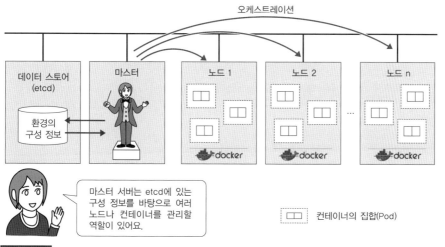

그림 9.5 Kubernetes의 서버 구성

마스터 서버(Kubernetes Master)

Kubernetes 클러스터 안의 컨테이너를 조작하기 위한 서버입니다. kubect1 명령을 사용하여 클러스터를 구성하거나 리소스를 조작할 때는 마스터 서버가 커맨드로부터 리퀘스트를 받아 처리를 수행합니다. 여러 대로 구성된 Kubernetes 클러스터 안에 있는 노드의 리소스 사용 상황을 확인하고, 컨테이너를 시작할 노드를 자동으로 선택합니다. Kubernetes가 오케스트레이션 툴이라 불리는 이유도 이 마스터 서버가 여러 대로 분산 구성된 노드를 모아서 관리함으로써 이용자가 봤을 때는 마치 한 대의 서버인 것처럼 행동할 수 있기 때문입니다.

백엔드 데이터베이스(etcd)

etcd라 부르는 분산 키 밸류 스토어(KVS)를 사용하여 클러스터의 구성 정보를 관리합니다. 여기에는 클러스터를 구축하기 위한 설정 정보가 들어 있습니다. 시스템 구성에 따라서는 백엔드 데이터베이스를 마스터 서버 상에 구축하는 경우도 있습니다. 또한 마스터 서버와 마찬가지로 다중화를 검토할 필요가 있습니다.

노드(Node)

실제로 Docker 컨테이너를 작동시키는 서버입니다. 노드를 여러 개 마련하여 클러스터를 구성합니다. 노드의 관리는 마스터 서버가 합니다. 노드를 몇 대 마련할지는 시스템의 규모나 부하에 따라 달라집니다. 클라우드에서는 가상 머신의 인스턴스가 노드가 됩니다.

애플리케이션 구성 관리(Pod, ReplicaSet, Deployment)

Kubernetes는 애플리케이션 실행 환경의 오케스트레이션을 유연하게 수행하기 위해 다양한 추상화를 하고 있습니다. 여기서는 Kubernetes를 사용하여 Docker 컨테이너를 다루기 위해 이해해 두어야 할 기본적인 개념을 설명하겠습니다.

Pod(포드)

Kubernetes에서는 여러 개의 컨테이너를 모아서 'Pod'로 관리합니다(그림 9.6). 이 Pod 안에는 예를 들면 애플리케이션 서버용 Docker 컨테이너와 프록시 서버용 컨테이너 등 관련된 것을 Pod로 모읍니다. 그리고 Kubernetes에서는 Pod가 애플리케이션의 전개 단위가 되며, Pod 단위로 컨테이너 작성/시작/정지/삭제와 같은 조작을 수행합니다. 따라서 웹 프론트 서버와 데이터베이스 서버와 같이 역할이 다른 기능을 하나의 Pod에 저장하면 안 됩니다.

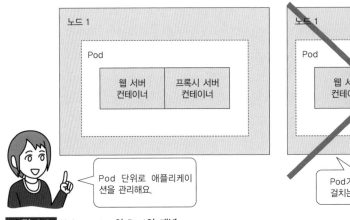
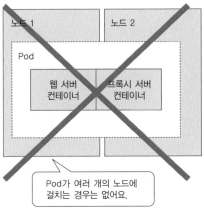

그림 9.6 Kubernetes의 Pod의 개념

Pod는 반드시 동일한 노드 상에 동시에 전개된다는 특징이 있습니다. 이것은 Pod 안의 여러 컨테이너가 가상 NIC(프라이빗 IP)를 공유하는 구성을 취하기 때문에 컨테이너끼리 localhost 경유로 통신을 할 수 있습니다. 또한 공유 디렉토리를 통하여 로그 정보를 주고받을 수도 있으며, 노드 안에는 여러 개의 Pod가 배치됩니다.

ReplicaSet(리플리카 셋)

ReplicaSet은 Kubernetes 클러스터 상에서 미리 지정된 Pod를 작성하여 실행시켜 두는 장치입니다(그림 9.7). 간단히 말하자면 '클러스터 상에 정해진 수의 Pod를 반드시 실행시켜 둔다는 것'입니다. ReplicaSet은 실행중인 Pod를 감시하여 장애와 같은 이유로 정지된 경우에 해당 Pod를 삭제하고, 새로운 Pod를 실행시킵니다. 즉, Pod가 필요한 수만큼 실행시킨 상태를 클라우드 안에 항상 만들어 두는 역할을 합니다. 클라우드 안에 Pod를 얼마나 실행시켜 둘지를 '리플리카 수'라고 합니다.

예를 들어 다음 예에서는 5대의 노드에서 7개의 Pod를 실행시킨 상태를 ReplicaSet으로 구성하고 있습니다. 만일 어떤 이유로 Pod가 이상 종료된 경우는 새로운 Pod를 실행시켜 클러스터 전체에서 항상 7개의 Pod가 실행된 상태를 유지합니다.

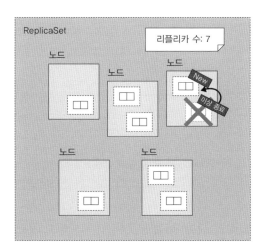

그림 9.7 ReplicaSet의 개념

또한 Pod의 수를 동적으로 변경하여 오토스케일을 구현할 수도 있습니다. ReplicaSet을 사용하면 애플리케이션 개발자는 전개한 Pod가 어떤 상태인지를 신경 쓸 필요 없이 항상 지정한 개수만큼 Pod가 실행된 상태를 Kubernetes가 유지해 줍니다.

Deployment(디플로이먼트, 전개)

Deployment는 Pod와 ReplicaSet을 모은 것으로, ReplicaSet의 이력을 관리하는 것입니다 (그림 9.8). Deployment는 ReplicaSet의 템플릿을 가지고 거기서 Pod의 구성을 정의하여 해당 템플릿을 따르는 ReplicaSet을 만듭니다. 이력을 관리할 수 있기 때문에 예를 들어 Pod 안의 컨테이너의 버전업을 하고 싶을 때 시스템을 정지시키지 않고 롤링 업데이트를 할 수 있거나 이력을 바탕으로 하나 이전 세대로 되돌릴(롤백할) 수가 있습니다.

정의된 리플리카의 수를 유지하는 역할을 갖고 있는 것이 ReplicaSet이고, ReplicaSet의 작성이나 갱신을 정의하는 것이 Deployment라고 생각하면 이해하기 쉬울 것입니다. 이 책에서는 이 Deployment를 사용한 애플리케이션의 '블루 그린 디플로이먼트' 방법을 설명합니다.

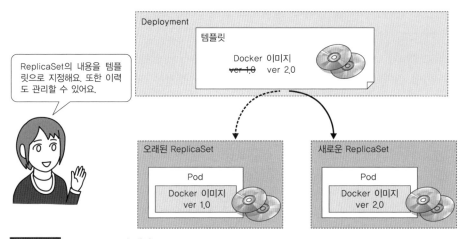

그림 9.8 Deployment의 개념

그 외에도 노드별로 감시 에이전트와 같은 특정 Pod를 반드시 배치하고 싶을 때에 이용하는 'DaemonSet'이나 웹 서버와 같은 상주 서비스가 아니라 수치연산 처리와 같이 프로그램의 시작부터 종료까지로 완료되는 프로그램을 Pod에서 실행시키는 'Jobs' 등이 있습니다. 게다가 'CronJob'을 사용하면 Linux의 cron과 같이 Pod를 실행시킬 타이밍도 지정할 수 있습니다.

네트워크 관리(Service)

Kubernetes 클러스터 안에서 실행되는 Pod에 대해 외부로부터 액세스할 때는 서비스를 정의합니다(그림 9.9). 서비스는 Kubernetes 네트워크를 관리하는 것으로, 몇 가지 종류가 있습니다. 그중 하나인 Load Balancer는 Service에 대응하는 IP 주소 + 포트 번호에 액세스하면 여러 Pod에 대한 레이어 4 레벨의 부하분산이 일어납니다.

서비스에 의해 할당되는 IP 주소에는 Cluster IP와 External IP가 있습니다. Cluster IP는 클러스터 안의 Pod끼리 통신을 하기 위한 프라이빗 IP 주소입니다. 클러스터 안의 Pod에서 Cluster IP로 보내는 패킷은 나중에 설명할 노드 상의 Proxy 데몬이 받아 수신 Pod로 전송됩니다. 한편 External IP는 외부 클라이언트가 연결하기 위한 퍼블릭 IP 주소입니다. Pod를 새로 실행하면 기존 서비스의 IP 주소와 포트 번호는 환경변수로 참조할 수 있습니다.

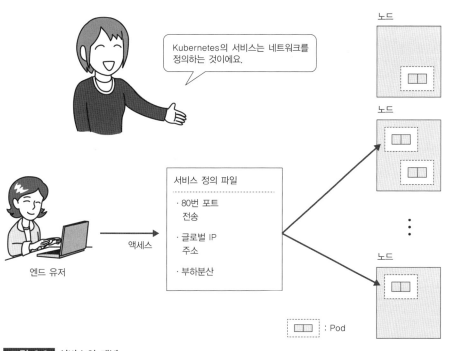

그림 9.9 서비스의 개념

Note Ingress를 사용한 네트워크 제어

Kubernetes에는 서비스 외에도 'Ingress'라는 Pod에 대한 통신을 제어하는 기능이 있습니다. Ingress는 서비스와 연결되어 통신 내용을 프록시합니다. Ingress는 Kubernetes가 작동하는 환경에 따라 내용이 다른데, GCP의 경우는 HTTP Load Balancer를 사용합니다. 이것을 사용하면 레이어 7에서 작동하기 때문에 리퀘스트 URL별 분류나 버추얼 호스트 기능 등 보다 세세한 네트워크 제어를 할 수 있습니다.

Label을 사용한 리소스 식별

Kubernetes에서는 리소스를 식별하기 위해 내부에서 자동으로 랜덤한 이름이 부여됩니다. 하지만 이것으로는 리소스를 적절히 관리하기 힘들기 때문에 알기 쉬운 Label을 붙여서 관리할 수 있습니다. Label은 리소스를 식별하기 위한 Key-Value형으로 된 임의의 문자열로, 이 Label을 식별자로 하여 리소스를 일괄적으로 처리할 수 있습니다. 예를 들어 버전이 다른 Pod에 각각 'app:v1.0'과 'app:v2.0'라는 Label을 설정합니다(**그림 9.10**). 그리고 서비스 정의에서 Selector를 'app:v1.0'로 지정하면 'app:v1.0'라는 Label이 붙은 Pod로만 리퀘스트가 전송되도록 할 수 있습니다. Label이 붙은 리소스를 참조하려면 selector로 지정합니다.

Label은 하나의 리소스에 여러 개 설정할 수 있으므로 Pod의 역할별로 임의의 이름을 붙이거나 관련 있는 Pod별로 모아서 유연하게 관리하고 싶을 때 임의의 Label을 설정합니다. 또한 Label은 Kubernetes의 정의 파일인 매니페스트 파일을 참조할 때도 사용됩니다.

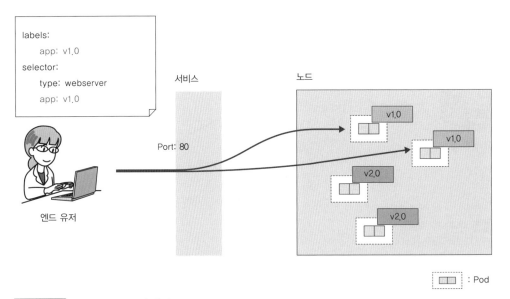

그림 9.10 Label Selector의 개념

대규모 웹 시스템에서는 수많은 Pod나 버전이 다른 Pod를 관리해야 합니다. Label을 사용하여 논리적인 그룹핑을 함으로써 운용 부담을 줄일 수 있습니다.

Kubernetes의 구조

Kubernetes의 서버 구성 및 기본적인 개념을 이해했다면 이제 오케스트레이션 장치를 어떻게 구현하는지를 살펴봅시다. Kubernetes는 마스터, 데이터 스토어, 노드가 서로 협력하면서 컨테이너의 실행 환경을 관리하는데, 그 안에서 몇 가지 컴포넌트가 작동합니다(**그림 9.11**).

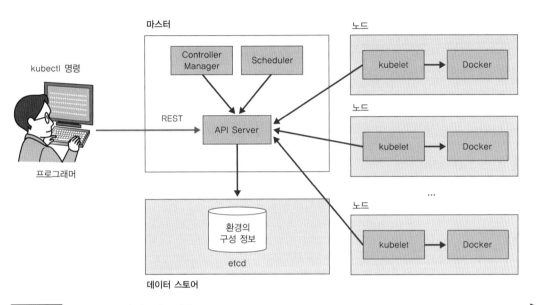

그림 9.11 Kubernetes의 컴포넌트 개요

1. 마스터(Master)

마스터는 다음과 같은 컴포넌트로 구성됩니다.

API Server

Kubernetes의 리소스 정보를 관리하기 위한 프론트엔드 REST API입니다. 각 컴포넌트로부터 리소스 정보를 받아 데이터 스토어(etcd)에 저장합니다. 다른 컴포넌트는 API Server를 통해 etcd의 정보에 액세스합니다.

프로그래머가 API Server에 액세스하려면 웹의 GUI 툴이나 kubectl 명령을 사용합니다. 또한 애플리케이션 안에서 API Server를 호출할 수도 있습니다. API Server는 인증 및 인가 기능도 갖고 있습니다.

Scheduler

Scheduler는 Pod를 어떤 노드에서 작동시킬지를 제어하는 백엔드 컴포넌트입니다. Scheduler는 노드에 할당되어 있지 않은 Pod에 대해 Kubernetes 클러스터의 상태를 확인하고 빈 영역을 가진 노드를 찾아 Pod를 실행시키는 스케줄링을 수행합니다.

Controller Manager

Controller Manager는 Kubernetes 클러스터의 상태를 항상 감시하는 백엔드 컴포넌트입니다. 정의 파일에서 정의한 것과 실제 노드나 컨테이너에서 움직이고 있는 상태를 모아서 관리합니다.

▌2. 데이터 스토어(etcd)

Kubernetes 클러스터 구성을 유지 관리하는 KVS입니다. Key-Value형으로 데이터를 관리합니다. 어떤 Pod를 어떻게 배치할지와 같은 구성 정보를 갖고 있으며, API Server가 참조합니다.

▌3. 노드(Node)

노드는 다음과 같은 컴포넌트로 구성됩니다.

kubelet

노드에서는 kubelet라는 에이전트가 작동하고 있습니다. 이것은 Pod의 정의 파일에 따라 Docker 컨테이너를 실행하거나 스토리지를 마운트하는 기능을 갖고 있습니다. 또한 kubelet은 노드의 스테이터스를 정기적으로 감시하는 기능을 갖고 있어서 스테이터스가 바뀌면 API Server에게 통지합니다.

Kubernetes에서는 클러스터의 구성 정보를 YAML 또는 JSON 형식의 정의 파일로 관리할 수 있습니다. 이 정의 파일을 매니페스트(manifest) 파일이라고 하는데, 선언 기반으로 구성을 관리합니다(**그림 9.12**). 매니페스트 파일은 텍스트 파일로, Jenkins와 같은 소프트웨어의 버전 관리 시스템과 연계할 수 있습니다. 이 책에서는 Deployment나 서비스와 같은 매니페스트 파일의 구체적인 정의 방법에 대해 추후 설명하겠습니다.

또한 테스트나 작동 확인 시에는 kubectl 명령의 인수로 클러스터를 조작할 수 있습니다.

Kubernetes는 풍부한 기능을 가지고 있는 상당히 세련된 컨테이너 오케스트레이션 툴입니다. 이 책에서 전체 기능을 모두 설명할 수는 없으므로 자세한 사항에 대해서는 아래의 공식 사이트를 확인하기 바랍니다.

● **Kubernetes**　**WEB** https://kubernetes.io/docs/home/

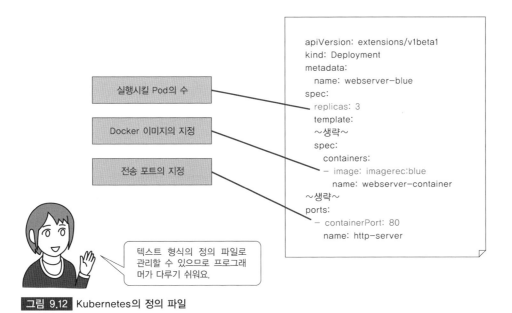

```
apiVersion: extensions/v1beta1
kind: Deployment
metadata:
  name: webserver-blue
spec:
  replicas: 3
  template:
  ~생략~
  spec:
    containers:
    - image: imagerec:blue
      name: webserver-container
~생략~
ports:
- containerPort: 80
  name: http-server
```

실행시킬 Pod의 수

Docker 이미지의 지정

전송 포트의 지정

텍스트 형식의 정의 파일로 관리할 수 있으므로 프로그래머가 다루기 쉬워요.

그림 9.12 Kubernetes의 정의 파일

Note 컨테이너에서의 영구 데이터 관리와 클라우드의 데이터 관리 서비스

Kubernetes의 'StatefulSets'를 사용하면 스테이트풀(stateful) 애플리케이션을 지원할 수 있습니다. StatefulSets은 Pod마다 고유의 ID와 상태를 가질 수 있으므로, 예를 들어 웹 서버와 DB 서버가 연결되는 애플리케이션 등에서 사용을 검토하면 좋습니다.

하지만 Docker는 스테이트리스(stateless)한 애플리케이션을 효율적으로 실행하는 데 적합한 툴이므로 영구 데이터의 관리에는 적합하지 않습니다.

영구 데이터를 적절히 관리하려면 백업이나 리스토어 장치, 데이터량의 증대에 따른 스케일 아웃, 정보 누출을 방지하기 위한 보안 대책과 더불어 그러한 것을 수행하기 위한 운용 정비 등 기반으로서 검토해야 할 항목이 있습니다. 그래서 클라우드에서 제공되는 데이터 관리 서비스를 잘 활용하는 것이 좋습니다.

GCP의 경우 이 책에서 다루는 컨테이너의 실행 환경과 함께 대량의 데이터를 효율적으로 취급하기 위한 서비스도 제공하고 있습니다. 오브젝트 스토리지 서비스를 제공하는 'Cloud Storage', OSS RDBMS를 매니지드하는 'Cloud SQL', 분산형 RDBMS인 'Cloud Spanner', NoSQL 데이터베이스인 'Cloud Datastore' 등 취급할 데이터의 종류에 따라 다양한 서비스를 제공하고 있으므로 이러한 것의 사용을 검토하기 바랍니다.

● GCP의 데이터 관리 서비스

WEB https://cloud.google.com/products/storage/

9.3 GCP를 사용한 Docker 애플리케이션 개발

이제 실제로 Google Cloud Platform을 사용하여 개발한 웹 애플리케이션을 사용자에게 공개하는 방법을 살펴봅시다.

애플리케이션 개발 흐름

7장에서 소개한 Docker Compose를 사용한 웹 애플리케이션 실행 환경의 경우는 로컬 PC에 애플리케이션을 전개했기 때문에 로컬 PC에서만 액세스할 수 있었습니다. 그 다음 8장에서는 Docker Machine을 사용하여 GCP 상에 가상 머신 인스턴스를 실행하여 서비스를 인터넷 상에 공개했습니다. 하지만 가상 머신 인스턴스 1대로 운용을 했기 때문에 만일 장애가 발생하면 서비스가 정지되어 버립니다. 또한 컨테이너 안의 컨테이너 애플리케이션을 버전업할 때는 일단 서비스를 정지시키고 Docker를 교체할 필요가 있습니다.

이 장에서는 지금까지 배운 것을 토대로 작성한 웹 애플리케이션을 퍼블릭 클라우드인 Google Cloud Platform(이후 GCP)의 Kubernetes 매니지드 서비스인 Google Kubernetes Engine(이후 GKE)을 사용하여 인터넷상에 서비스를 공개하는 방법을 살펴보겠습니다.

여기서는 구체적으로 그림 9.13 과 같은 구성으로 Docker의 개발 및 실행 환경을 구축합니다.

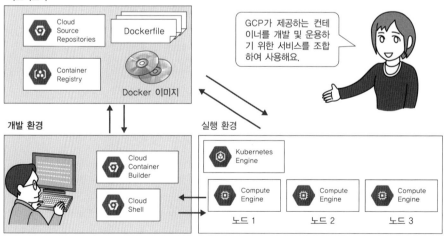

그림 9.13 GCP를 사용한 Docker 개발 및 실행 환경의 전체 이미지

여기서는 'docker-book'이라는 이름의 프로젝트 안에 Docker 클러스터 실행 환경을 작성할 것입니다. 그러므로 미리 GCP 계정을 취득하고 GCP 프로젝트를 작성해 두기 바랍니다. 참조 A.2 프로젝트 작성과 삭제 ➡ p.342

[리스트 9.1]의 명령은 'docker-book'이라는 이름의 GCP 프로젝트를 설정하고 GCP 프로젝트명을 환경변수 PROJECT_ID에 설정하는 예입니다. GCP 프로젝트명은 환경에 따라 다르므로 임의의 이름으로 바꿔서 설정하기 바랍니다.

[리스트 9.1] GCP 프로젝트의 설정

```
$ PROJECT_ID=$(gcloud config list project --format "value(core.project)")

$ echo $PROJECT_ID
docker-book
```

또한 GCP에서는 이용할 수 있는 서비스를 프로젝트마다 유효화시켜 둘 필요가 있습니다.

그래서 Cloud Console의 메뉴에서 [API 및 서비스] → [라이브러리]를 선택하고, 다음 API를 유효화시켜 둡니다(그림 9.14).

● Cloud Source Repositories API

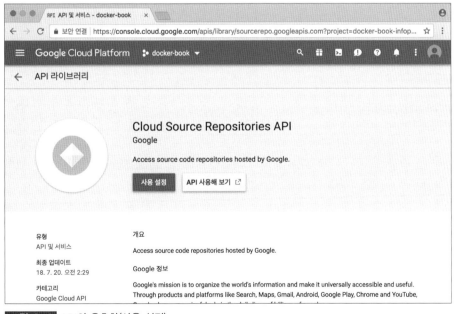

그림 9.14 API의 유효화(사용 설정)

소스코드 관리(Cloud Source Repositories)

GCP에서는 소스코드의 버전을 관리하기 위한 Cloud Source Repositories를 제공하고 있습니다. 여기서는 Source Repositories의 사용법을 설명하겠습니다.

먼저 샘플 코드를 GitHub에서 다운로드합니다. Cloud Shell에서 [리스트 9.2]의 명령을 실행하여 다운로드합니다.

[리스트 9.2] 샘플 앱의 다운로드

```
$ git clone https://github.com/asashiho/dockertext2
$ cd dockertext2/chap09/
```

그 다음에 Cloud Source Repositories에 GitHub로부터 다운로드한 샘플 코드를 관리하기 위한 리포지토리를 작성합니다. 여기서는 'dockertext2'라는 이름의 리포지토리를 작성하기 위해 [리스트 9.3]의 명령을 실행합니다.

[리스트 9.3] 리포지토리 작성

```
$ gcloud alpha source repos create dockertext2
```

그 다음 Source Repositories에 작성한 리포지토리를 Git의 리모트로 설정하기 위해 [리스트 9.4]의 명령을 실행합니다. 여기서 $PROJECT_ID는 환경변수에 설정된 프로젝트 ID로 설정합니다.

[리스트 9.4] 리모트 설정

```
$ git remote add google https://source.developers.google.com/p/$PROJECT_ID/r/➡
dockertext2
```

이것으로 준비가 끝났습니다. 이제 GitHub에서 다운로드하여 Cloud Shell에 있는 샘플 앱의 리포지토리를 [리스트 9.5]의 명령을 실행하여 Source Repositories로 업로드합니다.

[리스트 9.5] 리포지토리 업로드

```
$ git push google master

Counting objects: 62, done.Compressing objects: 100% (53/53), done.Writing
objects: 100% (62/62), 747.25 KiB | 0 bytes/s, done.Total 62 (delta 13),
reused 0 (delta 0)remote: Resolving deltas: 100% (13/13)To https://source.
developers.google.com/p/docker-text/r/dockertext2
* [new branch] master -> master
```

업로드한 소스코드는 CGP의 Cloud Console에서 확인할 수 있습니다(그림 9.15). 확인하려면 메뉴에서 [소스 저장소] → [저장소]를 클릭합니다.

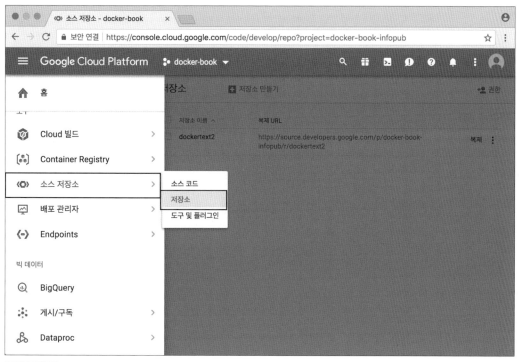

그림 9.15 소스코드 확인

Git 명령을 그대로 사용할 수 있으므로 Dockerfile이나 애플리케이션의 소스코드를 관리할 수 있습니다.

또한 여기서는 Cloud Shell을 사용하고 있는데 이것은 Cloud SDK가 설치된 환경에서 사용할 수 있습니다. 이번에는 샘플 애플리케이션을 사용하여 환경을 구축하지만 실제로 애플리케이션을 개발할 때는 아래의 GCP 공식 사이트를 확인하기 바랍니다.

● **Cloud Source Repositories**
  WEB https://cloud.google.com/source-repositories/

로컬 환경에 설치한 Cloud SDK에서 인증 오류가 나는 경우는 부록 'A.5 Cloud SDK 설치하기'(p.350)를 참조하기 바랍니다. 또한 여기서 사용하는 샘플은 chap09에 모아두었습니다. 이 디렉토리의 구성은 그림 9.16 과 같습니다.

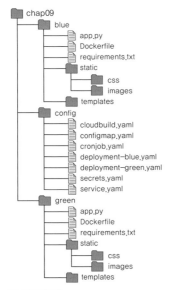

```
chap09
├── blue
│   ├── app.py
│   ├── Dockerfile
│   ├── requirements.txt
│   ├── static
│   │   ├── css
│   │   └── images
│   └── templates
├── config
│   ├── cloudbuild.yaml
│   ├── configmap.yaml
│   ├── cronjob.yaml
│   ├── deployment-blue.yaml
│   ├── deployment-green.yaml
│   ├── secrets.yaml
│   └── service.yaml
└── green
    ├── app.py
    ├── Dockerfile
    ├── requirements.txt
    ├── static
    │   ├── css
    │   └── images
    └── templates
```

그림 9.16 샘플 애플리케이션의 디렉토리 구성

이것으로 준비가 끝났습니다.

Docker 이미지 빌드(Cloud Container Builder)

이제 샘플 애플리케이션의 Dockerfile을 빌드하고, Docker 이미지를 작성하겠습니다. 3장에서 설명한 Docker 명령을 사용하여 빌드할 수도 있지만, Cloud Container Builder를 사용하면 Dockerfile의 빌드부터 Cloud Source Repositories에 업로드하는 일까지 하나의 명령으로 모아서 실행할 수 있습니다.

API 유효화하기

Google Cloud Platform Console에서 Cloud Container Builder API를 유효화합니다. Cloud Console에서 [API 및 서비스] → [라이브러리]를 선택합니다(**그림 9.17**).

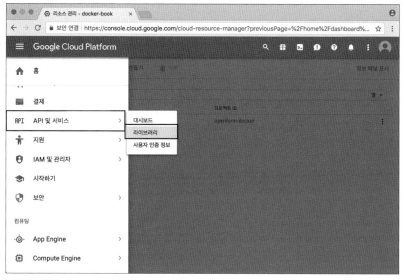

그림 9.17 API 라이브러리

여기서 다음 3가지 API를 검색하여 각각 유효화합니다(**그림 9.18**).

- Google Kubernetes Engine API
- Google Container Registry API
- Google Cloud Build API

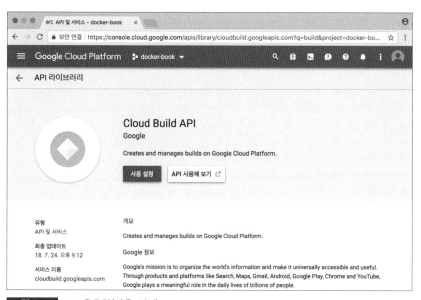

그림 9.18 API 유효화(사용 설정)

▌Docker 이미지 빌드 파일

그 다음 Cloud Shell을 실행하여 Docker 이미지 빌드 파일(chap09/config/cloudbuild.yaml)을 확인합니다.

이 파일은 Container Builder를 사용하여 Docker 이미지를 작성할 때 송신될 빌드 리퀘스트를 정의하는 것입니다. JSON 또는 YAML 형식으로 기술하는 텍스트 파일입니다.

빌드 리퀘스트에는 다음과 같은 정보를 정의합니다.

빌드 스텝

컨테이너를 빌드하기 위해 실행할 명령입니다. 빌드 스텝이 성공하면 Docker 이미지가 생성됩니다. 빌드가 완료되면 Google Container Registry에 Docker 이미지가 업로드(push)됩니다.

이미지

생성할 Docker 이미지 정보를 설정합니다.

이제 구체적으로 살펴봅시다. 이번 샘플에서는 내용이 다른 Blue 및 Green, 이 두 개의 이미지를 생성할 것입니다(리스트 9.6).

[리스트 9.6] 빌드 구성 파일의 빌드 스텝 정의

```
steps:
- name: 'gcr.io/cloud-builders/docker'
  args: ['build', '-t', 'gcr.io/$PROJECT_ID/imageview:blue', './blue']
- name: 'gcr.io/cloud-builders/docker'
  args: ['build', '-t', 'gcr.io/$PROJECT_ID/imageview:green', './green']
```

먼저 [Steps] 필드에서 docker 명령을 실행하기 위해 [name]에 'gcr.io/cloudbuilders/docker'를 지정합니다. 그리고 docker 명령의 인수인 [args:]에서 'build', '-t', 'gcr.io/$PROJECT_ID/imageview:blue', './blue'를 지정합니다.

이 설정은 [리스트 9.7]의 명령을 실행하는 것과 똑같습니다.

[리스트 9.7] 빌드 구성 파일의 명령 예

```
$ docker build -t gcr.io/$PROJECT_ID/imageview:blue ./blue
```

즉, ./blue에 저장되어 있는 Dockerfile을 바탕으로 gcr.io/$PROJECT_ID/imageview:blue라는 태그명이 붙은 이미지를 빌드한다는 것을 의미합니다. 마찬가지로 Green의 Docker 이미지도 정의하여 총 2개의 빌드가 실행되도록 합니다.

그 다음 [images] 필드에서는 빌드로 생성된 이미지명을 정의합니다(리스트 9.8). 2개의 이미지를 빌드했기 때문에 각각의 이름을 지정합니다. 이번에는 이미지명을 'imageview'로 하고, 태그를 'blue'와 'green'으로 함으로써 Docker 이미지를 식별합니다.

[리스트 9.8] 빌드 구성 파일의 이미지명 정의

```
images: ['gcr.io/$PROJECT_ID/imageview:blue', 'gcr.io/$PROJECT_ID/
imageview:green']
```

이것으로 빌드할 준비가 끝났습니다. Docker 이미지를 빌드하려면 gcloud container builds submit 명령을 사용합니다. 여기서 --config 옵션을 사용하여 빌드 리퀘스트를 정의한 config/cloudbuild.yaml를 지정합니다. 이때 빌드의 소스코드를 지정하기 위한 '.'도 잊지 말기를 바랍니다. Cloud Shell에서 [리스트 9.9]의 명령을 실행합니다.

[리스트 9.9] 빌드 실행

```
$ cd ~/dockertext2/chap09
$ gcloud container builds submit --config config/cloudbuild.yaml .
```

처리의 자세한 내용은 명령의 실행 로그로 확인할 수 있습니다(리스트 9.10).

[리스트 9.10] 빌드 로그

```
~로그 1~
Creating temporary tarball archive of 27 file(s) totalling 691.6 KiB before
compression.
Uploading tarball of [.] to [gs://docker-book_cloudbuild/source/1519199449.
59-2ad3a526bb224ac595bf9d43a45cb322.tgz]
Created [https://cloudbuild.googleapis.com/v1/projects/docker-book/builds/
4c1fa4e2-ca02-4d7b-91fd-0fea8d195e0b].

~로그 2~
BUILD
Step #0: Already have image (with digest): gcr.io/cloud-builders/docker
Starting Step #0
Step #0: Sending build context to Docker daemon 364.5kB
Step #0: Step 1/11 : FROM python:3.6
~중략~
Step #0: Successfully built f1109fab6912
Step #0: Successfully tagged gcr.io/docker-text/imageview:blue
Finished Step #0

Starting Step #1
```

```
~중략~
Step #1: Successfully built e8a1645d0005
Step #1: Successfully tagged gcr.io/docker-text/imageview:green
Finished Step #1

~로그 3~
PUSH
Pushing gcr.io/docker-text/imageview:blue
The push refers to a repository [gcr.io/docker-book/imageview]
~중략~
Pushing gcr.io/docker-text/imageview:green
The push refers to a repository [gcr.io/docker-book/imageview]
DONE
```

로그 1

먼저 Docker 이미지를 생성하기 위해 필요한 소스코드를 tar로 모아서 GCP의 클라우드 스토리지 서비스인 Google Cloud Storage로 송신합니다. 이 예에서는 '1519~b322.tgz'라는 이름의 파일이 Cloud Storage 상의 'gs://docker-book_cloudbuild/source/1519199449.59-2ad3a526 bb224ac595bf9d43a45cb322.tgz'에 저장됩니다.

로그 2

그 다음 Dockerfile의 빌드가 시작됩니다. 표시 형식은 다르지만 4장에서 Docker 명령을 사용한 빌드와 내용은 똑같습니다. 로그를 보면 2개의 Docker 이미지를 빌드하고 있다는 것을 확인할 수 있습니다.

로그 3

마지막으로 생성한 이미지를 Google Container Registry에 업로드하고 있습니다. 여기서도 로그를 보면 2개의 이미지를 처리하고 있다는 것을 알 수 있습니다.

이미지가 만들어졌는지 아닌지는 Cloud Console의 [Container Registry] → [이미지]로 확인합니다(그림 9.19).

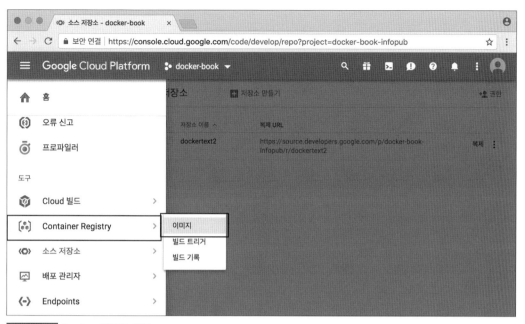

그림 9.19 Docker 이미지 확인

작성한 'imageview'를 클릭하면 'blue'와 'green'이라는 태그가 붙은 이미지가 2개 생성된 것을 알 수 있습니다(**그림 9.20**).

그림 9.20 Docker 이미지 태그 확인

'빌드 기록'을 클릭하면 빌드의 상세 정보를 확인할 수 있습니다(**그림 9.21**).

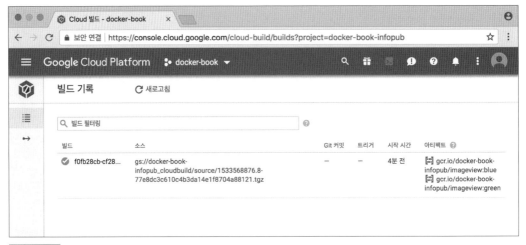

그림 9.21 빌드 확인

또한 Cloud Container Builder에서는 트리거를 작성함으로써 Cloud Source Repositories에 변경이 생긴 타이밍에서 Docker 이미지를 빌드할 수도 있습니다. 이 기능은 집필 시점에서는 베타 버전이 공개되었는데 자세한 사항은 아래 사이트를 참조하기 바랍니다.

● 빌드 트리거
　WEB https://cloud.google.com/container-builder/docs/how-to/build-triggers

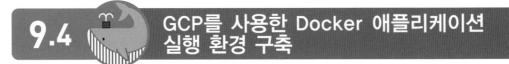

9.4 GCP를 사용한 Docker 애플리케이션 실행 환경 구축

제품 환경에서 서비스를 제공하는 애플리케이션의 Docker 이미지가 준비되었으므로 이제 GCP의 컨테이너 매니지드 서비스인 GKE를 사용하여 실행 환경을 구축하고 애플리케이션을 전개합니다.

Kubernetes 클러스터 구축

먼저 애플리케이션을 실행하기 위한 여러 대의 서버가 협력하여 작동하는 Kubernetes 클러스터를 구축합니다. GKE는 Kubernetes의 매니지드 서비스이므로 Cloud Console에서 Kubernetes 클러스터를 구축할 수 있습니다. 이번에는 그림 9.22 와 같이 3개의 Compute Engine 가상 머신 인스턴스로 구성된 클러스터를 구축하겠습니다.

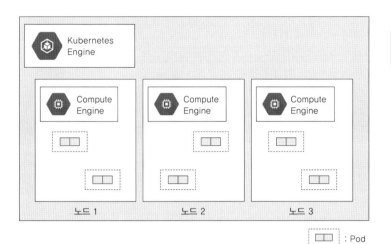

그림 9.22 Kubernetes 클러스터 실행 환경 구축

Cloud Console의 메뉴에서 [컴퓨팅] → [Kubernetes Engine] → [클러스터]를 선택하고 [클러스터 만들기] 버튼을 클릭합니다(그림 9.23).

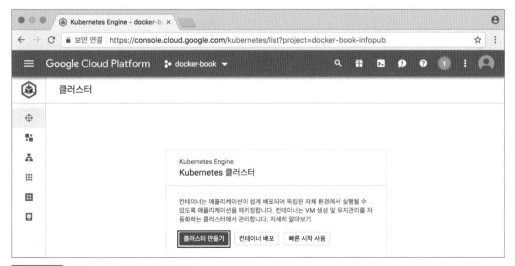

그림 9.23 Kubernetes 클러스터 작성

Kubernetes 클러스터를 작성하는 화면으로 바뀌므로 여기서는 표 9.1 의 값을 설정합니다(그림 9.24).

표 9.1 컨테이너 클러스터의 설정 값

항목	설명	이번의 설정 값
이름	Kubernetes에서 관리하는 클러스터의 이름. 맨 앞은 소문자로, 그 다음은 최대 62자까지의 소문자, 숫자, 하이픈으로 구성한다. 단, 맨 끝에 하이픈은 올 수 없다.	imageview
설명	클러스터의 설명(생략 가능)	—
영역	클러스터를 구축하는 마스터 영역[1]	asia-northeast1-a
클러스터 버전	Kubernetes의 버전	1.9.7-gke.3
머신 유형	클러스터의 노드에 사용하는 머신 타입을 선택	vCPU×1
노드 이미지	컨테이너를 작동시킬 노드의 OS	컨테이너 최적화 OS(cos)
크기	클러스터 안의 노드 수. 클러스터 크기는 사용 가능한 GCE의 할당량에 따라 제한된다.	3
자동 노드 업그레이드	Kubernetes를 자동으로 업그레이드할지 말지	사용 중지됨
자동 노드 복구	노드를 자동으로 복구할지 말지	사용 중지됨
이전 승인	클러스터 안의 제한에서 RBAC를 지원할지 말지. 지원할 때는 '사용 중지됨'을 선택	사용 중지됨
로그와 모니터링	Stackdriver Monitoring을 유효로 할지 말지	사용 설정됨
	Stackdriver Logging을 유효로 할지 말지	사용 설정됨

[1] [지정할 수 있는 영역] https://cloud.google.com/compute/docs/regions-zones/regions-zones

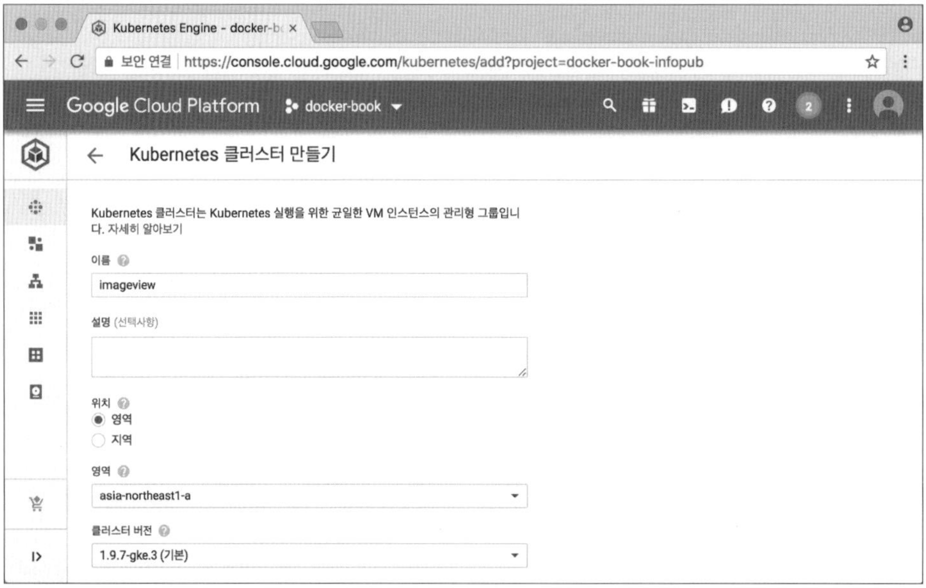

그림 9.24 클러스터 설정

설정이 완료되었으면 [만들기] 버튼을 클릭합니다. 클러스터가 작성되면 Cloud Console 화면에 그림 9.25 와 같이 녹색 선택 마크 아이콘이 표시됩니다.

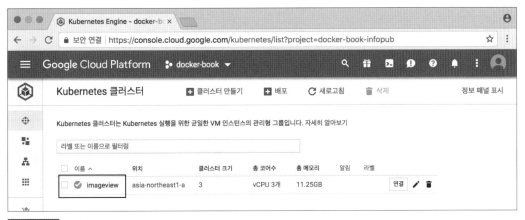

그림 9.25 클러스터 확인

GKE에서는 Cloud Shell에서 kubectl 명령을 사용할 수 있습니다(그림 9.26). [리스트 9.11]의 명령을 실행하여 Cloud Shell에서 kubectl 명령을 사용하기 위한 설정 파일을 취득합니다. 여기서는 작성한 'imageview'라는 이름의 Kubernetes 클러스터를 'asia-northeast1-a'로 작성했으므로 다음의 gcloud container 명령을 실행합니다.

그림 9.26 클러스터 환경 설정

[리스트 9.11] 클러스터 환경 설정

```
$ gcloud container clusters get-credentials imageview --zone=asia-northeast1-a

Fetching cluster endpoint and auth data.
kubeconfig entry generated for imageview.
```

이 명령을 실행하면 설정 파일 '~/.kube/config'가 마련되어 그림 9.26 의 Cloud Shell에서 kubectl 명령으로 클러스터를 조작할 수 있게 됩니다.

[리스트 9.12]의 명령을 실행하면 클러스터 안의 노드를 확인할 수 있습니다.

[리스트 9.12] 노드 확인

```
$ kubectl get nodes
NAME                                       STATUS  ROLES   AGE  VERSION
gke-imageview-default-pool-60cf2e3f-140k   Ready   <none>  3m   v1.9.7-gke.3
gke-imageview-default-pool-60cf2e3f-jhkn   Ready   <none>  3m   v1.9.7-gke.3
gke-imageview-default-pool-60cf2e3f-x0g2   Ready   <none>  3m   v1.9.7-gke.3
```

클러스터 안에 3개의 노드가 작성되고 있고, 모든 스테이터스가 [Ready]로 되어 있다는 것을 확인합니다. 이 노드의 실체는 GCP가 제공하는 가상 머신 서비스인 Google Compute Engine 의 인스턴스로, 이 인스턴스에는 Kubelet이나 Docker 등이 설치되어 있습니다. 이 인스턴스에 는 각각 이름이 붙어 있으며(예 gkeimageview-default-pool-60cf2e3f-140k), GKE에서 작성 한 Kubernetes 클러스터 안에서 서로 협력하며 움직입니다. 이것으로 Kubernetes 클러스터 구 축이 끝났습니다.

Note ▪ gcloud 명령을 사용하여 클러스터를 구축하는 방법

GKE에서는 Cloud Console을 사용하여 GUI 화면에서 Kubernetes 클러스터를 작성할 수 있지만, gcloud 명령을 사용해도 구축할 수 있습니다.

Cloud Console의 [컴퓨팅] → [Kubernetes Engine] → [클러스터]를 선택하고 [클러스터 만들기] 버튼 을 클릭한 후, [동등한 REST 또는 명령줄]에서 '명령줄' 링크를 클릭하면 Cloud Console에서 설정한 클러 스터를 작성하기 위한 gcloud 명령이 표시됩니다(그림 9.A). 여기서 [Cloud Shell에서 실행]을 클릭하면 Cloud Shell에서 명령이 실행됩니다. 또한 REST에 의한 호출도 가능합니다.

Kubernetes 클러스터를 작성하는 gcloud 명령에 대한 자세한 사항에 대해서는 아래 사이트를 확인하기 바랍니다.

● **gcloud 명령**

WEB https://cloud.google.com/sdk/gcloud/reference/container/

그림 9.A 명령을 사용한 Kubernetes 클러스터 작성

애플리케이션의 설정 정보 관리(ConfigMap, Secrets)

애플리케이션 안에서 이용하는 설정 정보나 외부 서비스를 이용하기 위한 API 키 등은 환경에 의존하기 때문에 분산 환경에서 작동하는 Docker 컨테이너 안에서 관리하는 것이 아니라 다른 방법으로 관리하는 것이 바람직합니다. Kubernetes는 이러한 설정 정보를 관리하는 기능을 제공하고 있습니다(**그림 9.27**).

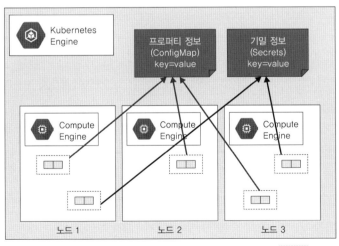

애플리케이션 안의 환경에 의존하는 값은 컨테이너 밖에서 관리하는 것이 편리해요.

그림 9.27 설정 정보 관리

애플리케이션 프로퍼티 정보(ConfigMap)

애플리케이션에서 공통으로 이용하는 프로퍼티를 정의한 것입니다. 설정할 값은 key-value 형으로 지정할 수 있습니다. 설정한 값은 etcd에서 플레인 텍스트로 관리됩니다. 이번에는 [리스트 9.13]과 같이 키가 'project.id'이고, 값이 'hello-docker'인 프로퍼티를 정의합니다.

[리스트 9.13] ConfigMap 정의 파일(chap09/config/configmap.yaml)

```
apiVersion: v1
kind: ConfigMap
metadata:
    name: projectid
data:
    project.id: "hello-docker"
```

[리스트 9.2]에서 다운로드한 샘플 앱의 ConfigMap을 Kubernetes에서 이용하려면 [리스트 9.14]의 kubectl create 명령을 실행합니다. 여기서는 -f 옵션을 사용하여 ConfigMap 정의 파일을 지정하고 있습니다.

[리스트 9.14] ConfigMap의 등록

```
$ cd ~/dockertext2/chap09
$ kubectl create -f config/configmap.yaml

configmap "projectid" created
```

설정한 값을 확인하려면 Cloud Console의 [Kubernetes Engine] → [구성]을 클릭합니다 (그림 9.28). 'projectid'라는 이름의 설정 정보를 클릭하면 설정한 값을 참조할 수 있습니다.

ConfigMap에서 설정한 값은 컨테이너 안에서 환경변수로 이용할 수 있습니다. 참조 애플리케이션 안에서 환경변수를 이용하는 방법 ➡ p.304

ConfigMap은 YAML 형식으로 된 정의 파일뿐만 아니라 리터럴 값이나 다른 형식의 파일을 사용하여 작성할 수도 있습니다. 또한 컨테이너에서 참조할 때는 환경변수로서 뿐만 아니라 컨테이너 실행의 인수로서 이용하거나 파일로서 이용할 수도 있습니다.

● **ConfigMap**
   WEB https://kubernetes.io/docs/tasks/configure-pod-container/configure-pod-configmap/

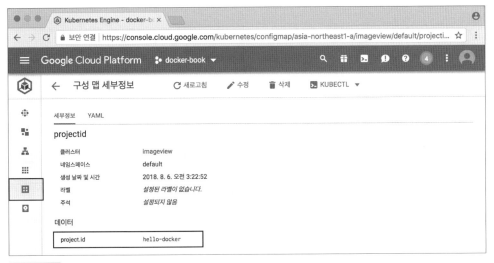

그림 9.28 ConfigMap의 설정 내용 확인

기밀 데이터(Secrets)

다른 시스템에서 호출하여 사용하는 API 키나 데이터베이스 연결을 위한 ID 및 비밀번호와 같은 기밀 데이터는 Secrets를 사용하여 관리합니다. ConfigMap은 데이터가 플레인 텍스트로 저장되지만, Secrets는 base64 인코딩 값을 사용하여 Cloud Console에서도 설정 값을 확인할 수 없도록 되어 있습니다. 설정할 값은 ConfigMap과 마찬가지로 key-value형으로 지정할 수 있습니다. 설정한 값은 etcd에서 플레인 텍스트로 관리됩니다. 이번에는 **표 9.2** 와 같이 'apikey' 라는 이름의 Secrets를 정의합니다(리스트 9.15).

표 9.2 이번의 설정 값

설정 값	값	base64 인코딩
id	asa	YXNh
key	aBcD123	YUJjRDEyMw==

[리스트 9.15] Secrets 정의 파일(chap09/config/secrets.yaml)

```
apiVersion: v1
kind: Secret
metadata:
  name: apikey
  type: Opaque
data:
  id: YXNh
  key: YUJjRDEyMw==
```

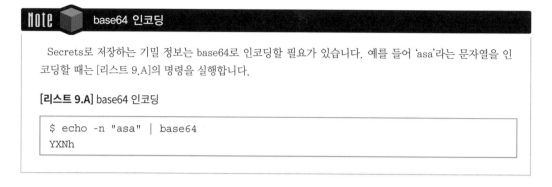

base64로 저장하는 기밀 정보는 base64로 인코딩할 필요가 있습니다. 예를 들어 'asa'라는 문자열을 인코딩할 때는 [리스트 9.A]의 명령을 실행합니다.

[리스트 9.A] base64 인코딩

```
$ echo -n "asa" | base64
YXNh
```

Secrets의 내용을 Kubernetes에서 이용하려면 [리스트 9.16]의 kubectl create 명령을 실행합니다. 여기서는 -f 옵션을 사용하여 Secrets 정의 파일을 지정하고 있습니다.

[리스트 9.16] Secrets 등록

```
$ cd ~/dockertext2/chap09
$ kubectl create -f config/secrets.yaml

secret "apikey" created
```

설정한 값을 확인하려면 Cloud Console의 [Kubernetes Engine] → [구성]을 클릭합니다. 'apikey'라는 이름의 설정 정보를 클릭하면 설정한 값을 참조할 수 있습니다. 단, ConfigMap과는 달리 설정한 값이 마스크 처리되어 알아볼 수는 없습니다(**그림 9.29**).

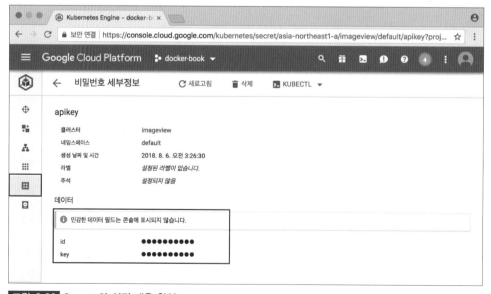

그림 9.29 Secrets의 설정 내용 확인

또한 Secrets는 YAML 형식의 정의 파일뿐만 아니라 리터럴 값이나 다른 형식의 파일을 사용하여 작성할 수도 있습니다. 단, base64 인코딩은 암호화가 아니기 때문에 Secrets 설정 파일의 관리는 인터넷상의 공개 리포지토리에 놓지 말고 다른 곳에서 적절히 관리하기 바랍니다. Secrets으로 설정한 값은 Kubernetes의 etcd에서 관리됩니다. 이 etcd를 암호화하는 기능은 이 책의 집필 당시에는 알파 버전이었습니다. 자세한 사항에 대해서는 아래의 공식 사이트를 확인하기 바랍니다.

- **Secrets**
  WEB https://kubernetes.io/docs/concepts/configuration/secret/
- **Encrypting Secret Data at Rest**
  WEB https://kubernetes.io/docs/tasks/administer-cluster/encrypt-data/

 앱의 전개(Deployment)

이것으로 Kubernetes 클러스터의 준비가 끝났지만, 노드 안에는 애플리케이션이 아직 아무것도 전개되지 않은 상태입니다. Kubernetes에서는 노드에 컨테이너를 Pod 단위로 전개합니다. 이번 샘플에서는 'Blue'와 'Green'과 같이 다른 라벨이 설정된 컨테이너가 작동하는 2종류의 애플리케이션이 움직이는 Pod를 마련합니다(**그림 9.30**).

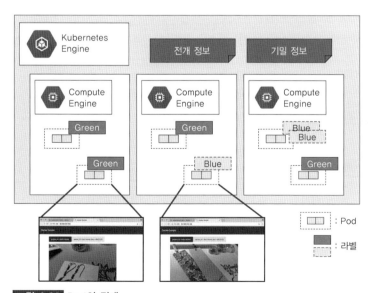

Blue와 Green이라는 서로 다른 애플리케이션이 전개되어요.

그림 9.30 Pod의 전개

▌[1] 디플로이먼트 정의 파일의 작성

여기서는 정의 파일(deployment-blue.yaml)에 설정할 내용을 설명합니다. 먼저 디플로이먼트 정의 파일을 작성하려면 [kind]에 'Deployment'를 설정합니다. 또한 식별을 위한 메타데이터로서 'webserver-blue'를 설정합니다(리스트 9.17).

[리스트 9.17] 파일의 정의(chap09/config/deployment-blue.yaml 발췌)

```
apiVersion: extensions/v1beta1
kind: Deployment
metadata:
  name: webserver-blue
```

그 다음 실행시킬 Pod에 대한 설정을 합니다. Kubernetes 안에서 작동시키고 싶은 Pod의 수를 수치로 설정합니다(리스트 9.18). 이번 예에서는 '3'으로 설정했으므로 구축한 Kubernetes 클러스터 안의 노드에 3개의 Pod가 배치됩니다.

또한 Pod를 클러스터 안에서 식별하기 위한 라벨을 붙입니다. 이번에는 [Type]을 'webserver'로, [color]를 'blue'로 설정합니다. Kubernetes에서는 이 라벨을 사용하여 여러 개의 리소스를 모아서 관리할 수 있습니다.

Pod 안에서 작동시킬 컨테이너의 내용은 [containers]에서 설정합니다. 여기서는 Docker 이미지를 빌드하여 Google Container Registry에 저장된 'gcr.io/〈프로젝트 ID〉/imageview:blue'로부터 취득합니다. 〈프로젝트 ID〉는 자신의 환경에 맞춰 변경하기 바랍니다. 또한 컨테이너의 이름은 'webserver-container'로 지정하고 있습니다.

[리스트 9.18] Pod의 정의(chap09/config/deployment-blue.yaml 발췌)

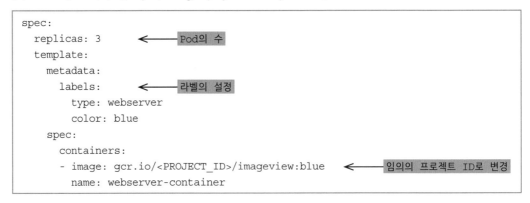

그 다음 앞에서 작성한 ConfigMap과 Secrets를 Pod에서 이용하기 위한 정의를 합니다. 여기서는 ConfigMap에서 정의한 project.id를 환경변수 PROJECT_ID, Secrets에서 정의한 apikey의 id와 key를 환경변수 SECRET_ID 및 환경변수 SECRET_KEY로 설정하고 있습니다(리스트 9.19).

[리스트 9.19] 환경변수의 정의(chap09/config/deployment-blue.yaml 발췌)

```
        env:
       - name: PROJECT_ID
         valueFrom:
           configMapKeyRef:
             name: projectid
             key: project.id
       - name: SECRET_ID
         valueFrom:
           secretKeyRef:
             name: apikey
             key: id
       - name: SECRET_KEY
         valueFrom:
           secretKeyRef:
             name: apikey
             key: key
```

마지막으로 컨테이너가 전송하는 포트 번호를 설정합니다. 이번 샘플 앱에서는 80번 포트(HTTP)로 통신을 하므로 [containerPort]에 '80'을 설정합니다(리스트 9.20).

[리스트 9.20] 포트의 정의(chap09/config/deployment-blue.yaml 발췌)

```
        ports:
       - containerPort: 80
         name: http-server
```

이것으로 Kubernetes 클러스터에 전개할 Pod의 설정이 끝났습니다.

똑같은 방법으로 Green 애플리케이션의 정의 파일인 chap09/config/deploymentgreen.yaml을 에디터로 열어서 내용을 확인하고, Pod 안에서 작동시킬 컨테이너의 Docker 이미지의 경로 'gcr.io/⟨PROJECT_ID⟩/imageview:blue'에 임의의 GCP 프로젝트 ID를 설정하기 바랍니다.

> **Note** 애플리케이션 안에서 환경변수를 이용하는 방법
>
> Kubernetes의 ConfigMap과 Secrets에서 설정한 값은 환경변수로 이용할 수 있습니다. 예를 들어 Python의 경우는 [리스트 9.B]와 같은 코드를 쓰면 변수 project_id에 환경변수 PROJECT_ID를 설정할 수 있습니다.
>
> **[리스트 9.B]** 환경변수의 취득
>
> ```
> project_id = os.environ.get('PROJECT_ID')
> ```
>
> 이 기능을 사용하면 테스트를 할 때는 테스트용 프로젝트 ID를 사용하고, 제품 환경에 전개할 때는 실제 프로젝트 ID를 바꾸는 등 환경에 따라 바뀌는 값을 적절히 관리할 수 있습니다.

[2] 애플리케이션의 전개

디플로이 정의 파일이 준비되었으므로 [리스트 9.21]의 명령을 실행하여 애플리케이션을 전개합니다. kubectl create 명령에서 -f 옵션을 사용하여 **[1]**에서 작성한 Blue와 Green 각각의 디플로이 정의 파일을 지정합니다.

[리스트 9.21] 전개

```
$ cd ~/dockertext2/chap09
$ kubectl create -f config/deployment-blue.yaml
deployment "webserver-blue" created

$ kubectl create -f config/deployment-green.yaml
deployment "webserver-green" created
```

전개가 완료되고 Cloud Console의 [컴퓨팅] → [Kubernetes Engine] → [작업 부하]를 확인하면 작동하고 있는 Pod의 상태를 확인할 수 있습니다. Pod가 가동될 때까지는 시간이 조금 걸립니다.

그림 9.31 의 예에서는 'webserver-blue'는 3개 모두 Pod가 실행되고 있고, 'webservergreen'은 3개 중 하나의 Pod가 실행되고 있는 상태라는 것을 알 수 있습니다. 모든 Pod의 스테이터스가 'OK'로 될 때까지 기다리기 바랍니다.

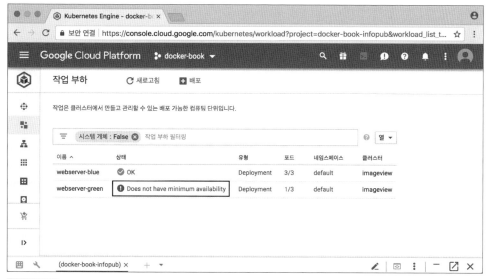

그림 9.31 Pod 확인

Pod의 상태는 [리스트 9.22]의 명령으로 확인할 수 있습니다.

[리스트 9.22] Pod 확인

```
$ kubectl get pods
NAME                              READY    STATUS      RESTARTS    AGE
webserver-blue-66986fcd8c-5lvj2   1/1      Running     0           2m
webserver-blue-66986fcd8c-cxjb6   1/1      Running     0           2m
webserver-blue-66986fcd8c-rwzxf   1/1      Running     0           2m
webserver-green-64c8bcf955-64qdw  1/1      Running     0           1m
webserver-green-64c8bcf955-92bb4  1/1      Running     0           1m
webserver-green-64c8bcf955-qwfz8  1/1      Running     0           1m
```

여기서 ReplicaSet의 기능을 확인하기 위해 Pod를 하나 일부러 정지시켜 봅시다. [리스트 9.23]의 명령을 실행시켜 'webserver-green-64c8bcf955-qwfz8'라는 Pod를 정지시킵니다.

[리스트 9.23] Pod 정지

```
$ kubectl delete pod webserver-green-64c8bcf955-qwfz8
```

다시 kubectl get 명령으로 Pod의 상태를 확인하면 'webserver-green-64c8bcf955-qwfz8' 가 삭제(Terminating)되고, 새로 'webserver-green-64c8bcf955-s82j7'라는 이름의 Pod 가 실행(Running)되고 있다는 것을 알 수 있습니다(리스트 9.24). 이와 같이 ReplicaSet은

Kubernetes 클러스터 안에서 미리 지정한 수(Replica 수)만큼의 Pod를 실행시켜 두는 기능이 있다는 것을 알 수 있습니다.

[리스트 9.24] Pod 확인

```
$ kubectl get pods
NAME                                READY   STATUS        RESTARTS   AGE
webserver-blue-66986fcd8c-5lvj2     1/1     Running       0          3m
webserver-blue-66986fcd8c-cxjb6     1/1     Running       0          3m
webserver-blue-66986fcd8c-rwzxf     1/1     Running       0          3m
webserver-green-64c8bcf955-64qdw    1/1     Running       0          3m
webserver-green-64c8bcf955-92bb4    1/1     Running       0          3m
webserver-green-64c8bcf955-qwfz8    0/1     Terminating   0          3m
webserver-green-64c8bcf955-s82j7    1/1     Running       0          6s
```

또한 전개한 Pod를 모두 정지시키고 싶을 때는 [리스트 9.25]의 명령을 실행합니다.

[리스트 9.25] Pod 정지

```
$ kubectl delete -f config/deployment-blue.yaml
$ kubectl delete -f config/deployment-green.yaml
```

서비스 공개(Service)

이것으로 Kubernetes 클러스터 안에 Blue 라벨이 붙은 Pod가 3개, Green 라벨이 붙은 Pod가 3개, 합계 6개의 Pod가 가동된 상태가 되었지만 아직 외부에서는 액세스할 수 없는 상태입니다. Kubernetes에서는 전개한 앱을 외부에 공개할 때 서비스를 사용합니다(**그림 9.32**).

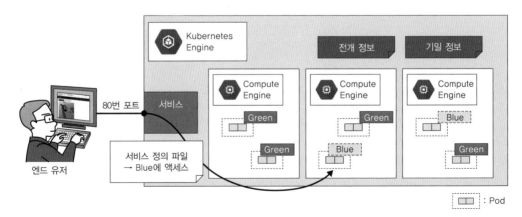

그림 9.32 서비스 공개

[1] 서비스 정의 파일 작성

먼저 서비스 정의 파일을 작성하려면 [kind]에 'Service'를 설정합니다(리스트 9.26). 또한 식별을 위한 메타데이터로서 'webserver'를 설정합니다.

그 다음 서비스를 받을 타입을 'Load Balancer'로 설정합니다. 이것으로 Kubernetes 내부에서 부하분산을 위한 로드 밸런서를 정의합니다. 여기서 외부로부터의 요청을 받기 위한 HTTP인 80번을 설정합니다.

요청을 받을 컨테이너는 [selector]에서 지정합니다. 이번에는 [color]가 'blue'인 Pod, 즉 deployment-blue.yaml에서 정의한 컨테이너로 요청이 전송됩니다.

[리스트 9.26] 서비스 정의 파일(chap09/config/service.yaml)

```
apiVersion: v1
kind: Service
metadata:
  name: webserver
spec:
  type: LoadBalancer    ← ─────[ 로드 밸런서의 설정 ]
  ports:
    - port: 80
      targetPort: 80
      protocol: TCP
  selector:
    type: webserver
    color: blue
```

[2] 서비스 공개

서비스 정의 파일이 준비되었으므로 다음 명령을 실행하여 애플리케이션을 전개합니다. [리스트 9.27]의 kubectl create 명령에 -f 옵션을 사용하여 [1]에서 작성한 서비스 정의 파일을 지정합니다.

[리스트 9.27] 서비스 공개

```
$ cd ~/dockertext2/chap09
$ kubectl create -f config/service.yaml

service "webserver" created
```

Cloud Console의 [컴퓨팅] → [Kubernetes Engine] → [서비스]를 확인하면 서비스의 상태를 확인할 수 있습니다(그림 9.33). 서비스가 공개될 때까지는 시간이 조금 걸립니다. 여기서는 서비스 스테이터스나 상태를 확인할 수 있습니다.

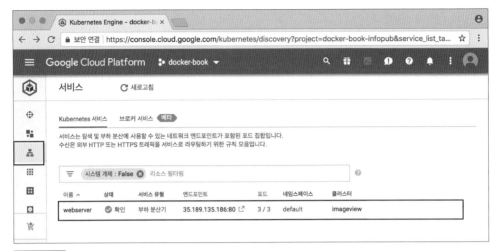

그림 9.33 서비스 확인

여기서 [엔드포인트]를 클릭하면 가동을 확인할 수 있습니다. 그림 9.34 의 예에서는 웹 브라우저에서 'http://35.189.135.186/'로 액세스하면 애플리케이션의 작동을 확인할 수 있습니다.

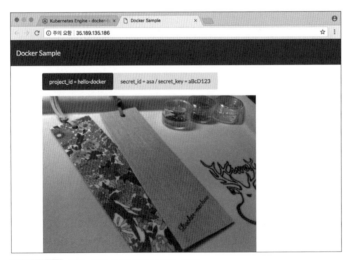

그림 9.34 샘플 애플리케이션의 작동 확인

애플리케이션에 대한 자세한 내용은 소스코드를 참조하기 바랍니다. 또한 작동을 확인하기 위해 Secrets에서 설정한 값을 브라우저에 그대로 표시하고 있지만 실제 애플리케이션 개발에서는 기밀 정보의 취급에 주의하기 바랍니다.

서비스 상태는 [리스트 9.28]의 명령으로도 확인할 수 있습니다. 엔드포인트는 [EXTERNAL-IP]로서 확인할 수 있습니다.

[리스트 9.28] 서비스 상태 확인

```
$ kubectl get services
NAME         TYPE          CLUSTER-IP      EXTERNAL-IP      PORT(S)        AGE
kubernetes   ClusterIP     10.47.240.1     <none>           443/TCP        29m
webserver    LoadBalancer  10.47.240.34    35.189.135.186   80:32177/TCP   6m
```

GKE에서 [type]이 'LoadBalancer'인 서비스를 작성하면 GCP의 부하분산 기능인 'Cloud Load Balancing'이 자동으로 만들어집니다(**그림 9.35**). 이것은 TCP 부하분산이라는 것으로, Compute Engine의 인스턴스 풀에서 TCP 트래픽을 분산시키고 헬스체크를 사용하여 정상적인 인스턴스로만 트래픽이 전송됩니다.

그림 9.35 Cloud Load Balancing 확인

또한 서비스를 비공개로 할 때는 [리스트 9.29]의 명령을 실행합니다.

[리스트 9.29] 서비스 비공개

```
$ kubectl delete -f config/service.yaml
```

 ## 앱의 버전업(Blue-Green Deployment)

블루 그린 디플로이먼트란 가동 중인 서버, 애플리케이션을 갱신할 때 사용되는 방법 중 하나입니다. 현재 가동 중인 서버(블루)와는 별도로 새로운 서버(그린)를 나란히 가동시키고, 액세스처를 전환함으로써 시스템을 업데이트합니다(그림 9.36). 이때 만일 새로운 서버에 어떤 문제가 발생했을 경우에는 바로 이전 서버로 되돌릴 수 있습니다. 이러한 방식을 블루 그린 디플로이먼트라고 합니다.

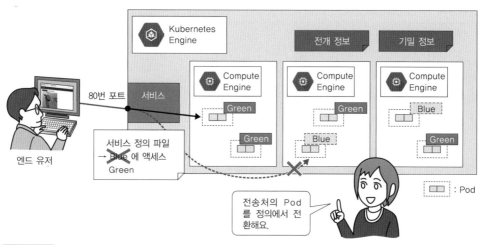

그림 9.36 애플리케이션 전환

지금까지의 절차로 버전이 다른 2개의 샘플 애플리케이션이 Kubernetes에 전개되어 가동되고 있었는데, 엔드 유저로부터의 요청이 오면 서비스 정의 파일대로 'Blue' 라벨이 붙은 Pod로 전송됩니다(그림 9.37).

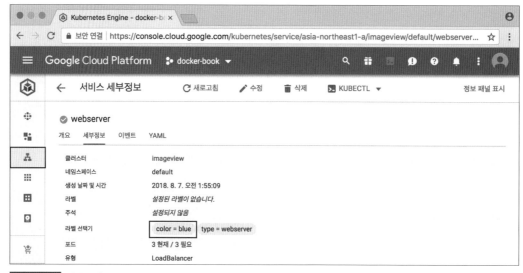

그림 9.37 서비스 확인

여기서 이미 실행중인 'Green'으로 전송처를 변경해 봅시다. [수정] 버튼을 클릭하고 서비스
정의 파일을 편집합니다(그림 9.38).

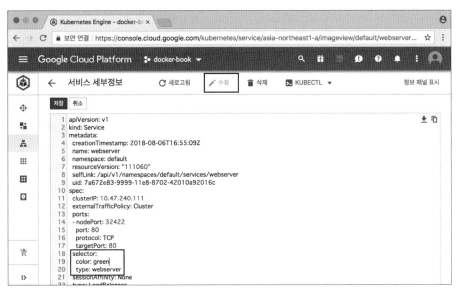

그림 9.38 서비스 정의 파일의 편집

변경 부분은 [selector]의 [color]로, 현재 지정된 값이 'blue'로 되어 있는데 이것을 'green'
으로 수정합니다(리스트 9.30). 이로써 디플로이먼트 정의 파일에서 Pod에 설정된 [color]가
'green'인 것으로 요청의 전송처가 변경됩니다.

[리스트 9.30] 블루 그린 디플로이먼트

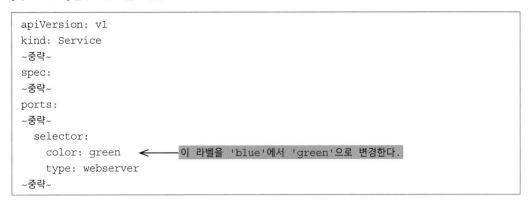

```
apiVersion: v1
kind: Service
~중략~
spec:
~중략~
ports:
~중략~
  selector:
    color: green        ← ─── 이 라벨을 'blue'에서 'green'으로 변경한다.
    type: webserver
~중략~
```

[서비스 상세 정보]를 확인하면 [라벨 셀렉터]가 'green'으로 변경되어 있는 것을 알 수 있습니
다(그림 9.39).

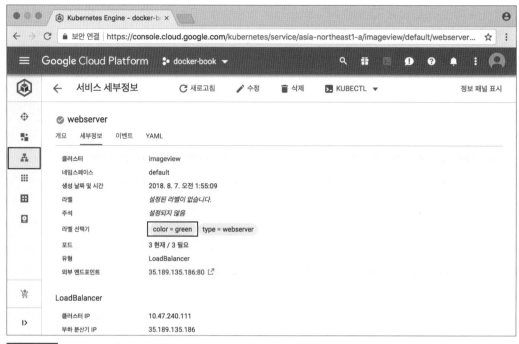

그림 9.39 서비스 변경 확인

여기서 브라우저에서 좀 전에 작동을 확인한 URL로 액세스하면 애플리케이션이 전환된 것을
확인할 수 있습니다(**그림 9.40**).

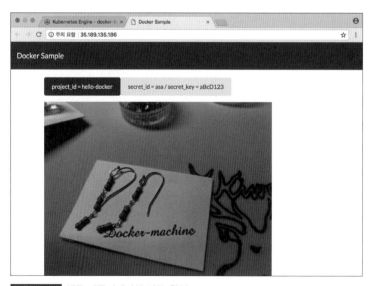

그림 9.40 샘플 애플리케이션 작동 확인

이 조작으로 요청의 전송처 Pod는 Blue에서 Green으로 전환되었지만 Kubernetes 클러스터의 노드(가상 머신) 상에서는 Blue와 Green 둘 다 가동된 상태입니다. 따라서 만일 Green Pod에 전개한 애플리케이션에 뭔가 문제가 생긴 경우는 바로 Blue로 전송처를 되돌릴 수 있습니다.

또한 [리스트 9.31]의 명령을 실행하여 서비스 정의 파일을 수정할 수도 있습니다. 파일 조작 방법은 Unix 표준 vi 에디터와 똑같습니다.

[리스트 9.31] 명령을 사용한 블루 그린 디플로이먼트

```
$ kubectl edit svc webserver
```

이로써 GCP를 사용하여 Docker 컨테이너를 제품 환경에서 작동시키고 엔드 유저에게 서비스를 제공하는 가용성이 높은 시스템이 완성되었습니다.

NOTE　Kubernetes의 정의 파일을 하나로 모으는 방법

Kubernetes의 정의 파일은 여러 개의 정의를 하나로 모을 수도 있습니다. [리스트 9.C]는 'Service'와 'Ingress'라는 2개의 파일을 '---'로 하나의 파일로 모은 예입니다.

[리스트 9.C] 정의 파일의 예

```
apiVersion: v1
kind: Service
metadata:
  name: webserver-blue
spec:
  ports:
    - port: 80
      protocol: TCP
~중략~
---
apiVersion: extensions/v1beta1
kind: Ingress
metadata:
  name: web-ingress
~중략~
```

또한 긴 정의 파일은 가독성이 떨어지므로 적절한 주석문을 넣어서 유지보수가 쉽도록 신경 쓰도록 합시다.

배치 잡 실행(CronJob)

메일의 정기적인 일괄 송신이나 일별/주별/월별 집계 처리 등과 같은 배치 잡을 Kubernetes 클러스터에서 실행하고 싶을 때는 'CronJob'을 사용합니다. CronJob은 애플리케이션의 실행 타이밍을 설정할 수 있습니다.

CronJob을 작동시키기 위한 정의 파일은 [kind]를 'Cronjob'으로 설정하고, [schedule]에 잡의 실행 타이밍을 설정합니다. Schedule의 지정 방법은 다음과 같은 서식으로, Linux의 cron과 똑같습니다.

 Schedule의 서식

```
schedule: " '분' '시' '일' '월' '요일' "
```

설정 가능한 수치

설정 항목	값
분	0-59
시	0-23
일	1-31
월	1-12
요일	0=일, 1=월, 2=화, 3=수, 4=목, 5=금, 6=토, 7=일

와일드카드 '*'를 지정하면 매분/매시/매일/매월/매요일이 됩니다. 또한 10분마다 작동시키고 싶을 때는 '*/10'으로 기술해서 간격을 지정할 수 있습니다.

[리스트 9.32]의 예에서는 1분 간격으로 [jobTemplate]에서 지정한 Docker 애플리케이션을 실행하고 있습니다. 배치를 실행하는 Docker 애플리케이션은 [jobTemplate]에서 지정하고, 이번 예에서는 'busybox' 이미지에서 쉘을 실행하고 있습니다.

[리스트 9.32] Cronjob 정의 파일(chap09/config/cronjob.yaml)

```
apiVersion: batch/v1beta1
kind: CronJob
metadata:
  name: showdate
spec:
  schedule: "*/1 * * * *"
  jobTemplate:
    spec:
      template:
        spec:
```

```
        containers:
    - name: showdate
      image: busybox
      args:
      - /bin/sh
      - -c
      - date; echo Hello Docker
```

이것을 Kubernetes 클러스터에서 작동시키려면 [리스트 9.33]의 명령을 실행합니다.

[리스트 9.33] CronJob 실행

```
$ cd ~/dockertext2/chap09
$ kubectl create -f config/cronjob.yaml

cronjob "showdate" created
```

CronJob을 확인하려면 [리스트 9.34]의 명령을 실행합니다.

[리스트 9.34] CronJob 확인

```
$ kubectl get cronjob
NAME            SCHEDULE        SUSPEND   ACTIVE    LAST SCHEDULE     AGE
showdate        */1 * * * *     False     0         Tue, 05 Dec 2017 10:42:00 +0900
```

CronJob의 실행 스테이터스를 확인하려면 [리스트 9.35]의 명령을 실행합니다. 1분 간격으로 잡이 실행된다는 것을 알 수 있습니다.

[리스트 9.35] CronJob의 실행 내용

```
$ kubectl get jobs --watch
NAME                    DESIRED        SUCCESSFUL     AGE
showdate-1512438060     1              1              2m
showdate-1512438120     1              1              1m
showdate-1512438180     1              1              9s
```

잡을 삭제할 때는 [리스트 9.36]의 명령을 실행합니다. 여기서는 -f 옵션을 사용하여 CronJob 의 정의 파일명을 지정하고 있습니다.

[리스트 9.36] CronJob 삭제

```
$ kubectl delete -f config/cronjob.yaml
cronjob "showdate" deleted
```

또한 Kubernetes에는 스케줄이 필요 없이 잡을 한 번만 실행하는 'Jobs'도 마련되어 있습니다. 야간 등 트래픽이 적은 시간에 클러스터의 리소스를 유효하게 활용하여 정기적으로 배치 처리를 하고 싶을 때는 'CronJob', 심층학습이나 수치해석과 같은 잡을 실행할 때는 'Jobs'를 사용하는 등 목적에 맞춰 나눠서 사용하면 좋습니다.

- **CronJob**
  WEB https://kubernetes.io/docs/concepts/workloads/controllers/cron-jobs/
- **Jobs**
  WEB https://kubernetes.io/docs/concepts/workloads/controllers/jobs-run-to-completion/

Kubernetes 클러스터를 삭제할 때는 서비스나 Deployment 등 작성한 리소스를 삭제한 후에 Cloud Console의 [Kubernetes Engine] → [클러스터]를 선택하여 삭제하고 싶은 클러스터에 선택 표시를 하고 [삭제]를 클릭합니다(**그림 9.41**).

그림 9.41 Kubernetes 클러스터 삭제

또한 이번에 사용한 GCP 리소스를 모두 삭제하는 경우는 프로젝트를 삭제하기 바랍니다.
참조 프로젝트 삭제 ➜ p.344

이와 같이 GKE를 사용하면 Kubernetes를 사용한 Docker 실행 환경을 손쉽게 구축할 수 있습니다. 이 책에서는 GCP를 사용한 방법을 설명했지만 Amazon Web Services나 Microsoft Azure도 Docker 실행 환경에 대한 매니지드 서비스를 제공하므로 꼭 시험해 보기 바랍니다.

제 3 부
실행 환경 구축편

제 **10** 장

클라우드를 사용한 Docker
실행 환경의 운용 관리

- ◆ **10.1** 시스템 운용의 기초 지식
- ◆ **10.2** GKE를 사용한 Docker 실행 환경의 운용

시스템은 개발만 하면 끝나는 그런 것이 아닙니다. 시스템 릴리스 후에도 리소스 감시나 데이터의 백업, 장애 감시, 복구 대응 등 사용자가 쾌적하게 시스템을 이용할 수 있도록 시스템을 운용해야 합니다.

이 장에서는 퍼블릭 클라우드를 사용하여 구축한 Docker를 사용한 시스템을 안정 가동시키는 데 있어서 알아두어야 할 시스템 운용의 기초 지식과 GCP를 사용한 Kubernetes 클러스터의 운용 방법에 대해 설명하겠습니다.

10.1 시스템 운용의 기초 지식

시스템 개발 및 구축은 프로젝트가 발족한 후부터 실제 릴리스를 향해 가는 작업이 메인이 되지만, 시스템 운용은 실제 릴리스 이후 시스템이 사용자에게 서비스를 완전히 종료할 때까지 계속되는 작업입니다. 시스템을 장기 가동하는 경우 운용의 좋고 나쁨이 시스템의 서비스 레벨을 정한다고 해도 과언이 아닙니다.

또한 온프레미스 환경과 클라우드 환경에서는 시스템 운용의 개념이나 수행해야 할 작업이 다릅니다. 여기서는 Docker를 이용한 시스템을 운용할 때 알아두어야 할 기초 지식을 설명하겠습니다.

 ## 가용성 관리

시스템에 있어서 가용성이란 시스템을 계속해서 가동시킬 수 있는 능력을 말합니다. 가용성이 높은 시스템을 만들기 위한 대표적인 기술 요소로 다중화가 있습니다. 시스템의 다중화란 만일 장애가 발생해도 시스템 전체가 정지되지 않도록 하는 기술 요소를 말합니다.

▌콜드 스탠바이 방식

구성이나 설정이 똑같은 서버나 네트워크 기기를 미리 백업 기기로서 마련해 두고, 실제 환경과 가까운 장소에 설치하여 전원을 꺼 둡니다.

만일 실제 환경에서 작동하는 기기에 장애가 발생하면 백업 기기에 전원을 넣고, 실제 환경의 기기와 통째로 교체합니다. 전원을 꺼 둔 채로 대기시키기 때문에 콜드 스탠바이라고 부릅니다 (**그림 10.1**). 이 방식은 소규모 온프레미스 환경 등에서 자주 채택하는 방식입니다.

콜드 스탠바이에서 중요한 것은 실제 환경 기기와 백업 기기는 완전히 똑같이 설정해 둘 필요가 있다는 점입니다. 장애가 발생했을 때 기기를 통째로 바꾸기 때문에 OS나 미들웨어의 설정, 애플리케이션의 버전 등이 다르면 올바르게 작동하지 않게 될 우려가 있습니다. 또한 단일 기기의 교환뿐만 아니라 서버나 네트워크와 같은 시스템을 통째로 교환하는 경우도 있습니다.

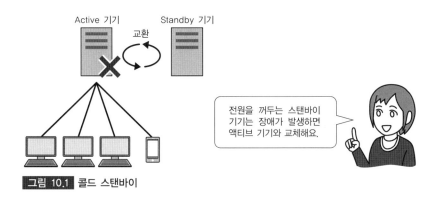

전원을 꺼두는 스탠바이 기기는 장애가 발생하면 액티브 기기와 교체해요.

그림 10.1 콜드 스탠바이

▌ 핫 스탠바이 방식

동일한 구성의 서버를 2대 동시에 가동시키고, 만일 메인 서버에서 장애가 발생했을 때는 대기중인 다른 서버가 대신 처리를 이어받는 구성을 핫 스탠바이라고 합니다(그림 10.2). 둘 다 가동 중인 상태이므로 데이터의 갱신이 실시간으로 일어납니다. 또한 장애 발생 시의 전환 시간도 짧아집니다.

장애가 발생한 서버나 네트워크 기기를 시스템에서 자동으로 떼어내고 예비 기기로 전환하는 것을 페일오버(failover)라고 합니다. 페일오버에는 액티브 기기의 서버의 IP 주소를 이어받는 것과 서버의 버전 정보를 이어받는 것이 있습니다.

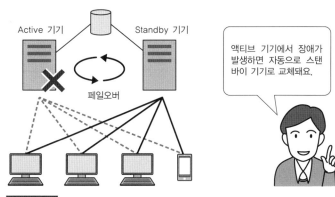

액티브 기기에서 장애가 발생하면 자동으로 스탠바이 기기로 교체돼요.

그림 10.2 핫 스탠바이

헬스 체크

장애 시에 신속하게 전환을 하기 위해 액티브 기기에서 장애가 발생한 것을 감지하는 장치를 헬스 체크라고 합니다(그림 10.3). 이것은 서버가 건강한지 아닌지를 정기적으로 체크하는 것입니다. 헬스 체크는 서버에 대해 일정 간격으로 어떤 응답 요청을 보내 응답이 돌아오는지 아닌지로 정상 가동을 판단합니다.

헬스 체크의 요청으로는 표 10.1과 같은 것이 있습니다. 레이어가 높으면 높을수록 정확한 헬스 체크를 할 수 있지만, 그만큼 서버에 대한 부하도 높아집니다.

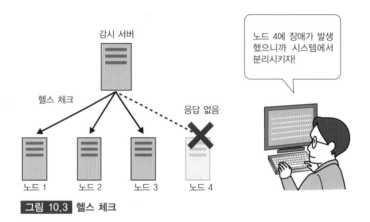

그림 10.3 헬스 체크

표 10.1 헬스 체크의 종류

ICMP 감시(레이어 3)	Ping 등의 응답을 확인한다.
포트 감시(레이어 4)	웹 서비스의 경우는 80번 포트로부터 응답이 있는지 확인한다.
서비스 감시(레이어 7)	HTTP 통신을 확인하는 경우 특정 페이지가 올바르게 표시되는지를 확인한다.

로드 밸런싱(load balancing)

다중화 구성을 하면 시스템의 가용성은 향상되지만 대기 서버를 이용하지 않고 그저 보유만 해 두는 것은 낭비입니다. 시스템의 가용성 향상과 처리 속도 향상을 동시에 수행하는 기술 요소로 부하분산이 있습니다. 부하분산은 서버의 처리를 여러 기기로 나눔으로써 특정 기기에 부하가 집중되는 것을 막을 수 있습니다. 부하분산은 웹 애플리케이션 서버와 같이 트래픽이 집중되는 곳에서 주로 이용하고 있습니다.

로드 밸런싱은 로드 밸런서라는 전용 기기를 사용하여 알고리즘에 기초하여 요청의 처리를 분산시킵니다(그림 10.4). 요청을 균등하게 할당하는 알고리즘(라운드 로빈)이나 요청의 내용별로 할당처를 정하는 알고리즘 등 다양한 알고리즘이 있습니다. 부하분산에서는 서버의 헬스 체크를 하여 장애가 있는 서버에는 요청을 할당하지 않기 때문에 시스템의 가용성과 처리 속도가 향상됩니다.

그런데 로드 밸런서 자신이 단일 장애점(SPOF)이 되어 있기 때문에 이것도 다중화해 두어야 시스템의 가용성을 향상시킬 수 있습니다. SPOF란 한 장소에 장애가 발생하면 시스템을 이용할 수 없게 되는 부분을 말합니다.

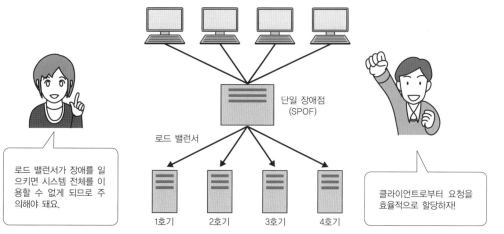

그림 10.4 로드 밸런서

주요 메이저 퍼블릭 클라우드에서는 로드 밸런서 기능을 서비스로서 제공하고 있습니다. 예를 들어 GCP는 'Cloud Load Balancing'이라는 서비스를 제공하고 있습니다. Cloud Load Balancing는 여러 지역이나 영역을 걸쳐 부하분산을 함으로써 독립된 고장 영역(Failure zone)에 걸친 다중화를 구현할 수 있습니다.

Note 재해 복구 시스템(Disaster Recovery System)

자연 재해 등으로 피해를 입은 시스템을 복구 및 수리하는 것을 Disaster Recovery라고 합니다. Disaster Recovery에서는 시스템을 재해로부터 보호할 뿐만 아니라 만일 망가져도 효율적으로 복구하기 위한 예비 기기의 준비나 복구에 걸리는 체제를 미리 정해 두는 것이 중요합니다.

대규모 시스템을 온프레미스 환경에서 운용하는 기업에서 Disaster Recovery 시스템을 구축할 때는 메인이 되는 데이터센터와는 다른 원격지에 백업 사이트를 두고 운용 관리를 합니다. 이것은 데이터센터가 이중이 되는 것이므로 막대한 비용이 듭니다. 또한 데이터센터를 이중화할 여유가 없는 기업은 백업을 정기적으로 하여 다른 지역의 영업소 등에 보관하면서 운용하는 경우도 생각할 수 있으며, Disaster Recovery가 필요하다는 것을 인식하면서도 충분한 대책을 취하고 있지 않은 경우도 생각할 수 있습니다.

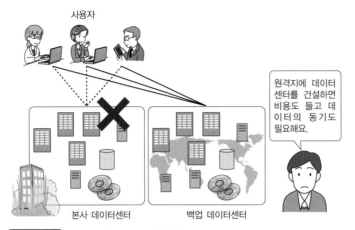

사용자

원격지에 데이터 센터를 건설하면 비용도 들고 데이터의 동기도 필요해요.

본사 데이터센터　　　　백업 데이터센터

그림 10.A Disaster Recovery 시스템

따라서 Disaster Recovery 시스템을 구축할 때는 다음 두 가지 점을 정해 둘 필요가 있습니다.

RTO(Recovery Time Objective)

재해 등으로 기업 시스템이 정지된 이후로 서비스를 복구할 때까지 필요한 경과 시간을 말합니다. 이것이 짧으면 짧을수록 시스템 정지가 업무에 끼치는 영향은 줄어듭니다. 목표 복구 시간이라고도 합니다. 예를 들어 '재해 발생 시부터 72시간 안에 복구시킨다' 등과 같은 목표를 세웁니다.

RPO(Recovery Point Objective)

재해 등으로 시스템이 정지되었을 때 어떤 시점까지 거슬러 올라가서 데이터를 복구시킬지에 대한 지표를 말합니다. 이것이 짧으면 짧을수록 시스템 정지로 손실되는 데이터가 줄어듭니다. 리커버리 포인트 목표라고도 합니다. 예를 들어 매일 백업을 하고 있는 시스템에서는 '장애 발생 전날의 데이터까지 복구시킬 수 있다' 등이 목표가 됩니다. 단, 목표치가 높으면 시스템의 가용성은 높아지지만 그만큼 대책에 드는 비용도 높아집니다.

　재해는 언제 발생할지 모릅니다. 따라서 발생 빈도나 발생했을 때의 리스크 등에 맞춰 시스템 대책을 강구할 필요가 있습니다. 또한 재해 시는 시스템 복구에 드는 인원을 충분히 확보하지 못할 우려도 있습니다.

　Docker를 사용한 시스템의 경우 Dockerfile이 있으면 애플리케이션의 실행 환경을 구축할 수 있으므로 전 세계로 분산된 데이터센터를 갖고 있는 클라우드 서비스를 잘 이용하여 Disaster Recovery 시스템을 검토하면 좋을 것입니다. 또한 예를 들어 GCP의 Cloud Load Balancing을 사용하여 전 세계로 부하분산을 하는 시스템 아키텍처를 채택하는 경우는 Disaster Recovery 자체의 검토가 불필요한 경우도 있습니다.

수용성(Capacity) 관리

수용성 관리란 시스템이 제공하는 서비스의 수요를 예측, 감시, 평가하고, 수요를 만족시키기 위해 필요한 최적의 시스템 리소스를 제공할 수 있도록 관리하는 것을 말합니다. 일반적으로 서비스의 수요에는 변동이 있기 때문에 그에 따라 시스템을 구성하는 서버들의 CPU나 메모리와 같은 리소스와 네트워크 대역 등을 필요할 때 필요한 양만큼만 제공하는 것이 바람직한 시스템이라고 할 수 있습니다.

지금까지의 온프레미스 환경에서는 시스템을 설계할 때 서비스의 수요를 미리 가늠하여 그에 맞춰 시스템 리소스를 마련해 두는 것이 일반적이었습니다. 하지만 비즈니스 관점에서 서비스의 수요를 정확히 예측하는 것은 상당히 어려운 일입니다. 특히 불특정 다수의 사람이 이용하는 컨슈머용 서비스 등은 급격한 부하 증가(스파이크 액세스)가 발생하면 리소스 부족이 원인으로 서비스가 정지되어 버릴 우려가 있습니다.

클라우드를 사용한 시스템에서는 이용한 리소스의 양과 시간에 따라 요금이 부과되므로 필요한 리소스를 시스템의 부하에 따라 동적으로 변경할 수 있습니다. 예를 들어 서비스 시작 시는 초과 사양으로 리소스를 할당해 두고, 부하를 감시하면서 적정한 리소스로 다운그레이드하거나 급격한 부하 증가를 감지하면 자동으로 시스템 리소스 할당을 증가시킬 수 있습니다.

또한 시스템을 운용하면 다양한 데이터가 발생하고 축적됩니다. 이러한 데이터는 프로그램이 종료되어도 스토리지와 같은 기억장치에 저장됩니다. 이를 영구 데이터라고 하며, 시스템의 가동 시간에 따라 증가 및 변경되어 간다는 특징이 있습니다. 일반적으로 스토리지의 저장 영역에는 한계가 있으며 장애 등으로 데이터가 소멸될 가능성도 있기 때문에 이러한 영구 데이터를 적절히 관리할 필요가 있습니다.

영구 데이터의 관리에서 빼놓을 수 없는 것이 데이터의 백업과 복구입니다. 시스템에서 다루는 데이터 안에는 기밀 정보도 포함되므로 보안 대책도 세울 필요가 있습니다. 클라우드의 경우는 장기간의 백업에 적합한 저가의 스토리지 서비스가 제공되므로 이것을 이용합니다. 또한 재해에 대비하여 다른 고장 영역(리전)에 보관하는 경우도 있습니다.

그 다음 로그의 수집이 있습니다. 시스템 로그나 애플리케이션 로그는 각 서버상에 저장하는 경우도 있지만 분산 환경에서는 전용 로그 수집 서버 또는 로그 집약 서비스를 사용하는 것이 일반적입니다. 또한 시스템에 따라서는 사용자 인증 시의 액세스 로그 등이 보안 감시 로그로서 장기 보관이 의무화되는 경우도 있습니다. Unix 계열 OS의 경우 syslogd라는 데몬을 사용하여 커널이나 애플리케이션의 로그를 관리합니다. 로그 수집용 미들웨어로는 Treasure Data가 개발하는 오픈소스의 Fluentd가 유명합니다.

● **Fluentd** [WEB] https://www.fluentd.org/

Note   SLA

서비스 레벨 관리란 시스템의 제공자와 이용자 사이에 미리 서비스 레벨을 규정하고, 이 서비스 레벨을 유지 관리하는 것을 말합니다. 미리 규정하는 서비스 레벨을 SLA(Service Level Agreement)라고 합니다. 주요 클라우드에서는 이 SLA가 미리 정해져 있는 서비스도 있습니다.

시스템 감시

시스템이 릴리스된 후는 이용자가 시스템을 쾌적하게 이용할 수 있도록 시스템을 운용해야 합니다. 시스템 운용의 큰 목적은 시스템을 안정적으로 가동시키는 것입니다. 안정적으로 가동하기 위해서는 먼저 시스템을 구성하는 서버들과 네트워크 기기의 상태를 항시 감시하고 적절히 관리할 필요가 있습니다.

머신의 활동 감시

시스템을 구성하는 머신이 문제없이 가동되고 있는지 아닌지를 감시하고, 하드웨어 장애나 네트워크 장애 등이 발생하지 않은지를 확인합니다. 클라우드를 사용하여 시스템을 구축한 경우는 클라우드 서비스 자체가 정지되지 않았는지를 클러스터의 외부 환경에서 감시할 필요도 있습니다.

서비스의 가동 감시

서비스가 문제없이 가동되고 있는지를 감시합니다. 만일 서비스가 올바르게 가동되고 있지 않은 경우는 로그를 확인하고 프로세스를 재시작하는 등 필요한 대처를 합니다.

서버/네트워크의 리소스 감시

수용성 관리를 바탕으로 서버의 CPU, 메모리, 스토리지와 같은 리소스의 사용량이나 네트워크의 대역을 감시하고 병목 현상이 일어날 것 같은 부분이 없는지 확인합니다. 또한 일별, 주별 등 단기적인 리소스의 증감뿐만 아니라 중장기적인 관점에서 증감을 감시하고, 시스템 부하에 따라 기기나 회선의 증강을 검토할 필요가 있습니다.

클라우드 시스템의 경우는 리소스의 사용량에 따라 요금이 정해지므로 사용되지 않고 남아있는 리소스가 없는지를 감시함으로써 운용 코스트를 절감할 수 있습니다.

잡 감시

업무 시스템은 영업시간 중의 온라인 처리뿐만 아니라 집계 처리, 장표 인쇄 처리 등과 같은 배치 처리 등도 병행하여 수행합니다. 이 때문에 잡을 적절히 감시하는 것이 필요합니다.

보통 이러한 감시는 시스템 감시 전용 툴을 사용하여 수행합니다. 감시 툴은 시스템의 감시 대상인 서버나 기기의 상태를 감시하고, 미리 설정한 한계 값을 초과한 경우에 정해진 액션을 실행하는 기능을 갖고 있습니다. 또한 서버의 상태를 그래프나 맵 등으로 가시화하는 GUI도 제공하며, 시스템 장애 시에 관리자에게 메일을 송신하는 경고 기능도 갖고 있습니다. 감시 대상인 서버에 에이전트를 설치하여 감시하는 것도 있는가 하면 에이전트 없이 감시 가능한 것도 있습니다.

클라우드에는 가상 인스턴스나 스토리지 등을 감지하는 전용 서비스가 마련되어 있습니다. 하지만 이것은 클라우드 서비스 안에서만 감시하는 것이 대부분으로, 온프레미스와 클라우드가 연계하면서 처리하는 경우나 특별한 운용 요구사항이 있는 경우 등에서는 별도 운용을 위한 시스템을 구축할 필요가 있습니다. 이런 경우는 시스템 감시를 위한 SaaS 서비스 등을 이용하면 좋습니다.

장애 대응

장애 대응이란 오류의 원인을 제거하고 시스템을 정상 상태로 되돌리는 것을 말합니다. 서버 감시의 스테이터스 변화에 의해 장애가 감지되는 것이 바람직하지만 엔드 유저의 문의로 장애가 발각되는 경우도 있습니다.

먼저 일차 대응으로 오류의 원인 및 복구 방법을 알고 있을 때에는 미리 정해진 절차를 밟아 복구 대책을 수행합니다. 예를 들어 서비스가 정지된 경우는 재시작을 하거나 장애가 발생한 서버를 전체 구성에서 분리시켜 대체 기기로 교체하는 등의 처리를 합니다. 만일 데이터가 손실된 경우라면 백업이나 저널 파일을 바탕으로 복구할 필요가 있습니다. 필자는 클라우드든 온프레미스든 장애 복구의 절차는 가능한 한 자동화해야 한다고 생각합니다. 원인이 불분명한 경우는 원인 조사에 필요한 로그 등을 취득하면서 엔드 유저의 시스템 이용에 영향이 가지 않도록 오류가 발생한 부분을 분리시키는 처리를 합니다.

일차 대처가 끝나고 엔드 유저가 시스템을 정상으로 이용할 수 있게 되면 장애가 왜 발생했는지 그 원인을 조사합니다. 원인 조사에서는 애플리케이션, 미들웨어, 서버, 네트워크 기기가 출력하는 로그 파일의 해석이 중요합니다. 분산 환경에서 인프라 장애가 일어난 경우 단일 노드의 로그만 봐서는 원인을 규명하기가 어렵기 때문에 관련된 노드나 네트워크 기기의 로그도 같이

chap
1

chap
2

chap
3

chap
4

chap
5

chap
6

chap
7

chap
8

chap
9

chap
10

부록

조사합니다. 더욱이 장애 발생 전의 리소스 상황을 분석하는 것도 중요합니다.

마지막으로 장애의 발생 원인을 규명했다면 똑같은 장애가 발생하지 않도록 영구 대책을 세웁니다. 또한 고부하로 인한 리소스 부족이 원인으로 시스템 장애가 발생한 경우는 리소스의 양을 증가시키도록 구성을 검토하고, 리소스의 증감 감시를 강화합니다. 시스템 운용 멤버와의 연계 부족 등 휴먼 에러의 경우는 요원 배치나 절차도 포함한 기술 이외의 대책도 세울 필요가 있습니다. 단, 장애 발생의 빈도나 시스템의 미션 크리티컬 정도에 따라 어느 선까지 영구 대책을 세울지 정할 필요가 있습니다. 클라우드의 경우 시스템 장애가 발생한다는 것을 전제로 전체 아키텍처를 정해 갑니다.

Note 퍼포먼스 튜닝

서비스가 릴리스되면 서버의 감시 결과를 바탕으로 퍼포먼스 튜닝을 합니다. 퍼포먼스 튜닝이란 시스템의 처리 중 병목이 일어나는 장소를 찾아내고 최적의 작동이 되도록 각종 파라미터를 조정하는 작업을 말합니다.

퍼포먼스 튜닝을 할 때 중요한 것은 처리 속도의 계측입니다. 처리를 실행하는 시간을 측정함으로써 어디가 병목이 되는지를 판단할 수 있습니다. 예를 들어 '웹 애플리케이션이 좀처럼 표시되지 않는다'는 경우, 웹 프론트 서버에서 처리에 시간이 걸리고 있는지 아니면 백엔드 층의 DB에서 데이터 검색에 시간이 걸리고 있는지 혹은 네트워크 대역에 여유가 없는지 등을 원인으로 생각할 수 있습니다. 병목 부분을 조사함으로써 처리에 시간이 걸리는 부분을 특정할 수 있습니다. 병목 위치를 특정했다면 처리의 지연을 없애기 위해 구체적으로 하드웨어나 리소스를 증강하거나 OS 등의 파라미터의 설정을 변경해서 최적화시킵니다.

또한 병목은 인프라 레이어에서 발생하는 경우도 있지만, 애플리케이션 레이어에서 발생하는 경우도 있습니다. 예를 들어 애플리케이션의 처리로 인해 쓸데없는 요청이 여러 번 올라가는 경우도 있으며, 데이터베이스의 구조로 인해 필요 이상의 처리 시간이 걸리는 경우도 있습니다. 클라우드의 경우는 여러 개의 서비스를 조합하여 시스템을 구성하기 때문에 이용중인 서비스의 설정을 확인하거나 전체 처리 방식을 재검토합니다.

10.2 GKE를 사용한 Docker 실행 환경의 운용

GKE는 Kubernetes의 매니지드 서비스입니다. Docker 컨테이너의 오케스트레이션에 필요한 기능을 제공하고 있습니다. 여기서는 GKE에서 가동되는 Docker 애플리케이션의 운용에 대해 설명하겠습니다.

Kubernetes의 스테이터스 확인

먼저 시스템 운용을 시작하기에 앞서 Kubernetes의 클러스터가 어떻게 움직이고 있는지를 확인할 필요가 있습니다.

클러스터의 상태 확인

GKE에서 Kubernetes 클러스터의 상태를 확인하고 싶을 때는 [리스트 10.1]의 gcloud 명령을 실행합니다. 실행 중인 클러스터의 이름이나 작동하고 있는 리전, Kubernetes의 버전(예 1.8.7-gke.1), 노드의 수와 버전 등을 확인할 수 있습니다.

[리스트 10.1] 클러스터의 상태 확인

```
$ gcloud container clusters list
NAME      ZONE            MASTER_VERSION  MASTER_IP     MACHINE_TYPE  NODE_VERSION  NUM_NODES  STATUS
imageview asia-northeast1-a 1.9.7-gke.3   35.200.45.68  n1-standard-1 1.9.7-gke.3   3          RUNNING
```

kubectl cluster-info 명령을 사용하면 Kubernetes Master 등과 같은 컴포넌트의 액세스처를 확인할 수 있습니다(리스트 10.2).

[리스트 10.2] 컴포넌트의 액세스처 확인

```
$ kubectl cluster-info
Kubernetes master is running at https://35.200.54.174
GLBCDefaultBackend is running at https://35.200.54.174/api/v1/namespaces/kube-system/services/default-http-backend/proxy
Heapster is running at https://35.200.54.174/api/v1/namespaces/kube-system/services/heapster/proxy
KubeDNS is running at https://35.200.54.174/api/v1/namespaces/kube-system/services/kube-dns/proxy
kubernetes-dashboard is running at https://35.200.54.174/api/v1/namespaces/kube-system/services/kubernetes-dashboard/proxy
To further debug and diagnose cluster problems, use 'kubectl cluster-info dump'.
```

노드의 스테이터스 확인

클러스터에서 노드의 스테이터스를 확인할 때는 kubectl get 명령을 실행합니다. [리스트 10.3]의 예에서는 3개의 노드 'gke-imageview-default-pool-xxx'가 실행되어 각각의

[STATUS]가 'Ready'로 문제없이 작동하고 있다는 것을 알 수 있습니다. 또한 노드에서 작동하는 Kubernetes의 버전은 [VERSION]에서 확인할 수 있습니다.

[리스트 10.3] 노드의 스테이터스 확인

```
$ kubectl get nodes
NAME                                       STATUS    ROLES     AGE   VERSION
gke-imageview-default-pool-2b182ad0-3xmc   Ready     <none>    1h    v1.9.7-gke.3
gke-imageview-default-pool-2b182ad0-7svf   Ready     <none>    1h    v1.9.7-gke.3
gke-imageview-default-pool-2b182ad0-dr9h   Ready     <none>    1h    v1.9.7-gke.3
```

Cloud Console에서 확인할 때는 [Kubernetes Engine] → [클러스터]를 클릭합니다(**그림 10.5**).

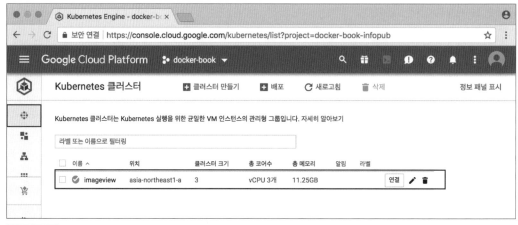

그림 10.5 클러스터 확인

Note 전 세계에서 움직이는 대규모 웹 애플리케이션을 지지하는 기능

Kubernetes 클러스터를 구성하면 노드의 사양(CPU나 메모리)은 모두 똑같아지지만, GKE에서 제공하는 노드 풀을 사용하면 클러스터 안에 다른 구성을 가진 머신의 풀을 만들 수 있습니다. 예를 들어 데이터를 저장하기 위한 로컬 SSD를 갖고 있는 노드나 고속의 연산 처리가 가능한 인스턴스의 노드가 혼재한 풀을 클러스터 안에 작성할 수 있습니다.

또한 여러 개의 존에서 Kubernetes 클러스터를 가동시키는 멀티존 클러스터는 가령 어떤 존이 정지해도 다른 존에서 서비스를 계속시킬 수 있기 때문에 Docker 애플리케이션의 가용성을 향상시킵니다. 멀티존 클러스터의 구성은 gcloud container clusters create 명령의 --additional-zones 옵션을 사용하여 추가 존을 지정하는 것만으로 구성할 수 있습니다.

더욱이 Kubernetes Cluster Federation을 사용하면 다양한 GCP의 리전 또는 다른 클라우드나 온프레미스에 걸친 클러스터를 구성할 수 있습니다. 아직 운용상의 문제는 있지만 가용성이 매우 높고 지리적으로 분산된 서비스나 하이브리드 클라우드에서 Docker 애플리케이션을 운용할 수 있습니다. 이것은 한 클라우드의 데이터센터에서 장애가 발생했다 하더라도 다른 클라우드나 온프레미스에서 서비스를 계속할 수 있으므로 Disaster Recovery 시스템의 개념도 크게 달라집니다.

또한 Kubernetes의 롤베이스 액세스 제어(RBAC)를 사용하면 Kubernetes 클러스터에서 가동 중인 Kubernetes API에 액세스할 수 있는 사용자를 세세하게 제어할 수 있습니다. 이 책의 집필 당시 RBAC는 베타 기능이었지만, 시크릿 등 특정 리소스에 액세스할 수 있는 사용자를 한정할 수 있는 등의 기능이 있었습니다.

Google은 자사가 제공하는 서비스의 대부분을 컨테이너로 운용하고 있습니다. Google 내부에서 사용되던 컨테이너 오케스트레이션 툴인 Borg를 바탕으로 오픈소스화하여 개발이 시작된 것이 Kubernetes입니다. Kubernetes은 Google뿐만 아니라 세계 최대의 소프트웨어 기업인 Microsoft도 개발에 적극적으로 참여하고 있기 때문에 이른바 세계 최대 규모의 컨테이너 운용을 위한 지견이 응축된 오케스트레이션 툴이라고 해도 과언이 아닙니다.

Pod의 상태 확인

노드 안에서 움직이는 Pod의 스테이터스를 확인할 때는 kubectl get 명령을 실행합니다. [리스트 10.4]의 예에서는 'webserver-blue-xxx'와 'webserver-green-xxx'가 각각 3개씩, 도합 6개가 실행 중이고, 각각 [STATUS]가 'Running'으로 문제없이 작동하고 있다는 것을 알 수 있습니다.

[리스트 10.4] Pod의 상태 확인

```
$ kubectl get pods
NAME                              READY   STATUS    RESTARTS   AGE
webserver-blue-66986fcd8c-5lvj2   1/1     Running   0          1h
webserver-blue-66986fcd8c-cxjb6   1/1     Running   0          1h
webserver-blue-66986fcd8c-rwzxf   1/1     Running   0          1h
webserver-green-64c8bcf955-64qdw  1/1     Running   0          1h
webserver-green-64c8bcf955-92bb4  1/1     Running   0          1h
webserver-green-64c8bcf955-s82j7  1/1     Running   0          1h
```

또한 [리스트 10.5]의 명령을 실행하면 Pod의 상세 정보를 확인할 수 있습니다. 예에서는 'webserver-green-64c8bcf955-s82j7'이라는 Pod의 상세 정보를 표시하고 있습니다.

[리스트 10.5] Pod의 상세 정보 확인

```
$ kubectl describe pods webserver-green-64c8bcf955-s82j7
Name:              webserver-green-64c8bcf955-s82j7
Namespace:         default
Node:              gke-imageview-default-pool-2b182ad0-dr9h/10.146.0.4
Start Time:        Tue, 05 Dec 2017 10:15:02 +0900
Labels:            color=green
                   pod-template-hash=2074679511
                   type=webserver
~중략~
```

GKE의 웹 콘솔에서 확인할 때는 [Kubernetes Engine] → [작업 부하]를 클릭합니다(그림 10.6).

그림 10.6 Pod의 개요

서비스 확인

서비스에 할당된 IP 주소를 확인할 때는 kubectl get 명령을 실행합니다. [리스트 10.6]의 예에서는 'webserver'라는 이름의 로드 밸런서에 인터넷에서 액세스하기 위한 글로벌 IP 주소로서 '35.189.135.186'이 할당되어 있는 것을 알 수 있습니다.

[리스트 10.6] 서비스 확인

```
$ kubectl get service
NAME            TYPE           CLUSTER-IP      EXTERNAL-IP      PORT(S)        AGE
kubernetes      ClusterIP      10.47.240.1     <none>           443/TCP        1h
webserver       LoadBalancer   10.47.252.14    35.189.135.186   80:30362/TCP   1h
```

웹 콘솔에서 확인할 때는 [Kubernetes Engine] → [서비스]를 클릭합니다(<u>그림 10.7</u>). [엔드포인트]가 하이퍼링크로 되어 있기 때문에 클릭하면 웹 브라우저가 시작되고 서비스에 액세스할 수 있습니다.

그림 10.7 서비스 확인

 Kubernetes

kubectl 명령을 사용하면 Kubernetes 클러스터를 조작할 수 있지만, 클러스터에 대한 연결에 필요한 정보나 인증 정보를 확인하려면 kubectl config view 명령을 사용합니다. 연결 정보는 홈 디렉토리의 ~/.kube /config에 저장되어 있습니다.

 Kubernetes의 Pod 관리

Kubernetes 클러스터 안에서 작동하는 Pod의 수를 늘리고 싶을 때는 kubectl scale 명령을 사용합니다. 이 명령의 --replicas 옵션에서 Pod의 수를 지정합니다. 먼저, 9장의 구성으로 'blue'와 'green' 라벨이 붙은 Pod가 3개씩, 도합 6개가 작동하고 있다고 합시다. Kubernetes 클러스터 안의 Pod의 상태를 확인하려면 [리스트 10.7]의 명령을 실행합니다.

[리스트 10.7] Pod의 상태 확인

```
$ kubectl get pods
NAME                                READY    STATUS      RESTARTS    AGE
webserver-blue-66986fcd8c-5lvj2     1/1      Running     0           1h
webserver-blue-66986fcd8c-cxjb6     1/1      Running     0           1h
webserver-blue-66986fcd8c-rwzxf     1/1      Running     0           1h
webserver-green-64c8bcf955-64qdw    1/1      Running     0           1h
webserver-green-64c8bcf955-92bb4    1/1      Running     0           1h
webserver-green-64c8bcf955-s82j7    1/1      Running     0           1h
```

여기서 'green' 라벨이 붙은 Pod를 5개 늘릴 때는 [리스트 10.8]의 명령을 실행합니다. 이때 주의할 점은 --replicas 옵션으로 지정하는 것은 Kubernetes 클러스터에서 실행시켜 두고 싶은 Pod의 수이지, 추가하고 싶은 개수가 아닙니다. 이번 예에서는 원래 3개의 Pod가 실행되고 있는 상태에서 --replicas 옵션을 5로 지정하고 있으므로 새로운 Pod가 2개 추가되게 됩니다 (그림 10.8). 또한 이 Pod는 config/deploymentgreen.yaml에서 구성 정보를 관리하고 있기 때문에 -f 옵션을 사용하여 파일명을 지정합니다.

[리스트 10.8] Pod의 수 지정

```
$ kubectl scale --replicas=5 -f config/deployment-green.yaml
deployment "webserver-green" scaled
```

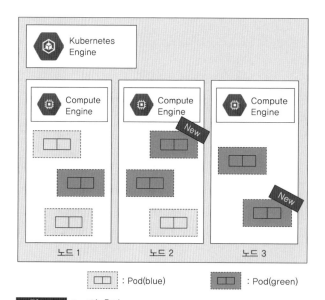

: Pod(blue)   : Pod(green)

그림 10.8 Pod의 추가

kubectl scale 명령으로 클러스터 안의 Pod 구성이 바뀌므로 다시 [리스트 10.9]의 명령으로 Pod의 상태를 확인합니다. 'webserver-green-64c8bcf955-4kq6j'와 'webservergreen-64c8bcf955-c62nw'라는 2개의 Pod가 새로 추가된 것을 알 수 있습니다.

[리스트 10.9] Pod의 상태 확인

```
$ kubectl get pods
NAME                             READY    STATUS     RESTARTS    AGE
webserver-blue-66986fcd8c-5lvj2  1/1      Running    0           1h
webserver-blue-66986fcd8c-cxjb6  1/1      Running    0           1h
webserver-blue-66986fcd8c-rwzxf  1/1      Running    0           1h
webserver-green-64c8bcf955-4kq6j 1/1      Running    0           26s
webserver-green-64c8bcf955-64qdw 1/1      Running    0           1h
webserver-green-64c8bcf955-92bb4 1/1      Running    0           1h
webserver-green-64c8bcf955-c62nw 1/1      Running    0           26s
webserver-green-64c8bcf955-s82j7 1/1      Running    0           1h
```

Pod를 줄이는 경우도 마찬가지로 --replicas 옵션으로 클러스터 안의 Pod 개수를 지정합니다.

 Kubernetes의 노드 관리

시스템 운용을 시작하면 액세스 부하에 맞춰 클러스터를 구성하는 노드를 증감시킬 필요가 있습니다. GKE를 사용하여 클러스터 구성을 변경할 때는 gcloud 명령을 사용합니다. [리스트 10.10]의 명령을 실행하면 'imageview'라는 이름의 Kubernetes 클러스터에서 GCP 리전 'asia-northeast1-a' 안에 노드를 5개 늘릴 수 있습니다.

[리스트 10.10] 노드 추가

```
$ gcloud container clusters resize imageview --size 5 --zone asia-northeast1-a

Pool [default-pool] for [imageview] will be resized to 5.
Do you want to continue (Y/n)? Y    ←──── 확인하고 Y를 입력
Resizing imageview...done.
Updated [https://container.googleapis.com/v1/projects/docker-book/zones/asia-
northeast1-a/clusters/imageview].
```

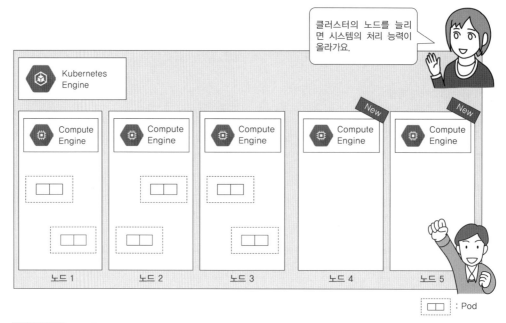

그림 10.9 노드 추가

　[리스트 10.11]의 명령을 실행하면 이미 실행 중인 3대의 노드에 새로 2대의 노드가 추가되어 준비 중이라는 것을 알 수 있습니다. 노드의 준비가 끝나면 클러스터의 구성이 합이 5대인 노드로 변경되는 것을 알 수 있습니다. 또한 Kubernetes 클러스터의 노드의 실체는 GCE 인스턴스입니다. 가동 중인 노드의 대수만큼 GCE 인스턴스의 사용료가 부과되므로 비용과 부하의 균형을 잘 검토하기 바랍니다.

[리스트 10.11] 노드 확인

```
$ kubectl get node
NAME                                         STATUS      ROLES     AGE    VERSION
gke-imageview-default-pool-2b182ad0-3xmc     Ready       <none>    1h     v1.9.7-gke.3
gke-imageview-default-pool-2b182ad0-7svf     Ready       <none>    1h     v1.9.7-gke.3
gke-imageview-default-pool-2b182ad0-dr9h     Ready       <none>    1h     v1.9.7-gke.3
gke-imageview-default-pool-2b182ad0-k3p2     NotReady    <none>    3s     v1.9.7-gke.3
gke-imageview-default-pool-2b182ad0-k5sp     NotReady    <none>    4s     v1.9.7-gke.3
```

　또한 GKE의 Cluster Autoscaler 기능을 사용하면 리소스 사용량의 변환에 따라 노드를 자동으로 크기 변경할 수 있습니다. GKE에서는 NodePool을 사용하면 클러스터 안에 다른 구성을 가진 노드의 풀을 만들 수 있습니다. 예를 들어 로컬 SSD를 갖고 있는 노드나 고성능 인스턴스, 저가로 이용할 수 있는 인스턴스 등으로 된 노드들을 풀로서 클러스터 안에 만들 수 있습니다.

● 컨테이너 클러스터의 사이즈 변경

WEB https://cloud.google.com/kubernetes-engine/docs/resize-cluster

 Kubernetes의 리소스 작성/삭제/변경

Kubernetes에서는 Pod나 서비스와 같은 리소스의 구성 관리는 정의 파일을 사용하는 것이 일반적입니다. 이 구성 파일은 YAML 형식 또는 JSON 형식으로 기술하는데, 이것을 바탕으로 리소스를 작성, 삭제, 변경하는 방법을 설명하겠습니다.

리소스 작성

리소스를 작성하려면 kubectl create를 사용합니다. [리스트 10.12]의 명령을 실행하면 -f 옵션에서 지정한 'config' 디렉토리 안의 'secrets.yaml'에 정의된 리소스가 Kubernetes 클러스터 상에 작성됩니다.

[리스트 10.12] 리소스 작성

```
$ kubectl create -f config/secrets.yaml
```

또한 리소스 파일의 한 디렉토리를 지정하여 모아서 작성할 수도 있습니다. [리스트 10.13]의 명령은 'config' 디렉토리에 있는 정의 파일을 모아서 작성한 예입니다.

[리스트 10.13] 여러 리소스의 일괄 작성

```
$ kubectl create -f config/
configmap "projectid" created
deployment "webserver-blue" created
~중략~
```

이미 작동중인 상태에서 덮어쓸 때는 kubectl apply 명령을 사용합니다.

리소스 삭제

리소스를 삭제할 때는 kubectl delete 명령을 실행합니다. 작성과 마찬가지로 -f 옵션으로 정의 파일을 지정합니다(리스트 10.14).

[리스트 10.14] 리소스 작성

```
$ kubectl delete -f config/secrets.yaml
```

리소스 변경

리소스의 내용을 변경하고 싶을 때는 kubectl edit 명령을 실행합니다. 정의 파일이 편집 모드로 바뀌므로 임의의 장소를 변경하고 파일을 저장합니다(리스트 10.15).

[리스트 10.15] 리소스 변경

```
$ kubectl edit -f config/secrets.yaml
```

 Kubernetes의 업그레이드/다운그레이드

GKE를 사용하면 Kubernetes 마스터의 구축과 관리를 매니지드 서비스로서 이용할 수 있습니다. 이때 마스터의 버전 관리는 GKE가 자동으로 관리합니다. 하지만 노드에서 작동하는 Kubernetes의 버전은 수동으로 업데이트할 필요가 있습니다. 신기능에 대한 대응이나 버그 수정 등을 위해 정기적으로 버전업을 계획하는 것이 좋습니다. Kubernetes의 업그레이드나 다운그레이드는 모두 노드가 하나씩 삭제되고 새로운 노드로 교체됩니다.

이때 GKE가 삭제 대상 노드에 새로운 Pod를 할당하는 것을 중지하고, 이미 노드 상에서 작동하고 있는 Pod를 정지시킵니다. 새로운 노드가 실행되면 컨트롤러가 그 노드에 Pod를 할당하기 시작합니다. 어느 노드에 Pod가 할당되는지는 컨트롤러가 제어합니다. 이 때문에 어느 한 노드에 하나의 컨트롤러가 관리하는 모든 Pod가 포함된 경우 Pod가 사용 불가능하게 되어 서비스가 정지될 가능성이 있습니다. Pod 정지의 영향을 특히 받기 쉬운 것이 스테이트풀한 애플리케이션입니다. 따라서 노드의 업그레이드는 서비스의 계획 정지 시에 수행하는 것이 보다 안전합니다.

먼저 [리스트 10.16]의 명령을 실행하여 업그레이드 지원 대상이 되는 Kubernetes의 버전을 조사합니다. 또한 존에 따라 다르므로 --zone 옵션으로 'asia-northeast1-a'를 지정합니다.

[리스트 10.16] 노드 확인

```
$ gcloud container get-server-config --zone=asia-northeast1-a

Fetching server config for asia-northeast1-a
defaultClusterVersion: 1.8.7-gke.3
defaultImageType: COS
validImageTypes:
- COS
- UBUNTU
```

```
validMasterVersions:
- 1.10.4-gke.4
- 1.9.7-gke.4
~중략~
validNodeVersions:
- 1.10.4-gke.4
- 1.9.7-gke.4
- 1.9.6-gke.1
~중략~
```

[리스트 10.17]의 명령을 실행하여 'imageview'라는 클러스터 안의 5개 노드의 Kubernetes의 버전을 '1.9.6-gke.1'로 다운그레이드합니다.

[리스트 10.17] 노드 다운그레이드

```
$ gcloud container clusters upgrade imageview --cluster-version=1.9.6-gke.1
--zone=asia-northeast1-a

All nodes (5 nodes) of cluster [imageview] will be upgraded from
version [1.9.7-gke.3] to version [1.9.6-gke.1]. This operation is
long-running and will block other operations on the cluster (including
delete) until it has run to completion.
Do you want to continue (Y/n)? Y  ←──── Y를 입력한다.
```

이 책의 집필 당시 Kubernetes에서는 노드를 마스터보다 새로운 버전으로 업그레이드하는 것은 불가능합니다. 또한 다운그레이드 지원 대상이 되는 것은 마스터의 버전보다 2개 이전의 마이너 버전까지입니다.

Kubernetes 클러스터를 조작하는 kubectl 명령은 이 외에도 다양한 기능을 갖고 있습니다. 자세한 내용은 아래 사이트를 참조하기 바랍니다.

● **kubectl 명령**
　WEB https://kubernetes.io/docs/reference/generated/kubectl/kubectl/

Stackdriver에서 로그 확인

Stackdriver는 클라우드 상에서 가동하는 애플리케이션에 대해 퍼포먼스나 업타임과 같은 작동 상황을 감시하는 GCP의 서비스입니다. Google Compute Engine, Google App

Engine, Google Kubernetes Engine, Google Cloud SQL, Google Cloud Datastore, Google BigQuery 등 GCP가 제공하는 다양한 서비스의 가동 상황을 GUI 대시보드로 확인할 수 있습니다. 또한 다양한 미들웨어(Cassandra, Nginx, Elasticsearch 등)로부터 이벤트나 메타데이터를 수집합니다. 감시 항목의 값이 한계 값을 넘으면 Stackdriver가 경고를 발행하여 시스템 관리 담당자에게 통지합니다. 이 경고는 Slack이나 HipChat과 연계할 수도 있습니다. 여기서는 'Stackdriver Logging'을 사용하여 GKE의 로그를 확인하는 방법을 설명하겠습니다.

Cloud Console의 메뉴에서 [Stackdriver] → [로그 기록]을 선택하면 로그 뷰어가 표시됩니다. 여기서 [로그] 버튼을 클릭하고 로그의 종류를 'Kubernetes 클러스터'로 합니다(그림 10.10). 참조하고 싶은 로그 레벨이나 날짜를 선택하면 로그의 필터링도 가능합니다. 이 기능을 활용하여 시스템 장애와 같은 트러블이 발생했을 때 원인 규명을 원활하게 수행할 수 있습니다.

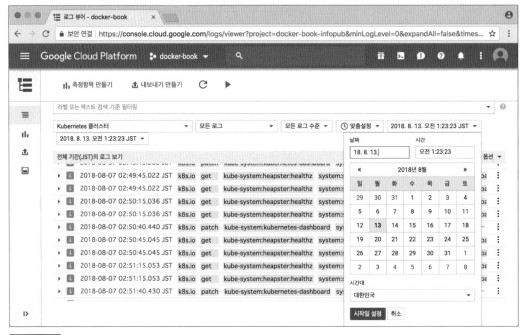

그림 10.10 로그 확인

또한 Stackdriver에는 기본 계층과 프리미엄 계층이 있습니다. 기본 계층은 무료로 이용할 수 있지만, 이용 가능한 Stackdriver의 기능에 제한이 있습니다. Stackdriver Monitoring를 사용하면 가동 중인 GKE를 모니터링 할 수 있습니다. 자세한 내용은 아래 사이트를 참조하기 바랍니다.

● **Stackdriver** WEB https://cloud.google.com/stackdriver/

부록

Google Cloud Platform 사용법

이 책에서는 Docker 컨테이너를 가동시키기 위한 실행 환경으로 Google Cloud Platform을 소개했습니다. 여기서는 Google Cloud Platform을 이용하기 위한 계정 등록 및 개발 툴의 설치와 사용법에 대해 설명하겠습니다. 그런데 Google Cloud Platform은 기능 확장과 사양 변경이 빈번히 일어나므로 최신 정보는 아래의 공식 사이트에서 확인하기 바랍니다.

● **Google Cloud Platform**　　**WEB**　https://cloud.google.com/

A.1 계정 등록

Google Cloud Platform(이후 GCP)을 이용하려면 계정을 등록해야 합니다. 계정 등록에 필요한 것은 다음 두 가지입니다.

Google 계정

GCP 계정을 등록하려면 Google 계정이 필요합니다. Google 계정은 Gmail이나 Google+ 등 Google이 제공하는 서비스에서 이용하는 계정을 말합니다.

신용카드 또는 은행 계좌

GCP 등록에는 신용카드가 필요합니다. 카드 정보는 신원 확인과 로봇에 의한 등록이 아니라는 것을 확인할 목적으로 사용됩니다. 신용카드가 없는 경우는 은행 계좌로도 등록할 수 있습니다.

이미 Gmail 등을 이용하고 있는 경우는 기존의 Google 계정을 사용할 수 있습니다. 새로 Google 계정을 작성하는 경우는 Google 계정 헬프 센터를 참조하기 바랍니다. 처음으로 GCP에 계정을 등록할 때는 무료 체험을 위한 크레딧을 이용할 수 있습니다(최신 정보는 공식 사이트를 확인하기 바랍니다). 무료 체험용으로 등록하면 GCP의 모든 서비스를 이용할 수 있는 300달러의 크레딧이 계정에 추가됩니다. 크레딧을 모두 사용하거나 등록으로부터 12개월이 경과하면 무료 체험은 종료됩니다.

[1] 등록 시작

Google Cloud Platform(https://cloud.google.com/)에 액세스하여 [무료로 사용해 보기]를 클릭합니다(**그림 A.1**). 이때 Google 계정으로 로그인을 요구하므로 갖고 있는 Google 계정으로 로그인합니다.

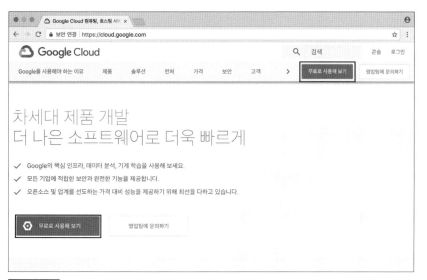

그림 A.1 계정 등록 시작

 [2] 계정 정보 등록

'무료로 사용해 보기'를 선택하면 계정 정보 등록 화면이 표시됩니다. 거기서 아래 항목을 등록합니다.

- 국가와 통화
- 계정 유형(사업자/개인)
- 이름 및 주소
- 결제 수단(신용카드/체크카드)
- 사용 언어

등록이 끝나면 GCP가 제공하는 서비스를 이용할 수 있습니다.

chap 1
chap 2
chap 3
chap 4
chap 5
chap 6
chap 7
chap 8
chap 9
chap 10

부록

또한 계정에 의도하지 않은 요금이 발생하는 일을 막기 위해 무료 체험이 끝나면 계정이 일시적으로 정지됩니다. 그대로 유료 계정으로 업그레이드하려면 GCP의 콘솔 화면의 페이지 상단에 있는 [업그레이드] 버튼을 클릭하여 수동으로 업그레이드하기 바랍니다. GCP에서는 Google App Engine의 무료 프레임이나 Google Cloud Storage에 대한 데이터 전송 등, 무료로 이용할 수 있는 서비스도 몇 가지 제공합니다. 서비스의 내용은 앞으로도 바뀔 가능성이 있습니다. 최신 정보 및 자세한 내용에 대해서는 공식 사이트를 확인하기 바랍니다.

A.2 프로젝트 작성과 삭제

GCP에서는 프로젝트라 부르는 단위로 시스템을 관리합니다. 이 프로젝트는 GCP의 리소스를 모아 놓은 것으로, GCP 계정과 연결되어 프로젝트에 등록된 계정만 프로젝트 안의 리소스를 관리할 수 있습니다. GCP의 이용 요금은 프로젝트와 연결된 GCP 계정에 대해 청구가 됩니다.

사용중인 프로젝트를 종료하면 그 안에서 이용하던 리소스(가상 머신 인스턴스나 Kubernetes 클러스터 등)는 모두 삭제되며 요금은 일절 청구되지 않습니다. 그래서 GCP에서는 일시적으로 테스트용으로 프로젝트를 만들고, 테스트가 끝나면 프로젝트별로 종료를 하는 사용법이 가능합니다. 이와 같이 하면 리소스를 종료/삭제하는 것을 잊어버리고 쓸데없는 요금이 발생할 염려도 없습니다.

아래 URL을 열면 Cloud Console의 대시보드에 새로운 프로젝트의 작성 화면이 표시됩니다.

● WEB https://console.cloud.google.com/projectselector/home/dashboard

여기에서는 프로젝트 작성 및 삭제 방법을 설명합니다.

[1] 프로젝트 작성

새로운 프로젝트를 작성하려면 [홈] → [대시보드]를 선택하고 [만들기] 버튼을 클릭합니다 (그림 A.2).

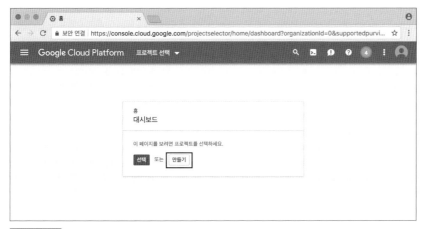

그림 A.2 프로젝트 작성

 [2] 프로젝트명 설정

프로젝트에 이름을 설정합니다. [프로젝트 이름]에 임의의 이름을 설정합니다(**그림 A.3**). 프로젝트명의 길이는 4자에서 30자로, 프로젝트 ID는 6자에서 30자가 됩니다. [만들기] 버튼을 클릭하면 프로젝트가 생성됩니다.

그림 A.3 프로젝트명

또한 이 예에서는 프로젝트명과 프로젝트 ID가 똑같지만 다른 프로젝트 ID가 자동으로 할당되는 경우도 있으므로 주의하기 바랍니다.

Note **GCP의 프로젝트 명명 방법**

GCP의 프로젝트는 프로젝트 ID라고 하는 UUID(Universally Unique Identifier)로 식별합니다. 이 식별자는 영어 소문자, 숫자, 대시로 구성된 문자열입니다. 프로젝트를 작성할 때 입력한 프로젝트명을 바탕으로 프로젝트 ID가 자동으로 생성되지만, 기존의 프로젝트와 중복되지 않는다면 임의의 값을 설정할 수도 있습니다. 또한 프로젝트명에 대해서는 기존의 프로젝트와의 중복을 신경 쓰지 않고 자유롭게 설정할 수 있습니다. gcloud 명령이나 API 요청의 옵션에는 프로젝트명이 아니라 프로젝트 ID를 식별자로서 전달해야 합니다.

참고로 이 책에서는 docker-book이라는 이름의 프로젝트를 만들어 GCP를 이용하는 방법을 설명하고 있지만, 해당 이름의 프로젝트 ID가 이미 존재하므로 여러분의 프로젝트에는 다른 이름 또는 ID를 사용하기 바랍니다. 이 책의 그림에서의 프로젝트 이름은 'docker-book', 프로젝트 ID는 'docker-book-infopub'를 사용하고 있습니다.

일단 프로젝트를 작성한 후에는 프로젝트명과 프로젝트 ID는 변경할 수 없습니다. 소규모 시스템의 경우는 프로젝트명에 임의의 이름을 부여해도 문제가 없지만, 대규모 시스템의 경우는 여러 프로젝트를 효율적으로 관리하기 위해 프로젝트명, 프로젝트 ID에 명명 규칙을 정해두는 것이 좋습니다. 예를 들어 기업명 식별자, 시스템명 식별자, 테스트용인지 실제용인지를 나타내는 플래그 등을 포함하면 좋을 것입니다.

[3] 프로젝트 삭제

프로젝트를 삭제하고 싶을 때는 [홈] → [IAM 및 관리] → [리소스 관리]를 선택하고 [삭제]를 클릭합니다. [확인] 대화상자가 표시되고 다른 문제가 없다면 프로젝트 ID를 입력하고 [종료] 버튼을 클릭합니다(그림 A.4).

또한 삭제를 하면 프로젝트 전체에 액세스할 수 없게 되어 요금이 청구되지 않지만 프로젝트의 소유자는 30일 이내라면 삭제를 취소할 수 있습니다.

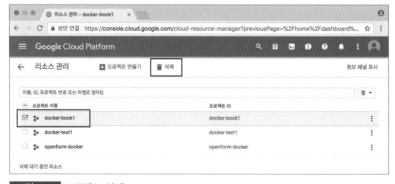

그림 A.4 프로젝트 삭제

이것으로 GCP를 이용할 수 있는 환경이 마련되었습니다. 개발자가 GCP를 이용하는 방법에는 크게 다음 세 가지 방법이 있습니다.

- Cloud Console을 사용하여 웹 브라우저의 GUI를 사용한다.
- Cloud Shell을 사용하여 웹 브라우저에서 명령을 실행한다.
- Cloud SDK를 설치하고 gcloud 명령을 사용한다.

다음 항목에서 각각의 사용법에 대해 설명하겠습니다.

A.3 Cloud Console 사용법

프로젝트가 만들어졌으면 실제로 GCP를 브라우저에서 조작해 봅시다. 먼저 아래 URL에 액세스하여 Cloud Console을 실행시킵니다. 여기서는 Cloud Console 사용법에 대해 설명합니다.

- **Cloud Console**　　**WEB**　https://console.cloud.google.com/

 툴과 서비스

　Cloud Console의 왼쪽에 표시되는 메뉴를 펼치면 Cloud Console에서 조작할 수 있는 서비스가 표시됩니다(**그림 A.5**). 이 메뉴는 GCP에서 제공하는 서비스의 관리 화면에 링크되어 있습니다. 예를 들어 [컴퓨팅] → [Compute Engine]을 선택하면 GCE 관리 화면이 표시됩니다. 메뉴 상단의 텍스트 필드는 검색 줄입니다. 이용하고 싶은 서비스명을 입력하면 서비스를 좁힐 수 있습니다.

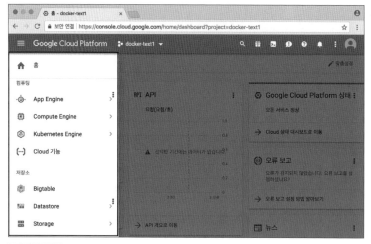

그림 A.5 서비스 메뉴

 대시보드

GCP 프로젝트 전체의 상황을 확인할 때는 [홈] → [대시보드]를 클릭합니다.

각 서비스의 가동 상황, API에 대한 요청 수, 서비스를 이용하기 위한 도큐먼트나 튜토리얼, 프로젝트명/프로젝트 ID의 확인이나 서비스 이용료에 대한 대강의 청구액을 확인할 수 있습니다(**그림 A.6**). 또한 필요에 따라 표시할 정보를 커스터마이징할 수도 있습니다.

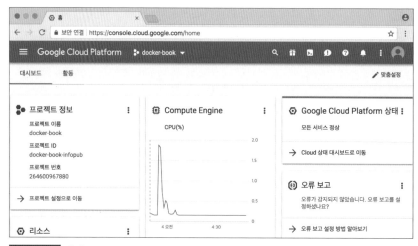

그림 A.6 대시보드

A.4  Cloud Shell 사용법

Google Cloud Shell은 클라이언트 단말에 Cloud SDK 등과 같은 툴을 설치하지 않아도 GCP 의 프로젝트나 리소스를 명령으로 관리할 수 있는 웹 애플리케이션입니다. Cloud Shell은 웹 브라우저에서 gcloud나 docker 등과 같은 명령을 실행시킬 수 있습니다. Cloud Shell에서 이용할 수 있는 주요 툴은 표 A.1 과 같습니다. 또한 Cloud Shell에는 Java나 Go, Python 등 주요 언어 의 개발 환경이 도입되어 있습니다.

표 A.1 Cloud Shell의 주요 툴

설명	툴
Linux 쉘	bash
	sh
Google SDK와 툴	Google App Engine SDK
	Google Cloud SDK
	gsutil for Cloud Storage
텍스트 에디터	Emacs
	Vim
	Nano
빌드와 패키지를 위한 툴	Gradle
	Make
	Maven
	npm
	nvm
	pip
버전 관리	Git
	Mercurial
기타	Docker
	iPython
	MySQL 클라이언트
	gRPC 컴파일러

Cloud Shell을 실행시키려면 Cloud Console의 오른쪽 위에 있는 아이콘을 클릭합니다. 브라우저에서 명령을 입력할 수 있는 창이 열립니다. 이 Shell 상에서 임의의 명령을 실행할 수 있습니다. 그림 A.7 의 예는 docker info 명령을 실행시킨 예입니다.

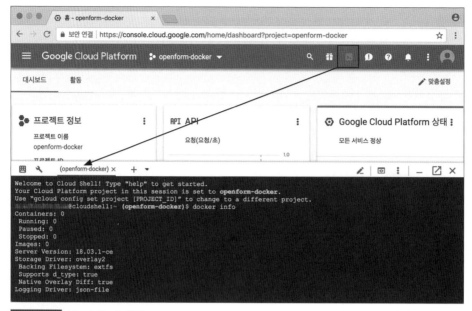

그림 A.7 Cloud Shell 실행

Cloud Shell의 오른쪽 위에 있는 아이콘(**그림 A.8**)을 클릭하면 웹 브라우저의 별도 창에서 Cloud Shell을 실행할 수 있습니다.

그림 A.8 Cloud Shell의 별도 창 시작

Cloud Shell에는 파일의 업로드나 다운로드 기능이 있습니다. 또한 코드 에디터도 제공되므로 브라우저에서 파일을 편집할 수 있습니다. 개발 중인 애플리케이션을 테스트하기 위해 Cloud Shell이 가동되는 가상 머신 상에서 웹 애플리케이션을 실행하는 경우가 있습니다. 이런 경우는 프리뷰 기능을 사용하여 브라우저에서 웹 애플리케이션에 연결할 수 있습니다(▐ 그림 A.9 ▌).

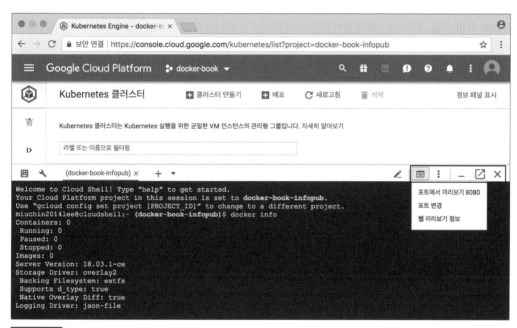

그림 A.9 Cloud Shell의 프리뷰 변경

또한 Cloud Console에서 Cloud Shell을 실행할 때 선택되어 있던 프로젝트가 조작 대상 프로젝트가 됩니다. Cloud Shell 상에서 설정되어 있는 프로젝트를 확인하고 싶을 때는 [리스트 A.1]의 명령을 실행하기 바랍니다.

[리스트 A.1] Cloud Shell 상에서 설정되어 있는 프로젝트 확인

```
$ gcloud config list
Your active configuration is: [cloudshell-18647]
~중략~
[core]
account = yourname@yourdomain.com
check_gce_metadata = False
disable_usage_reporting = False
project = gcp-ml          ◀────  설정되어 있는 프로젝트의 확인
~중략~
```

Cloud Shell 아이콘을 클릭하면 f1-micro 크기 / debian 베이스의 GCE 가상 머신의 인스턴스가 시작됩니다. 이 Cloud Shell용 인스턴스는 사용자 또는 세션별로 프로비저닝됩니다. Cloud Shell의 인스턴스는 세션의 비활성화 상태가 1시간 지속되면 자동으로 종료됩니다. Cloud Shell용 인스턴스에 대해서는 요금이 부과되지 않으므로 무료로 이용할 수 있습니다(집필 당시).

Cloud Shell을 제공하는 인스턴스인 $HOME 디렉토리는 5GB의 영구 디스크가 할당됩니다. 이 영구 디스크는 사용자별로 할당되며 여러 프로젝트를 걸쳐서 이용할 수 있습니다. .bashrc나 .vimrc와 같은 설정 파일 등 홈 디렉토리에 저장되어 있는 파일은 모두 영구 저장됩니다. 이 $HOME 디렉토리는 해당 사용자 전용으로 할당되기 때문에 다른 사용자가 액세스할 수 없습니다. 사용하는 프로젝트와 상관없이 자기 전용 환경으로 이용할 수 있습니다.

Cloud Shell의 사양에 대해서는 아래 사이트를 참조하기 바랍니다.

● **Cloud Shell** **WEB** https://cloud.google.com/shell/

A.5 Cloud SDK 설치하기

Google Cloud SDK는 GCP 서비스를 관리하기 위한 툴과 라이브러리를 모아놓은 것입니다. Cloud SDK는 Windows/macOS/Linux에서 작동하며, 실행에는 Python 2.7이 필요합니다.

웹 브라우저 상의 Cloud Console이나 Cloud Shell이 아니라 임의의 클라이언트 PC에서 개발을 하고 싶을 때는 이 SDK를 설치합니다.

Google Cloud SDK에는 gcloud 명령이 포함됩니다. gcloud 명령은 GCP의 각 서비스를 관리하기 위한 툴로 다음과 같은 조작이 가능합니다.

● GCE의 가상 머신 인스턴스 관리
● Cloud SQL 인스턴스 관리
● GKE의 클러스터 관리
● Cloud DNS 관리
● Cloud Deployment Manager의 전개 등

Cloud SDK는 다음과 같은 절차로 macOS 클라이언트 PC에 설치합니다. 또한 다른 환경에서 설치하는 방법에 대해서는 공식 사이트를 참조하기 바랍니다.

● **Cloud SDK** [WEB] https://cloud.google.com/sdk/

먼저 Python의 버전을 확인합니다(리스트 A.2).

[리스트 A.2] Python의 버전 확인

```
$ python -V
Python 2.7.10
```

그 다음 아래 사이트로부터 아카이브 파일을 다운로드합니다.

● **Mac OS X (x86_64)** [WEB] https://dl.google.com/dl/cloudsdk/channels/rapid/
downloads/google-cloud-sdk-158.0.0-darwin-x86_64.tar.gz
● **Mac OS X (x86)** [WEB] https://dl.google.com/dl/cloudsdk/channels/rapid/
downloads/google-cloud-sdk-158.0.0-darwin-x86.tar.gz

다운로드한 아카이브를 임의의 장소에 전개하고 [리스트 A.3]의 명령을 실행합니다.

[리스트 A.3] Google Cloud SDK의 설치

```
$ ./google-cloud-sdk/install.sh
```

설치가 완료되면 [리스트 A.4]의 명령을 실행하여 초기 설정을 합니다. 명령을 실행하면 브라우저에서 Google 사용자 계정을 사용하여 로그인하기 위한 확인 과정이 일어납니다. 지시대로 인증을 하기 바랍니다.

[리스트 A.4] gcloud 명령의 초기 설정

```
$ gcloud init
$ gcloud auth login
```

그 다음 Docker for Mac의 설정 화명에서 'Securely store docker logins in macOS keychain'에 선택 표시를 해제하기 바랍니다(그림 A.10).

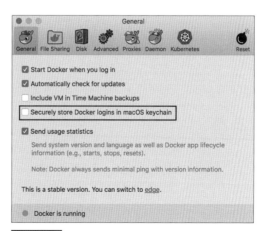

그림 A.10 Docker for Mac의 설정 화면

이것으로 설치와 초기 설정이 끝났습니다. gcloud 명령에 대한 자세한 내용은 아래 공식 사이트를 참조하기 바랍니다.

● **gcloud 명령**   [WEB] https://cloud.google.com/sdk/docs/quickstart-mac-os-x

Note   Google Cloud Platform의 편리한 개발/운용 관리 툴

GCP는 개발이나 운용에 도움이 되는 다양한 툴을 제공하고 있습니다. 여기서는 애플리케이션 개발에서 디버그 작업을 지원하는 툴과 로그 수집, 모니터링을 위한 툴을 소개하겠습니다.

Stackdriver Debugger(디버그)

GAE(Google App Engine)나 GCE에서 실행되는 Java 애플리케이션을 코드 레벨에서 확인할 수 있습니다. Stackdriver Debugger는 로그 스테이트먼트를 추가하지 않고 애플리케이션의 상태를 확인할 수 있습니다. Stackdriver Debugger는 개발 및 테스트를 할 때 뿐만 아니라 실제 환경에서 실행 중일 때도 사용할 수 있습니다.

Stackdriver Trace(추적)

GAE 애플리케이션에서 호출되는 리모트 프로시저 콜(RPC)을 표시하고, RPC의 소요 시간을 분석할 수 있습니다. Stackdriver Trace의 분석 리포트를 작성함으로써 애플리케이션에 대한 요청의 지연(latency) 분석을 확인할 수 있습니다.

Stackdriver Logging(로그 기록)

Stackdriver Logging을 사용하면 GAE/GCE에서 실행되고 있는 애플리케이션과 서비스로부터 로그를 수집하여 일괄 저장할 수 있습니다. 수집한 로그는 Cloud Console의 로그 뷰어로 확인할 수 있습니다. 또한 Cloud Storage, BigQuery, Cloud Pub/Sub에 익스포트할 수도 있습니다. 게다가 서드파티의 로그를 통합할 수 있는 Cloud Logging 에이전트도 제공합니다.

Stackdriver Monitoring(모니터링)

Stackdriver Monitoring에는 GCP 상에서 가동되는 애플리케이션용 대시보드와 경고가 마련되어 있습니다. 클라우드 서비스 / Compute Engine 인스턴스 / 전형적인 오픈소스 서버 애플리케이션(MongoDB, Elasticsearch 등)에 대해 퍼포먼스의 상태를 확인할 수 있습니다.

찾아보기